浙江敦和慈善基金会与广州公益慈善书院联合资助

华 人 慈 善
历史与文化

朱健刚　武洹宇　主编

Chinese Philanthropy
History and culture

中国社会科学出版社

图书在版编目（CIP）数据

华人慈善：历史与文化／朱健刚，武洹宇主编．—北京：中国社会科学出版社，2020.4

ISBN 978 - 7 - 5203 - 5689 - 3

Ⅰ.①华… Ⅱ.①朱…②武… Ⅲ.①慈善事业—研究—中国 Ⅳ.①D632.1

中国版本图书馆 CIP 数据核字（2019）第 259150 号

出 版 人	赵剑英
责任编辑	田　文
责任校对	张爱华
责任印制	王　超

出　　版	中国社会科学出版社
社　　址	北京鼓楼西大街甲 158 号
邮　　编	100720
网　　址	http://www.csspw.cn
发 行 部	010 - 84083685
门 市 部	010 - 84029450
经　　销	新华书店及其他书店

印　　刷	北京君升印刷有限公司
装　　订	廊坊市广阳区广增装订厂
版　　次	2020 年 4 月第 1 版
印　　次	2020 年 4 月第 1 次印刷

开　　本	710×1000　1/16
印　　张	15.5
字　　数	216 千字
定　　价	69.00 元

凡购买中国社会科学出版社图书，如有质量问题请与本社营销中心联系调换
电话：010 - 84083683
版权所有　侵权必究

在历史与文化的大视野中展开慈善研究
——《华人慈善：历史与文化》序

陈越光

对于我国的慈善事业，就发展规模来说目前处于历史最好时期。但我一直说它同时存在着"梯级滞后"的现象，即：从社会总体看，我国慈善事业滞后于社会发展需求；从慈善行业看，慈善文化滞后于慈善组织的发展；从慈善文化看，慈善研究、慈善教育滞后于慈善传播；而在慈善研究领域，其深层次的理论研究，滞后于对慈善方法、手段的研究。

为什么在慈善研究领域理论与历史的研究会滞后于组织行为、项目手段的方法研究呢？从需求层面说，我们的公益组织绝大部分是改革开放后新建的社会组织，无论是面对社会问题还是自身生存问题，从解决问题的方法入手最为迫切；从研究层面说，也许和我们的慈善研究往往局限在公共管理领域有关。仅在管理学的框架中研究慈善，一方面，失去哲学的视角，我们就不能真正理解慈善行为，过去的故事不能在今天的人心中复活；另一方面，离开了历史学、社会学的支撑，我们的慈善研究就割裂了历史和历史场景中慈善与政治、经济、科学、文化等的全面互动。

所以，我们需要在历史与文化的大视野中展开慈善研究。朱健刚、武洹宇主编的《华人慈善：历史与文化》是在这个方向的一个很好的尝试。读这本书，我们可以在两个点上多做思考：一是中华文化是否具有足以支撑慈善行为的精神？二是现代公益与传统慈善的分界点在哪里？

中华文化是否具有足以支撑慈善行为的内在精神？这本来不应该是一个问题。在历史实践中，中国古人家族一体邻里互助的宗族慈善、赐粥赈灾救苦救难的庙宇宗教慈善，源远流长巍巍壮观。在理论上讲，实现了轴心期超越突破的文明，就已如雅斯贝尔斯在《历史的起源与目标》所说，"将个人意识与他人意识联系起来，在同其他每一个人的基础的交流中，去思考历史的统一性"，在这样的文明中，终极关怀里必然已包含了对个体行为正当性的要求、对永恒追求中利他性人性升华的引导，称为"外向超越"模式的希伯来拯救型宗教文明、古希腊认知哲学文明是这样，称为"内向超越"模式的古印度解脱型宗教文明、以道德为终极关怀的古代中华文明，同样是这样。

那么，为什么会有这个问题呢？主要是19世纪中叶后西方来华的传教士带来对慈善的新观点：慈善不仅是做好事帮助人，而且必须是帮助陌生人。所以传统的宗族慈善被认为是血缘关系者之间的互助，恰恰是不符合慈善精神的。大名鼎鼎的美国传教士明恩溥，因直接向美国总统提议而推动了美国政府以庚子赔款的半数作为资助中国留美学生的专款史册留名。他在中国传教、赈灾、办学二十多年，却认为慈善"这种精神是中国人完全缺乏的"。

最早从理论上回应了此种质疑和指谪的，是一百年前我国留学生在西方的第一篇社会学博士论文——朱友渔1912年提交给美国哥伦比亚大学的博士学位论文《中国慈善事业的精神———项关于互助的研究》（The Spirit of Chinese Philanthropy：A Study in Mutual Aid）。朱友渔的论文阐述了中国慈善的思想和实践：从中国经典文献中引出慈善精神支撑的思想资源；以社会形态、求助需求、施善主体和方式，阐述慈善实践；最后以对辛亥革命后新国家新人民的期许展开慈善的新社会蓝图。可以说，朱友渔是我国慈善文化研究的先驱者，虽然这篇英文论文在后来的中国慈善届的影响并不太大。一百年后，正是朱健刚的团队翻译出版了《中国慈善事业的精神》一书，使更多的慈善事业从业者和研究者得望先贤。

本书以"朱友渔命题"开章，不仅思想上承接《中国慈善事业的精神》，谋篇布局上也颇受影响。这正好使读者可以在这本并非以哲学思考见长的书中，时时从慈善形态和个案介绍读到作者对于行为背后思想支撑的点睛之笔。我相信，通过《华人慈善：历史与文化》，我们可以更好地体会朱友渔先生的两句论断："中国慈善是中华民族智慧的产物"，"中国式慈善是中国民族文明的精神的表现"。

朱友渔在20世纪初已经敏锐地注意到国家政治变革、社会变革对慈善事业的影响和促进，认为"民主基础是中国慈善的显著特征"，从社会学的角度触及公益慈善的社会公共利益和公共空间命题。

传统慈善行为和现代公益行为都具有非营利性，在发生论上都有利他（至少是超越个人物质利益）的动机。但如果我们只是从"公共利益"的维度来理解，并不能真正把握现代公益的特征。《简明不列颠百科全书》里收的"公益"条即是阿拉伯文的 istislah，这是由伊本·罕百勒（Ibn Hanbal，780—855）创建的伊斯兰教辅助法律原则，指无法在经训明文中找到答案时，判决按照维护公共利益和福利的原则，"认为适当"的顺序是首先考虑何者对整个社会最有利，其次考虑何者对地方社团有利，最后研究何者对个人有利。而且，伊斯兰教国家还有"宗教公产"（Waqf）的制度，寺院土地，包括国家或穆斯林捐献给清真寺的土地和其他资财，像学校、医院、养老院等都属于宗教公产。它不得转让、抵押和买卖，不征收任何赋税，投"Waqf"者，一经投入不得反悔和收回，逝世后家人不得继承或转让。"Waqf"制度对阿拉伯世界的科技文化事业发展影响尤其重大，科学史上著名的13、14世纪马拉噶天文台和"马拉噶学派"就是受惠于 Waqf 的。但是，在政教合一的体制背景下，何为慈善公益事业的文化资源，何为执政者的社会政策安排，是需要厘清的。离开民间属性，就很难简单归入我们所说的慈善或公益行业范畴了。

《华人慈善：历史与文化》把"志愿性、平等性、公共性、理性和合作性"为特征的公民慈善或曰公民公益在中国的实践溯源至清末民初，并揭示其与新型国家观念公民认同行动的互相塑造特点。这就很好地点出了传统慈善和现代公益的区别正在于现代性观念的产生。我们知道，英文语境中慈善一词，原是宗教义务的"爱上帝"意义引出的 charity，17 世纪出现强调"爱人类"意义的 philanthropy。17 世纪，在政治史的视野里，那是从英国光荣革命的制高点上观望的"1688 年的世界"；在科学史的视野里，那是培根、梅森、笛卡尔、伽利略、费马以至波义尔们的进军，最后是被爱因斯坦称为"大自然的神奇之子"的牛顿，以一部三卷本的《自然哲学之数学原理》让后人足以用"牛顿革命"来称呼这场伟大的现代科学革命；而在社会学的视野里，那是启蒙运动、社会契约论思潮蓬勃兴起的时代。在所有这一切的背后，在思想史的视野里，是 11 世纪末至 13 世纪的教皇革命、14 世纪的唯名论之争、16 世纪的宗教改革这样一条"现代性的神学起源"之路，最终形成工具理性、个人权利和立足于个人的民族认同现代性三大观念。现代科学的兴起，现代社会的建立，是和现代性观念的确立同步的，现代慈善的出现也必然如此。首先是有了现代观念的人，然后有了现代的公益慈善。Philanthropy 一词的首用出现在培根的 58 篇《随笔》（拉丁文版书名《道德与政治论说集》）中，培根是现代科学运动最早的旗手，他从人格独立拥有个人权利的现代性观念出发，赋予了慈善一词新意。也正是在现代性观念下，康德才可以在《道德的形而上学的基础》排除行善动机中为利益、为荣誉、为同情等一切"有等价物的东西"，听凭于一个理性的诚命，具有唯一的尊严。为什么只有有了现代性才能这样要求呢？因为"一个理性存在者的意志惟有在自由的理念下才是一个自身的意志"。

因此，所谓传统慈善和现代公益的区别，从环境看，有一个公共空间命题；从主体看，是一个现代性观念命题，而并不是要在今天去人为区分如何做叫"慈善"，如何做可称"公益"。我们需要注重的是这种独立判断、理性选择、志愿贡献、平等合作的现代精神是否始终贯穿于我们的公益慈善行动中。

慈善研究应该超越公共管理的研究范式，在历史文化的大视野中展开，应该在更广阔的人文社科的研究范式中，应该扩展哲学、历史、社会学、人类文化学等方式来深入，朱健刚、武洹宇等的《华人慈善：历史与文化》是一个很好的尝试，成书后健刚命我作序，是为序，以从命并就教于读者。

2020 年 4 月 7 日于北京

目　　录

第一章　导语 …………………………………………………………（1）
　第一节　中国人的慈善精神：朱友渔的命题 ……………………（3）
　第二节　慈善、文化与中华慈善文化的多元光谱 ………………（9）
　　一　慈善 ……………………………………………………………（9）
　　二　文化 …………………………………………………………（10）
　　三　中华慈善文化 ………………………………………………（11）
　第三节　全书内容 …………………………………………………（12）
　　一　宗族与慈善 …………………………………………………（12）
　　二　信仰与慈善 …………………………………………………（14）
　　三　族群与慈善 …………………………………………………（17）
　　四　地方社会与慈善 ……………………………………………（19）
　　五　移民与慈善 …………………………………………………（21）
　　六　公民与慈善 …………………………………………………（23）
　导语小结 ……………………………………………………………（25）

第二章　宗族与慈善 …………………………………………………（27）
　第一节　定义特征 …………………………………………………（27）
　　一　宗族及宗族慈善的定义 ……………………………………（27）
　　二　宗族慈善的特征 ……………………………………………（28）
　第二节　历史逻辑 …………………………………………………（31）
　　一　宗族的历史变迁 ……………………………………………（31）
　　二　宗族慈善兴起的内在动力与外部因素 ……………………（34）
　第三节　典型个案 …………………………………………………（41）

一　苏州范氏义庄 ……………………………………… (43)
　　二　歙县棠樾鲍氏义庄 …………………………………… (51)
　　三　无锡荡口华氏义庄 …………………………………… (58)
　本章小结 ……………………………………………………… (65)

第三章　信仰与慈善 …………………………………………… (69)
　第一节　定义特征 …………………………………………… (70)
　　一　宗教及宗教慈善的定义 …………………………… (70)
　　二　宗教慈善的特征 …………………………………… (72)
　第二节　理论与原理 ………………………………………… (73)
　　一　佛教慈善 …………………………………………… (73)
　　二　基督教慈善 ………………………………………… (75)
　　三　伊斯兰教慈善 ……………………………………… (76)
　　四　道教慈善 …………………………………………… (77)
　第三节　典型个案 …………………………………………… (79)
　　一　佛教慈善个案 ……………………………………… (79)
　　二　基督教慈善个案 …………………………………… (84)
　　三　伊斯兰教慈善个案 ………………………………… (88)
　　四　道教慈善个案 ……………………………………… (92)
　本章小结 ……………………………………………………… (95)

第四章　族群与慈善 …………………………………………… (97)
　第一节　定义特征 …………………………………………… (97)
　第二节　历史逻辑 …………………………………………… (100)
　第三节　典型实践 …………………………………………… (106)
　　一　藏族 ………………………………………………… (106)
　　二　回族 ………………………………………………… (110)
　　三　傣族 ………………………………………………… (115)
　　四　汉族 ………………………………………………… (119)
　本章小结 ……………………………………………………… (123)

第五章　地方社会与慈善 (125)
第一节　定义特征 (125)
第二节　历史逻辑 (128)
第三节　典型个案 (131)
　　一　东华三院 (131)
　　二　潮汕善堂 (143)
本章小结 (160)

第六章　移民与慈善 (163)
第一节　定义特征 (163)
第二节　历史逻辑 (166)
　　一　华侨慈善的历史和趋势 (166)
　　二　海外华人华侨慈善研究的主要问题 (169)
第三节　典型个案 (176)
　　一　广东顺德：旅港顺德绵远堂 (176)
　　二　和顺侨乡：崇新会与益群中学 (184)
　　三　浙江青田：从老侨乡到新侨乡的转变 (190)
本章小结 (194)

第七章　公民与慈善 (199)
第一节　定义特征 (199)
第二节　历史逻辑 (200)
　　一　群学、公益与变革 (201)
　　二　从政治革命到社会革命 (206)
　　三　乡村建设运动 (213)
第三节　典型个案 (214)
　　一　潘达微的公益实践 (214)
　　二　徐茂均与"公益新村" (218)
　　三　乡村建设运动 (223)
本章小结 (232)

后　记 (234)

第一章 导语

这是一本力图从历史学和人类学的视角来认识中华慈善文化的教材。近二十年，公益慈善从过去计划体制下国家的全面管控，逐渐转化为在《中华人民共和国慈善法》规范下民间相对自由发展的新事业。从官办慈善到社会企业，从雷锋精神到公益金融，公益慈善领域快速地更新换代令人目不暇接、眼花缭乱。人们虽然知道中华慈善的传统源远流长，但在急速发展的当代，过去的传统似乎变得模糊而抽象，以至于处于新时代的人们几乎意识不到它的存在。

在过去的二十年，人们将太多的注意力集中在以公民身份为基础的现代公益慈善，非营利管理和社会政策，以至对那些始终延续和再造的慈善传统几近熟视无睹。但看起来不断创新的现代公益慈善事业也难免让人在某个时刻产生疲惫，浮起无根的焦虑。这就驱使着生活在这个文明古国的实践者们再度回到历史与文化的脉络中去重新寻找那些可能常存的力量。

正是在这样一个时间节点之中，我们开始编辑本书，尝试从大历史的视角来认识中华慈善文化。学者周秋光一直带领他的团队几乎孤独地在大陆坚持对慈善历史的研究[1]，实属不易，而本书则力图从文化类型的视角来看待中华慈善，进而希望通过慈善文化的探究更为深入地理解中国从王朝帝国向现代民族国家转型过程中国民性的形成以及人们对于公共利益认识的变迁。

---

[1] 周秋光、曾桂林：《中国慈善简史》，人民出版社2006年版。

这显然是一份不自量力的工作。我们面对的主题是如此纷繁芜杂，而现有的研究尚远远不够。但对于一个力图进行文化复兴的国度，人们对文化以及文化转型的理解、反思和审慎选择至关重要，我们因此而企望通过这本小书在这一研究领域抛砖引玉，做一点微薄的努力。

这样的视角其实并非创新。早在一个多世纪前，一位带着强烈的民族复兴梦想的中国学者朱友渔就曾将他的博士论文题目定为研究中国慈善事业精神（The Spirit of Chinese Philanthropy）。这不仅是第一篇关注中国慈善文化的英文著作，亦是近代中国留学生在西方的第一篇社会学博士论文。

事实上，社会学在当时中国被视作群学，亦作"公益学"。新政时期颁布的《大清光绪新法令》即将"公益学"列为大学堂的修读科目，并附有专门解释："日本名为社会学，近人译作群学，专讲公共利益之礼法，戒人不可自私自利。"[1] 群学的具体实践是"合群立会"，即以广泛结社集会的方式培养国民的公共精神与民主习惯。

最新研究表明，"公益"在清末民初主要用指国家利益，梁启超更是直接表示"政治之正鹄，在公益而已"。他于是将国家发展的康庄大道谓之"公益之道"，并指出其中之关键在于培养人民爱国合群之"公德"。于是，以结社集会为方法的群学实践构成了当时公益的具体内容，亦成为研究"社会"学问的首要议题。

所以一切并非偶然。朱友渔和他的同仁们因此而将视角转向一个今天看来相对冷僻的领域——公益慈善与社会变革，并试图从这里去发掘推动中国作为一个民族国家实现现代化的动力。他们不但著书宣传，而且身体力行，践履自己的事业主张，可谓近代最早的一批益士。

之所以略感"冷僻"，是因为学界至今对于当时中国公益慈善与政治转型之间的联系尚缺乏了解，西方学界对朱友渔的命题响应亦极为有限。直到 1978 年，才有第二本有关中国慈善事业的英文著述出版[2]，继而是

---

[1] 端方撰：《大清光绪新法令》，清宣统上海商务印书馆刊本，第 959 页。
[2] 韩德林：《行善的艺术：晚明中国的慈善事业》，吴士勇、王桐、史桢豪译，江苏人民出版社 2015 年版。

日本和港台的学者接力,如夫马进、梁其姿、冼玉仪等,持续关注宋明以来尤其近代中国的慈善事业,但实务界与一般人士仍对此知之甚少。

本书作为教学读物,力图梳理过往研究,同时结合本书作者团队近年所进行的原创研究,尽可能以通俗易懂的语言,给读者呈现一个对中华慈善文化的整体扫描与概括。我们曾在朱友渔的论文完稿100周年之际,翻译出版了《中国慈善事业的精神》一书,今天我们编辑这本教材,同样是向那一代公益学人的精神致敬,从而沿着他所提出的文化命题继续探索。

图1—1 朱友渔①

ANDREW YU-YUE TSU, PH.D., D.D.

图1—2 朱友渔印章②

第一节 中国人的慈善精神:朱友渔的命题

在朱友渔所处的年代,救亡图存是无数中国知识精英的投命之所。"亡国灭种"的持续焦虑直接导致了仓皇而急迫的中国精英倒向

---

① 朱健刚提供。
② 来自朱友渔英文自传 Andrew Yu-Yue, PH. D., D. D., 1902, *Friend of Fishermen*, Ambler, Pa: Trinity Press.

革命。短短数年间，延续数千年的帝制被迅速推翻，但国人却愕然地发现，从帝制向共和的制度剧变其实并未兑现革命话语所预设的种种美好，可谓"所希望的件件都落空"（梁启超，1923）。

于是，一些人开始怀疑暴力的制度变革并非根本解决之道，细水长流的文化改变才是根本。当时的救亡思潮主要有保国、保教、保种三条道路，权威主义者所强调保的"国"，即是大清王朝，力主全盘西化者所强调保的"种"，指的是为保住中华民族，无所谓是沿袭传统的制度还是引入西方的体制，只要能保住国族就好。但保教论者则与此不同，他们认为无论西方制度如何好，仍需保留中国文化的脉络与根基。

朱友渔正是介于保种和保教之间，试图重新发掘出中国慈善文化的精神，进而作为从帝制向共和转型过程中的一种可能的动力。换言之，他对慈善的关注实则是对于寻找中国救亡图强道路的重要思考。这是探究中华慈善开始近代转型的问题起点，我们不能忘记其所处的时代坐标。

在此之外，朱友渔的写作还有另一动机——更正当时西方学界认为中国人因没有基督教精神进而缺乏同情心和公益慈善传统的误解。明恩溥（Arthur Henderson Smith）曾在他所著的《中国人的性格》（*Chinese Characteristics*）一书中说道：

"发自内心的仁慈，对中国人来说是少之又少。……（仁）代表的美德通常是缺少诚意的。……实际上，慈善活动应是一种本能，无论有无明确的必要，都要找机会表现出来。这种精神是中国人完全缺乏的。这的确不是一种人类的进步。倘若中国人想创造出真正的慈善，就必须经历西方人过去的经历，把仁慈变成人生的重要成分。"（明恩溥，1894）

这种思想并非完全是西方歧视。时人对自身的"善举"传统也多有批判，认为其并不是真正有助于国家民众的"公益"。比如，1907年上海《万国公报》刊登了一篇长文，同样指出"中国以儒道治民数千年来不为不入，而莫能化人自私之心，儒道之力亦可概见，此公益之所以寡也。近观从耶稣教之国，其人于公益何如？公益之事不胜枚举"①。

有趣的是，朱友渔本身是虔诚的基督徒，但同时又是对自身文化有着认同与同情的中国人。因此，他对于"中国人想创造出真正的慈善，就必须经历西方人过去的经历"的观点并不满足。正是在《万国公报》文章刊登的同一年，他从上海圣约翰大学毕业，远渡重洋，先后进入纽约市总神学院与哥伦比亚大学就读，并以自己的博士论文《中国慈善事业的精神》对此进行正面回应。

朱友渔的论文完稿于民国元年，故其进行写作的时段，应是大洋彼岸的祖国正在经历晚清帝制转向共和政体的艰难时期。这本薄薄的小书最重要的意义之一，便是将西方世界对慈善的理解和中华文化传统中的慈善思想进行连接与对话，并试图从中探索未来中国的可能道路。

相对于西方基督教慈善理念中上帝对人类的普世之爱，朱友渔在中国的儒家典籍中寻找到了相对应的理论概念——"仁"。如果"philanthropy"一词在古希腊的原义是"爱人类"，那么在孔子的语境里便是"仁者爱人"。儒家认为这不仅是人类的特质，也是高贵人格的基本组成部分之一。它源发自人类本有的同情心，即如孟子所言"人皆有不忍人之心"，亦即人皆有之的恻隐之心。

儒家同时还进一步认为，虽恻隐之心人皆有之，但仅仅有行善的本心还是不够的，还要有仁者爱人的能力和德性，而要具备这种能力和德性还需要通过后天的学习和实践来发展。与西方不同的是，儒家所论述的"仁"不仅仅是个人能力，还是国家施政的目标，亦即"仁政"。它的具体内容是消除人们的物质贫困，从而实现经济的自给自足，这是国家的首要职责。"仁"的概念由此而将个体的道德行为与国政的道德诉求连接在一起，共同构成一种德性的规范。

其实也并非所有的古典精神都认同这一观点。比如，庄子一脉就

---

① 王炳堃：《二教之国公益多寡》，《万国公报》1907年第224期。

对"慈善乃人类本性"的假设不予认同。然而以儒家为正统的做法毕竟延续了数千年,故而渗透到中国社会生活与文化政治等所有方面,从中亦确立了华人慈善的基本思想,从官方到民间,概莫能外。

最早由国家认可的养老系统,传说中可追溯至五帝的时代(公元前2255年至公元前2205年)。有确切的考证,则是从周朝至清朝,历朝历代皆有向贫民、孤儿等弱势群体实施安补救济的诏书,可以说官办慈善的历史源远流长。但朱友渔认为其有着明显缺陷,亦即它并非官府正业。执行诏书的地方官本已公务缠身,往往难以兼顾慈善,加之朝廷没有专门拨款,施行救济的资金完全来自地方的土地税收,而土地税又早已用于其他。到了清朝康熙五十一年,皇帝规定永不加赋,土地税率难以提高。朱友渔因此指出,这是清代中期以后民间慈善机构大规模出现的原因。①

出于合法性的需要,这些民间的慈善机构在名义上仍需接受所在地官府管辖,但由于其资源几乎全部来自民间,因此实际的运作往往是官民共治,控制权限比较模糊。而西方的慈善事业则非常强调民间属性,国家管控的部分属于社会福利。在朱友渔看来,明末以来中国民间慈善机构的繁荣意味着其与西方慈善组织在本质上开始趋同。他由此论证了中国自身所具有本土慈善思想和历史实践,从而否定了西方一些学者认定的中国真正意义上的慈善得益于西方传教士的介绍与培植。

打破了西方视角的预设之后,朱友渔试图重新建构起一套自己的解释。他认为中国慈善事业发展的根本原因首先在于当时普遍的贫困,并运用马尔萨斯人口增长的理论模型讨论了中国贫困的结构性原因,指出其源于自给自足的经济形式以及高生育率的习惯所带来的人口过剩的压力。

对此,他指出仅仅依靠传统的施善救济是远远不够的,更关键的是通过教育开启民智,尤其针对女童的教育可有效推迟婚龄和降低生

---

① 不过清朝沿海一带慈善机构的兴起主要在太平天国以后,其成因还有待更深入的研究。

育。此外，还有通过报纸、宣讲等途径，向大众解说人口生育和社会福祉的因果关系，倡导优化国民素养的理念。同时，他还提出了与人口控制相辅相成的其他建议，如促进经济繁荣，引入新型工业，发展科学农业、开发自然矿产资源，建造铁路，扩大商业以及提升工业和政治效率等。可以说在朱友渔看来，中国人的慈善精神不能仅仅停留于施善救济，而应该参与到整个国家近代化的过程中来，由此导出了他所期待的传统意义上的慈善走向近代公民改善的方向。①

在这一趋向之中，他将中国慈善归纳为三大类型。第一类是贫民救济，即向贫民提供无私的帮助和支持，其对象包括老年男性、老年女性和寡妇、孤儿和弃婴以及生病的穷苦之人，属传统狭义上的慈善；在此基础上，是第二类互助慈善，即通过互惠彼此帮扶、救济保护，互助圈层由小到大，由亲至疏，由农村至城市，依次可见宗族、农村社区、同乡会和贸易以及手工业行会等；最后，是第三类颇具现代意义的公民改善，即强调公民自愿的合作方式促进公共福祉。

这里有必要重点介绍一下公民改善。在欧美，它一般由政府实施，属于政府职能可预期的一部分。但在当时的中国，尽管有诏书下达，地方官僚却执行得并不积极，少有作为，因此这一部分很大程度便落到了民间慈善机构肩上。朱友渔指出，公民改善的范围应包括：免费的教育机会、公共安全和保障职能、免费的公共设施与公共服务，以及在部分城市由地方民政官员认可并授权的特定贸易和手工业行会所提供的全套公共产品及服务，由此实行全面的城市自治。事实上，清末的地方自治正是与当时开启民智相配合的重要"公益"内容之一。

作为全书结论，朱友渔指出中国由于在过去两千多年的漫长岁月中至多接触到西北的一些游牧民族，与世界其他地区的文明鲜有交集，总体呈孤立状态。鸦片战争以后，国门的被迫打开促使中国不得不卷入世界潮流而开始由封建专制帝国向现代民族国家转型。因此，

---

① 原文为"civic improvement"。

为了塑造与现代国家体制相匹配的"现代国民",培育普通国民参政议政的习惯和能力,以作民主之基础,中国人便需要从宗族、农村社区、同乡会或贸易与手工业协会的会员身份中逐渐提炼公民身份。由于这些组织同时亦是不同层次的慈善互助圈,故而有助于实现从个体走向小集体,进而建立对更大集体身份的认同。

基于这样的逻辑,朱友渔认为中国的三种慈善类型都将促进现代民族国家共同体的形成。其中,贫民救济与互助慈善可由民间机构主导,用以推动基层民主。公民改善则赖于强有力的中央或地方自治政府形成以后,通过立法和财政拨款等有效手段,与民间机构共同携手向全国或者地方提供公共服务。百年以前的这篇论文对于中国的慈善文化的分析显然有些粗糙和过于简单,但其对于未来中国的理性憧憬却满含启示。

首先,它从包含着国政与个体的"仁"出发,创造性地赋予了中国慈善文化一个极具现代意义的理解,即慈善不仅仅限于对弱势群体的施善救济,还包括人与人之间的互助乃至公民通过自愿合作促进整体社会福祉、实现城市自治的可能。这种与国家、地方的公共利益紧密贯通的慈善理念与今日"公益"已并无二致。在这个意义上,他的研究似乎仍不过时。

其次,基于这样的慈善理念,他提出慈善与时代的关系。具体而言,即中国人如何运用慈善精神来解决贫困问题,并参与到建构现代民族国家与公民身份的过程之中。事实上,中国至今尚未彻底完成这一过程,今天的公益慈善事业在何种意义上可以成为其中一环,同样也是值得当代研究者关注的重要议题。

最后,也是难能可贵的,是这篇论文运用了近似社会科学的分析范式来阐发中国人的慈善精神,从价值理念谈到相应的社会组织,进而探讨当时的具体实践,将中国慈善精神视作一种动态的变迁,并与整个世界的变化联系起来,从而获得一种跨文化的比较视角。

他于是没有止步在民族主义的辩解情绪之中,而是将中国的慈善精神与更广阔的世界价值连在一起,提出建设性的具体意见,展示出那一代有识之士重要的思考旨趣。在民族复兴、国学升温的当代，这一点之于我们仍旧蕴含着充满智慧的冷静的提示。本书正是秉承朱友渔提出的命题方向与研究理念，尝试分析华人慈善多元的文化机制。这便需要进一步厘清慈善、文化以及中华慈善文化的具体含义与分析范式。

第二节 慈善、文化与中华慈善文化的多元光谱

一 慈善

在古典中国，人们主要用"善行"、"善举"或"义举"来描述慈善行为。民间组织或个人自愿对社会中遇到灾难或不幸的人们不求回报地实施救助和帮助的行为统称为慈善。而近代以来，这些善举逐渐向为实现国家或者地方利益而采取的自愿合作的行为转变。这些转变在今天看来，即被称作近代公益，亦即人们常说的"大慈善"[1]，《中华人民共和国慈善法》也接受了这一定义。

因此，我们在本书中也采用了大慈善的视野，即慈善不仅仅是救济救助，而是指所有为实现公共利益的自愿行动。关于慈善的定义，国际社会大多采取罗伯特·佩顿（Robert Payton）提出的"为了公共利益的志愿行为"这一表述，即通过志愿行为给予金钱、时间、智力来实现两种目的：第一，减轻他人（与自己没有血缘或者法律关系）的痛苦，救苦救难，包括提供食物、处所、治病等；第二，改善社区的群体生活质量，包括促进社区的文化、教育和娱乐等。此两种目的都具有明显的道德维度，而这种道德维度便是慈善最重要的特征。[2]在佩顿看来，慈善并非只是某种道德信条、生存策略或者政治话语，它还具有文化性，通过慈善的实践，人们得以不断协商对于美好社会

---

[1] 参见 http://newspaper.jfdaily.com/jfrb/html/2016-05/23/content_193860.htm。在杨团看来，大慈善就等于现在民间公益。

[2] Payton, Robert L. and Michael P. Moody, *Understanding Philanthropy: Its Meaning and Mission*, Bloomington: Indiana University Press, 1988.

和公共利益的期待。

这样的理解可以说与近代中国的"公益"图景大相径庭。近代以来，虽然中文里的"慈善"和"公益"概念在运用上仍有差异，但是其交叉重叠部分实则日益扩大。即使在今天，尽管也有认为公益与慈善可能彼此对立的观点存在于学界，但在国家层面，《中华人民共和国慈善法》规定的"大慈善"概念与民间公益已经基本一致。

本书选择与《中华人民共和国慈善法》相合的大慈善概念，特指自然人、法人和其他组织以捐赠财产或者提供服务自愿开展的实现公共利益的活动，它包括：第一，扶贫、济困；第二，扶老、救孤、恤病、助残、优抚；第三，救助自然灾害、事故灾难和公共卫生事件等突发事件造成的损害；第四，促进教育、科学、文化、卫生、体育等事业的发展；第五，防治污染和其他公害，保护和改善生态环境等各类公益活动。在实际的语言生活中，人们有时也用"公益慈善"的组合概念来表达这样的现代慈善理念。

二 文化

本书的另一个重要概念是"文化"。作为一个经常被人们在公共讨论中使用的概念，其日常用法可能与学术意义上的用法大相径庭。生活意义上的文化往往指某种具有高级品位的文化行为（high culture）。学术研究则是以相对客观和中立的态度，将文化看作"一个复杂的总体，包括知识、信仰、艺术、道德、法律、风俗，以及人类在社会里后天所得的一切能力和习惯"[①]。

从这一复合的定义来看，文化不仅仅是一套思想，也包含着相关的制度、组织及其行动者的行为实践等不同层面的意义内涵。正是在这种文化定义的视角下，慈善文化不仅仅包含着经典中有关的话语和叙述，而且涵盖着相关的慈善组织、制度以及行为实践，由此构成各种有关慈善的文化模式。需要特别指出的是，这些模式并不是静态

[①] ［英］爱德华·泰勒：《原始文化》，广西师范大学出版社2005年版。

的，而是随着政治经济以及生态环境的变化而变动不居。

三　中华慈善文化

由此我们可以进一步探讨"中华文化"这一概念。近代史学界的有关研究已明确指出这是一个非常晚近的概念。[①] 它起源于华夏文明，同时融合多种文明，并清晰浮现于作为现代民族国家的"中国"形成过程之中。费孝通于是极富见地地指出中华文化呈现多元一体的格局。换言之，这种文化既具有高度的多样性，但其中又共同呈现着某种一致性。它既是"一"，又是"多"。

与很多族群所不同的是，中华民族的形成并不是取决于族群认同，而是来自很大程度上的文化认同。这种认同包含着共同的神话、身份和国家的认同，并以汉族文化为其凝聚的核心。从这个意义上看，可以说汉族文化占据某种支配性的地位。但与此同时，由于汉文化的核心是中庸，有着"中和以为用"的实用理性，这便使得它对其他文化有着极大的兼容空间。久而久之，形成你中有我，我中有你的互依形态，并且不断内卷，化异为己。这些特征使得中华文化得以不断延续和再造。因此，可以说中华文化既是古典的，也是当下的。

从大的线条来看，当代中国文化受到古典中国的文化传统、近代以来的共和传统以及社会主义文化[②]三重叠加的共同作用，而这三者又相互碰撞交融，使得当代中国的华人慈善文化亦呈现既多元又一体的格局。因此，我们不能以静态、单线，抑或去脉络化的断裂的思维来理解华人慈善文化，而更应看到，中华慈善文化从中央政府到各种宗教团体、家族宗亲、同乡组织、地方士绅等不同力量同时开展的形式多样的慈善活动。这些具体实践在不同的历史时期各有其脉络，呈现杂糅而多元的光谱。

基于这些认识，本书不单纯是从历史的视角来看中国人的慈善精

[①] 参见黄兴涛《重塑中华：近代中国"中华民族"观念研究》，北京师范大学出版社2017年版。

[②] 对于社会主义慈善传统未来另有专书叙述，本书集中于前两类文化传统的分析与描述。

神,亦是从多元一体的文化格局来看华人慈善。因此,也正如费孝通从中国社会中提取"乡土中国"的理想类型一样,本书也试图从繁芜多元的中华慈善文化现象中提取六种基本模型,分别是:宗族慈善、宗教慈善、地方慈善、民族慈善、海外华人华侨慈善和公民慈善。它们的逻辑起点、历史过程以及典型个案分别构成全书的不同篇章,以此呈现多维机制共同作用的中华慈善文化逻辑。

此处还需说明的是,这些基本模型不过是高度抽象、便于表述、理解和教学的"理想类型"。它们不等同于现实中的慈善现象,因为任何一种现实的慈善行为往往混合多种不同的类型的实践逻辑。所以上述六种理想的基本模型仅仅作为我们的分析工具,使读者能够借助它们深入地理解慈善行为背后的历史逻辑与文化机制。

第三节 全书内容

一 宗族与慈善

启蒙时代以来的西方思想传统由于过于强调个人和国家的关系,故而容易忽略家庭及其相关伦理对于社会和国家的影响。这就使得他们理解慈善的视角会经常忽略基于血缘而展开的各种慈善活动,于是导致早期西方传教士认为中国人在家庭之外的公共生活中鲜少关心。

但是其实在家族乃至宗族内部,中国人不仅有着丰富的慈善活动,而且经常延展到宗族之外。这便是费孝通所阐发的"差序格局"与西方公共及私人的二分观念存在的结构性差异。曾桂林所著第二章《宗族慈善》即对此有详细介绍。

宗族社会是中国社会的典型特征,由父系血缘决定,是基于祖先崇拜和宗法规范形成的社会组织。曾桂林指出,宗族社会虽在商周就已经成熟,但是秦汉以后因为土地关系的变迁,实际上宗族组织形态不断变化,并不断深入到庶民之家,甚至进入当代社会以后,尽管宗族受到政治转型和现代文化思潮的猛烈冲击,但它仍然在不断调整和适应中继续发展,甚至在克服宗法性的基础上,还以宗亲会的形式转变成民间的自治性、联谊性社团。因此，祭祖、修谱以及敬老等各项公益活动成为宗亲会的主要活动。

宗族组织开展的这些慈善活动依托的是儒教伦理。儒家重视伦常孝悌，倡导同宗共财，因此宗族慈善最主要的形式即是以宗族公有财产赈恤贫困族人，互济互助。它发端于汉唐，在北宋以后随着人身关系的日渐松弛而愈发繁盛，当时越来越多的宗族开始基于以儒家伦理修谱建祠、用族产赡族恤贫，实现收宗敬祖，至明清时期达到鼎盛。

对此，曾桂林用了苏州范氏义庄、歙县棠樾鲍氏义庄和无锡荡口华氏义庄三个案例来说明宗族慈善如何从唐代以前的非制度化赈济转变为制度化养赡，逐渐形成华人宗族慈善的文化模式。三个案例之中，宋代范氏义庄可谓宗族慈善制度化转型的里程碑。明清以后，族田义庄已成为中国社会非常普遍的慈善形式，在政府之外发挥着不可或缺的民间救济与社会保障功能。

基于这些阐发，曾桂林进一步指出宗族慈善具有宗法性与伦理性、封闭性与内敛性、自治性与独立性等特征。换言之，宗族慈善是以"差序格局"为基准，从家族内部开始以同心圆方式由内而外进行推展的，深刻体现了华人慈善文化独特的认知逻辑。与此同时，宗族也并非全然独立。汉代以来的儒家传统将国家视为家族的扩大，所以王朝礼制与家庭伦常共享着同一套价值规范，即忠君爱国等同于父慈子孝，形成"家国同构"的特殊样态。政府慈善因此成为华人慈善的特殊方面。

为了维护自身统治的需要，中央王朝自古就不断开展大量赈灾救济的活动。早在先秦时期，中央王朝就开始了救济贫弱的慈善活动，其后历朝历代未曾断绝，主要为恤老慈幼、救灾减害、收容贫病等救济实践。[①] 总的来看，这些慈善以救济弱势群体为主，多在战乱与自然灾害频发之时开展，且带有明确的政治目的——即维护中央王权的统治，避免因社会动荡而造成统治秩序的动摇甚至崩

---

① 参见周秋光、曾桂林《中国慈善简史》，人民教育出版社2006年版，第63—192页。

溃。家族性的慈善因此作为相应补充。曾桂林认为其中族田义庄的资源以及孝悌恭睦的精神内核仍可以成为今天推动现代公益慈善体系建设的有益元素。

二 信仰与慈善

从某种意义上说，宗教可以被看作有关超世的（transcendental）信念的一整套体系，其超世性往往超越人类感官意识的体验，但同时又被众多信徒相信它其实影响着人们感官体验所能触及的生活世界。在西方世界，认为"宗教乃慈善之母"已是共识。这是基于基督教传统而发展出的认识。早在中世纪，神学家们就坚信上帝"三位一体"的终极本质即是爱。正是藉由着爱，人们得以更加完备地与上帝连接。因此，救赎必须包括基督外在的具体实践和圣灵内心的导引，二者缺一不可。信徒的作为因此被视作基督牺牲之爱的延伸。在基督徒看来，这是神圣之爱，而非人间的品质。基督教慈善便基于这样的认识来开展践履。

与西方所不同的是，华人慈善思想的重要来源乃儒、释、道三家的糅合思想。儒家之仁爱、民本、大同的观念不仅为秦汉以来历代统治者实施惠民政策的思想基础，亦是民间各色仁人善士开展善举的直接推力。陈晓平、朱健刚所撰写的第三章《信仰与慈善》便对中国独特的宗教慈善文化做了简洁明了同时富有趣味的勾勒。

当代中国虽以无神论占据主流意识形态，但同时也是一个多民族、多宗教的大国。其中，佛教、道教、天主教、基督教新教和伊斯兰教[①]这五大宗教对中国人的慈善观念依然发挥着重要影响。此外，还有东正教以及大量的民间信仰。它们在中国的大地上经过千百年的彼此交融和不断的本土化，大多已深深地扎根地方，和谐共处，呈现"五教同光"的景象。于是，就在不同宗教对其各自信徒发挥慈善作

---

① 一个有争议的问题是儒教是不是一种宗教。不过也有学者认为儒教依托祖先崇拜，建立一定的神圣秩序，在本书中我们把这类信仰放到宗族慈善之中。

用的同时，一些起源于宗教文化的慈善理念也在穿梭不同人群的传播过程中或多或少地发生变形、交融甚至去宗教化的过程，从而参与到整个中华文化核心价值的再生产与不断建构之中。

其中，佛教慈善理念的影响尤为广泛深入。由于布施被看作佛教徒应有的美德，慈善被视为福田，人们相信广种福田，就能收获福报。即使短期内不见回报，信徒们也坚信因果积累，福报终会在后代或后世的轮回中实现。这些基于功德观与因缘业报说的慈悲观念随着佛教自两汉传入以后，不仅贯穿于历朝历代的寺院僧侣及其广大信众不断开展的各种慈善活动，并且极大地重塑了中华文化日常的道德体系和伦理实践。[1] 据梁其姿等人的考察，以济贫为主的慈善组织正是在佛教传入以后逐渐出现的。事实上，宋代以前的慈善组织也大都由佛寺主办，唐代的民间佛寺甚至能调动足够的社会力量自行组建"悲田院"等慈善机构。这类慈善机构后来多被政府接管而成为其辅助组织。尽管如此，但这并不妨碍佛教慈善文化在民间的持续不断的作用和日益深入的影响，千百年来绵延不绝。在今天，弥散在大陆和台湾地区的"人间佛教"再度成为当代宗教慈善的主要力量，本书所举慈济功德会便是其中的代表。

道教是一种多神体系的本土宗教，可谓中国民间信仰的汇总。明代以来，儒、释、道三教的深度融合极大地促进了民间慈善体系的形成与慈善思想的传播，突出表现为劝善运动的兴起以及各种善书的流行。劝善运动是基于道教除恶扬善的济世观与"承负说"理论而发展出的关于如何把握"转祸为福之道"的一场全民运动。[2] 当时大量的善书涵盖了"儒家的忠孝节义和阴骘观念、佛的因果报应和道家的积善消恶"[3]，其所包含的善恶报应观念以及伦理道德规范被当时社会广泛接纳，极大地规范着人们的具体行动，形塑着地方的慈善实

---

[1] 参见周秋光、曾桂林《中国慈善简史》，人民教育出版社2006年版，第28—56页；王卫平：《论中国古代慈善事业的思想基础》，《江苏社会科学》1999年第2期。
[2] 参见吴震《明末清初劝善运动研究》，上海人民出版社2016年版。
[3] 张祎琛：《明清善书研究综述》，《理论界》2009年第8期。

践。明清以来广泛兴起的善会、善堂亦多有此渊源。①

在此之外,还有多种外来宗教的支配。它们在华历史悠久,拥有多民族的广泛信众。伊斯兰教的教义直接将慈善看作穆斯林必修的功课,《古兰经》中所言卧格夫与天课,明确规定每个穆斯林必须拿出基本生活开支之外结余收入的2.5%用于救助困境中的人。天主教会对弱势群体的关注则在中国慈善史上留下了宝贵的一页,近代大量育婴堂的兴起与天主教息息相关。虽然这些慈善实践不乏殖民主义的色彩,但是在当时动荡战乱的年代,这些教会的慈善行为仍然发挥着缓解社会危机的重要作用。

基督教早在盛唐之际就传入中土,当时称作"景教"。西安碑林博物馆第二室藏唐代《大秦景教流传中国碑》便记录了景教在华的流传情况。16世纪中期以后,随着宗教改革运动提倡宗教全面性地介入世俗生活,提升整个群体的生活质量,人与人之间的相互协助得以更多地被强调。正是由于宗教慈善的蓬勃发展,英国在1843年出台《济贫法》,明确了国家的济贫原则,由此亦明确了宗教慈善作为"国家机器的重要补充"。到了19世纪,英美的基督教徒将科学主义思维方式引入慈善,产生了专业化的社会工作和社会服务。与此同时,基督传教士们还善于整合社会及政府资源,协同多方共同推进公民参与,解决社会的急需。这些变化与发展不仅随着近代大量欧美传教士的入华而对中国慈善产生了多重而重要影响,并以其专业性的社会工作方法而成为近代中国的社会福利学科的基础构成之一。

概而言之,从实践的属性来说,中国的宗教慈善大抵可归结为三类。第一类是施舍和救济,即对社会弱势群体施以援手,并于当代灾害救助、社区发展等领域发挥不可替代的作用。第二类是宗教实践,比如建庙修寺和寺庙义工等,都属此类。第三类是公共参与,这是基于现代社会的各类宗教都存在世俗化的倾向,故而推动信徒参与社会,由此建构社会与宗教之间的良性互动,从而能使某些宗教性的美

---

① 陈宝良:《中国的社与会》,浙江人民出版社1996年版,第209—215页。

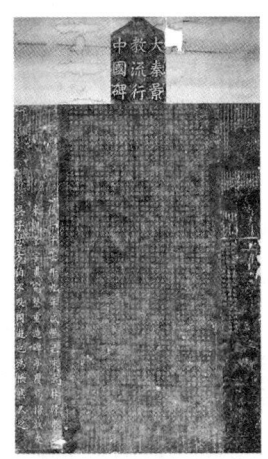

图1—3 唐代《大秦景教流传中国碑》全文及拓片特写①

德成为社会的信仰与公民的宗教,成为公共型的宗教慈善。从参与操作的具体模式来看,又可分为个人救助模式、寺院救助模式和宗教慈善组织救助模式三种。需要指出的是,宗教慈善虽然在中国有着悠久历史,但在特定的一段历史时期,其在中国基本销声匿迹。直到21世纪,宗教慈善的有关机构才开始重新发展。2012年,国家宗教事务局发布的《关于鼓励和规范宗教界从事公益慈善活动的意见》为当代宗教在慈善领域发展提供了政策保障。不过,在2016年通过的《中华人民共和国慈善法》中,对于宗教团体尤其是尚未注册的宗教团体从事公益慈善服务的部分还未能形成详细指引。

三 族群与慈善

与丰富的宗教实践相依存的是中国大地上丰富的族群及其多元的文化实践。虽然汉族的人口占到91.51%,其他各民族所占的比例较小,但是这并不意味着他们在文化上就是少数,而汉族自身其实也在历史上不断以滚雪球的方式融合其他族群而形成。随着近代中国从王朝帝制向民族国家发生转型,民族认同遂凸显为一个文化

---

① 西安碑林博物馆编:《唐大秦景教流传中国碑》,陕西人民出版社2006年版。

政治的关键课题。

从孙中山提出的"五族共和"论到中华人民共和国在1979年才最终完成的对五十六个民族识别的官方认定，一系列的漫长过程即是中国近代民族国家形成的重要的标志，亦是中华民族近代建构的一个个里程碑。经识别之后的各个民族不论人口多少、发展程度高低，都享有平等的政治地位，其文化上的差异也相应得到国家的尊重和保护。在这"多元一体"格局的形成过程之中，基于不同民族文化与认同而呈现的多元慈善实践开始浮出视野。赵杰翔所著第四章《民族慈善》便对此进行了专门介绍。

作者指出，尽管各族在杂居之中发生持续交流与不断融合，但同时也努力在语言、饮食、服饰、节日庆典等各方面保持本民族的特色。该章通过藏族、回族、傣族与汉族客家这四个族群案例，揭示了民族慈善如何成为民族认同的重要方面，同时也展示出跨民族的文化如何融合不同的民族而成为"多元一体"的中华民族。其中，她总结了民族慈善的四个实现特点。

第一，是民族慈善思想的弘扬经常嵌入在民族节日之中。有的民族还会将慈善行为专门固定为节日进行庆祝和强化，比如朝鲜族的老人节。还有的民族节日会伴随捐赠等慈善活动，例如藏族每年的萨嘎达瓦节，往往有很多穷人聚集在路边静待施舍，布施者和接受施舍的人都处于平等的地位。又如穆斯林民族在开斋节这一天，人们去清真寺参加会礼的同时，也需要向老弱病残、生活贫穷无靠的人施舍，因此开斋节又被称为"济贫节"。

第二，是民族慈善一般与宗教信仰密切相关，同时又与民族自身的文化相互结合，从而形成多元各异的慈善文化。事实上，这类慈善观念往往不是对宗教教义本身的强调，而是对民族自身的地方性理解以及根据这种理解产生的本地慈善行为。比如，在藏传佛教的寺庙里，就出现了寺院养老这种特殊的藏族慈善内容。寺院养老可以说是一种高级的慈善方式，它不仅为老人提供了物质上的慈善救助，而且在精神方面也给予慰藉。在一定程度上解决了藏区的养老问题，促进了地区和谐。

第三，是民族泛灵信仰对于当地的生态阐释往往起到积极的保护作用。比如，藏族对神山的保护，傣族对水的爱护，等等，无不实践着与自然为善的环保理念，是理解民族慈善的重要维度。

第四，是各民族基于族群认同感、归属感以及共同生活的社区感而在日常生产生活中产生的慈善行为。例如，在傣族的傣历中，每个月都标有"赕日"。虽然"赕"看起来是敬献佛祖和寺院，但"赕"背后的思想体系以及现实发生的"赕"之行为，经常会超越宗教的领域，成为傣族世俗生活乐善好施的一种精神文化。

四 地方社会与慈善

在宗族、宗教以及族群之外，另一种对于中国人至关重要的认同基础便是地缘。人们基于共同的出生地而产生的地方认同形成各色组织，如会馆、公所、善会、善堂，乃至地方宗教组织以及移民同乡组织，等等，数百年来未曾间断地开展着从邻里到地方，乃至跨省跨国的丰富慈善活动，我们谓之"地方慈善"[①]。

众所周知，县衙乃中国历代官府行政的最末梢。在此之下的民间社会主要依靠地方精英及其背后的宗族力量来实施治理。因此，在中国的王朝治理体系中，地方有着某种相对独立的意义，以致出现"皇权不下县"的说法。乡邦精神于是成为中国基层地方社会治理文化的根本底色，而各式各样的地方组织所开展的慈善活动正是这种乡邦治理的重要体现。它们往往由地方的精英主持，而这些地方精英通常又是当地某些重要家族的领袖，抑或是宗教首领，因此地方慈善不可避免地与宗族慈善产生交集，时而也会吸收当地的一些信仰元素，样态复杂。

郭淑蓉所著第四章《地方慈善》一章对此开展了详细的讨论。她指出这类慈善活动主要由当地乡绅、宗族等通过本地的地方传统、风

---

① 从欧美的视角看，或可称之为社区慈善。

俗人情等地方文化网络进行管理。① 因此，相较于中央王朝的官方慈善活动，民间慈善实践都深受其所在地方社会的影响，具有明显的地方特质。各地的善会、善堂等组织在其具体的发展过程中无不体现着地方社会的礼俗秩序与道德观念，并且延展到地方之外的同乡网络。

最初的同乡组织多为同乡赴京考试提供栖居之所，后随着商贸的发展出现了同乡商会。这些同乡组织在促进贸易往来的同时，也促进了同乡群体之间的互助。② 有的同乡虽然在家乡可能并不相识，但是基于地缘认同，却可以在异地得到帮助，这正是前述朱友渔所言的"互助慈善"。与在家乡的组织一样，异地同乡网络所开展的慈善实践亦深受地方社会的民间信仰和关系网络等因素的影响，体现着地方世界的道德观念、文化传统和风俗习惯，展现出不同于"大传统"的地方"小传统"中的慈善文化逻辑。③ 该章所描绘的潮汕善堂即是显例。

在民间信仰广泛分布的潮汕地区，当地民间信仰所形成的信仰网络和仪式活动是本土善堂赖以生存和发展的依托。善堂自成立伊始，就与当地的民间信仰紧密融合，为地方人士提供了表达信仰的渠道和途径，强化了善堂与地方社区的联结，亦对地方社会的权力格局产生着互相形塑的作用。而这一切又使得善堂与民间信仰相结合的传统在长期的历史发展过程中能够不断地再生产。

鸦片战争开埠以后，中国沿海各地的慈善传统开始融合西方经验。郭淑蓉发现，虽然潮汕地区有大量的善堂组织仍保持着传统的施善救济与宗教服务，但是也有一些洋行买办发起的善堂开始发生近代转变，不仅慈善理念从"重养轻教"转向"教养并重"，而且开始涉足地方市政，比如汕头的存心善堂。夫马进的研究表明，在同时期的

---

① 段颖：《人类学视野下的华人社会、公益慈善与地方认同》，载朱健刚《中国公益慈善发展报告2013》，北京大学出版社2014年版，第212—213页。

② 参见于珍《近代上海同乡组织与移民教育研究（1843—1949）》，博士学位论文，华东师范大学，2008年。

③ 段颖：《人类学视野下的华人社会、公益慈善与地方认同》，载朱健刚编《中国公益慈善发展报告2013》，北京大学出版社2014年版，第211—224页。

上海，市政已由善堂所发展出的一个自治机构——"总工程局"来实施①，而在当时的广州，更有报道声称粤省善堂"不啻泰西一省一郡一城之议院"②。夫马进由此写道："地方自治本身正是可以成为立宪政治的基础……在这个意义上，扎根于中国传统社会的善堂成为中国近代化的出发点。"③

由此来看，地方性的慈善文化既深度嵌入于地方传统和信仰体系，同时又极具与现代治理相兼容的潜质。这一发现或能启发我们将地方的慈善文化传统与今天正在进行的社区建设进行有效对接，从而依托地方认同来开展各类社区公益活动，催生社区社会组织的力量生长，促进社区自治。这将对促进共建、共治、共享的地方社会治理格局发挥积极而重要的作用。

五　移民与慈善

随着近代以来的移民增长，"地方"的网络遍布全球，"地方"的意义也逐渐超越地理的边界。身处其中的人士被称之为"侨"，他们频繁地穿梭于家乡地和居住地两种不同的文明之间。中国自1567年明朝解除海禁以后，就有华人开始在世界各地迁徙流动。由于乡土观念浓厚，外出谋生的华人一旦身居异乡，往往自发建立同乡组织，以方便联系、相互帮助。于是，以地缘关系为基础的原有社会关系在新的社会空间得以延续，体现着旅居异地的同乡对于先祖共居地的认同，由此而形成组织，华人会馆即是如此。

与本土的华人不同，这些跨境华人一方面受到居住过当地文明的影响，另一方面也继续保持着家乡地的文化。在其出发地和到达地的华人之间一直建有移民通道，这种通道一方面是贸易，另一方面就是通过慈善来保持和移出地—家乡的联系。滨下武志谓之"善缘"。这

---

① ［日］夫马进：《中国善会善堂史》，伍跃、杨文信、张学峰译，商务印书馆2005年版，第583—602页。
② 独立山人：《论粤省善堂如小议院》，《申报》1899年6月9日，第9版。
③ ［日］夫马进：《中国善会善堂史》，伍跃、杨文信、张学峰译，第533—535页。

是一种与血缘、地缘和业缘等认同机制所并行的互动场域,使得华人在存续中华文化生活的同时不断纳入外来元素。因此,研究华人慈善历史,不能不关注海外华人移民的慈善实践。景燕春等所著第六章《海外华人华侨慈善》即对此进行了丰富的个案介绍与深入的学理分析。

从理论视角来看,海外华人华侨慈善可归于移民慈善(diaspora philanthropy)的讨论,可谓全球化人口流动的典型一面。经济欠发达国家的移民将在海外赚取的经济资本藉以慈善的方式带回家乡,是移民与家乡保持联系的一种常见方式。对祖国/家乡的认同是这类慈善的重要要素,其捐赠包括资金,也包括人力的经验、技术和直接的志愿服务等。

景燕春的研究指出,这类移民慈善的存在其实没有使受惠的祖籍地产生资源依赖,反而是让祖籍地获得了赋权式的发展——即通过融入当地更为广泛的社会汇款(social remittance),实现了包括价值、观念以及实践行为等的转移,同时提供了一种将财富、智力、经营之道、技术、新态度以及新思维方式进行不断整合的途径,在一定程度上拓展了个人及社会组织在发展领域的参与。[1] 章节以顺德、温州和云南和顺三个侨乡的案例对此进行了深入细致的解析,从中指出海外华人华侨慈善作为一种行为实践,结合着海外华人的观念、情感、利益,彼此交融地镶嵌在侨乡的文化传统及中国的政治—社会结构之中,具体有三个论点值得注意。

首先,是来自于华人社会千年以来通过家族、士绅和地方精英得以延续和不断转型的地方文化传统,尤其是民间社会悠久的乡治传统以及由此衍生出来的乡邦精神。这种乡邦精神之所以容易在华侨世界得到强化,是因为海外华人世界的精神核心正是在各种流动之中不断凝聚起来的对美好家乡的共同想象,移民也因此不断通过自身的实

---

[1] Geithner, Peter F., Johnson, Paula D. and, Lincoln Chen. 2004. Diaspora philanthropy and equitable development in China and India. Cambridge, MA: Global Equity Initiative, Asia Center, Harvard University.

践，在边缘地带建构一个想象中的国家。正是这种乡邦精神，连通着华侨慈善与地方慈善。

其次，是来自海外/境外移民社团的深刻影响。事实上，正是由于各种海外社团和家族的推力使得移民慈善不仅不会因为侨乡的富庶而消失，相反它会和本土的公益慈善一起，进一步推动侨乡和中国的社会服务和社会福利事业。同时，在居住地，这些海外华人社团也会将华人慈善文化融入当地。很多海外的华人慈善组织，并没有因为现代化的冲击而式微，相反仍然保留甚至强化了华人的慈善传统。

最后，是国家侨务政策和政府态度也起着关键作用，尤其是改革开放的政策实施极大地推动了海外华侨慈善在大陆大放光彩。华人移民如此大规模和长时期的资金捐赠对中国社会尤其地方的发展产生了直接的塑造作用，尤其是福建、广东这样具有悠久的移民历史和大量海外移民人口的省份。在这一过程之中，华人华侨慈善文化中的一些现代公益理念也日渐影响着地方政府的治理。

六 公民与慈善

学界一般认为清末民初是中国传统慈善向近代公益转型的关键时期，历史学界对此相关研究亦与公共空间等术语勾连对接，但基本认为明末以后的中国社会其实并未形成一个欧洲意义上的"公共空间"。那么，中国近代公益在其诞生之初究竟蕴含着怎样一种新型的公共意味？其与当时中国现代国体开始生成的机制之间，究竟有着什么关系？武洹宇等著《公民慈善》即循着这一问题，对清末民初从帝制转向共和以来的半个世纪，中国大地所产生的一种基于共和国体的"公民"身份而出现的慈善实践进行的研究探索。

武洹宇的论述从中文"公益"二字的概念谱系与群学理论的关系入手，极富洞见地指出中国"公益"概念其实并非简单地舶自近代日本，而是至少在清中期已经出现，并具有经济收益、国家利益与地方公事三种用法。其中，表示"国家利益"的语义很可能随着《万国公法》的东渡而重塑了日本近代的"公益"概念，并于19世纪末伴随《日本国志》等宣传维新思想的著述出版而传入中国，成为群学理论与变革话语的建构工具。

因此，清末新生"公益"观念之现代特质很大程度即在于其所表征的"国家利益"被赋予了支持政体转型的群学理论与变革实践。当时主流观点认为现代国体所要求的议会制度需配以具备现代权利意识和国家观念的"新国民"。于是，"开民智、兴民权"的教育运动成为戊戌维新与清末新政理念与实践的核心，其中即包括对女性和弱势群体的智识培育，授人以渔、教养并重以及基层自治等具有"近代"意义的理念由此被整合进有助于国家民众的"公益"话语，致使原本发挥治理补充作用的慈善转变为主动引导社会变革的公益，亦即朱友渔所言的"公民改善"。

于是，如果以中文"公益"的近代使用和普及时段作为理解传统慈善转向近代公益的一个面向，那么戊戌以来的维新人士以及后来扩大到各种身份的"志士"乃至商人、平民和女性基于共和国家的观念以及现代公民意识而开展的非营利实践，可谓中国近代公益的开端。从清末到民国，这些公益实践无不包含着有关国家道路的价值取向和理论自觉。该章依时序阐述了三种主要思潮及其具体案例。

第一种是戊戌维新以后试图通过"合群立会"以实现顶层政治变革的公益实践，具体做法通常是以学校、学社、报纸"三位一体"的组合作为推动变革的工具。被誉为"黄花岗之父"的著名公益人潘达微在辛亥革命前夕广州郊区河南地的种种活动，即为显例。第二种是辛亥鼎革以后，共和幻灭，对暴力变革的反思成为主流，提倡渐进的社会变革的风潮开始兴起，尤以无政府主义提倡共产的生活方式最为盛行，一时间各种工读社与"新村"运动风行全国，黄花岗起义幸存者徐茂均在其故乡花县所组建的"公益新村"是典型个案。第三种是延续前述"开民智"运动与深入日常生活实现基层最根本变革的思路而生成的乡村建设运动，风靡于20世纪30年代，其中卢作孚、晏阳初与梁漱溟被时人称为"乡建三杰"，文中亦对三人分别进行的乡建实验进行介绍。

从中可以看到，开启民智、城市自治、村社实验、培育国民作为近代公民慈善的主要形式，在中国已经走过百余年的道路，提示着中国大地上的有识之士从未间断在基层启迪民智，培育民主基础的努力，而这正是中国"公益"最为核心的一种近代意涵。它之所以与欧洲意义上的"公共空间"并不相同，是因为其在很大程度上依然遵循着"使人人能自治，能合群，视公事如己事，扩大爱国爱乡之心以爱国"的这样一种由小及大，具有差序格局的"公共"逻辑。我们于是能够从中窥见整个中国从帝制走向共和的全面现代化的进程之中，似蕴含着某种国家与社会的局部同构，它们彼此推进，有时甚至不分你我，相辅相成地生产着中国不断转型与发展的内生力量。

中华人民共和国成立以后，随着总体性社会的建立，国家包揽了一切，中国大陆的华人慈善组织几乎失去了生存空间，各种民间慈善实践也在声势浩大的运动中消失殆尽。直到改革开放，社会政策逐渐放开，大陆的慈善组织才如雨后春笋般纷纷恢复。在这期间，为了找到一条适合中国慈善组织发展的道路，从官方到民间都进行了积极的努力，从官办慈善组织的顺势而为，到民间草根慈善组织的顽强崛起，都能看到多方共同摸索道路与重新寻找动力的不懈努力。

导语小结

以上就是我们试图简要勾勒的六种中华慈善文化类型，其复杂性与多元性已远远超出朱友渔所处时代的研究视野，但仍与他心之所系的终极命题紧密相连。今天中国的慈善文化仍然在剧烈的变迁之中，尤其近二十年间，公民慈善的发展可谓狂飙突进，与此同时，传统慈善的力量也在各个地方熠熠生辉，精彩纷呈地展现着中华慈善多元一体的文化格局。如果将公益慈善看作人类道德想象的社会史，那么中国的公益慈善无疑是中国人关于美好国家与生活想象的社会文化史。在此之中，居于核心位置的"善"又演绎为乐善好施、积德行善、因果福报以及爱国爱乡等多种具体的文化动力。日本历史学家吉冈义丰曾对中国人的"善"文化有一段精辟论述,他写道:"'善'是生存于复杂历史社会的中国人所可以永远依靠的;如果失去了它,人生的凭藉将完全崩溃;这是任何东西也难以取代的生活必需品。对于中国人来说,善并不只是平面的伦理道德之劝诫语词,它是中国人谋求社会生活时,视为与生命同价,或比生命更可贵,而谨慎守护的中国之'魂'。"[①] 理解到这一点,我们就能体会到公益慈善其实是中国文化所规定的中国人基本的生活方式。它或许在很长的一段时间受到忽略与轻视,时至今日,它理应成为践履中华文化价值之核心。

[①] [日]吉冈义丰:《中国民间宗教概说》,台北华宇出版社1985年版。

第二章 宗族与慈善

宗族社会是传统中国社会的基本特征。宗族在当时的政治、经济、宗教和社会领域都扮演着重要角色，而宗族慈善是宗族社会的重要特征，本章先从宗族及其宗族慈善的定义出发，继而分析宗族慈善的历史逻辑，并介绍苏州范氏义庄、歙县棠樾鲍氏义庄和无锡荡口华氏义庄三个典型个案。最后对宗族慈善文化做一个小结。

第一节 定义特征

一 宗族及宗族慈善的定义

"宗族"是一个中国本土概念，而非舶来品。早在汉代，《尔雅》和班固所著《白虎通》就对宗族的含义进行了阐述。《尔雅·释亲》云："父之党为宗族"；《白虎通》卷八《宗族》也说："宗者，尊也，为先祖主者，宗人之所尊也"，以及"族者，凑也，聚也，谓恩爱相流凑也"。[1] 这些阐述建构起中国宗族研究的理论基础，成为后来学者界定"宗族"含义的起点。沿此思路，学者们对宗族的含义提出了多种不同的理解与表述，如有的认为"族"是家庭的扩延；有的认为宗族是有宗法、共识、首领的血缘群体；还有的强调姓氏的作用，等等。综合古今各家学说，冯尔康先生提出："宗族是由父系血缘关系

---

[1] 转引自钱杭《中国宗族史研究入门》，复旦大学出版社2009年版，第24、32、34页。

的各个家庭，在祖先崇拜及宗法观念的规范下组成的社会群体。"①这个定义表述较为周全，内涵全面，故获得了学界的普遍认可。

明确了宗族的基本含义，我们再进一步对宗族慈善作出界定。宗族慈善是以伦常孝悌、敬宗收族为思想基础，以一定的族田或义田为经济基础，以义庄为实施主体，向同族老弱病残及贫者进行济贫、助学等方面的规范化、制度化的慈善事业。由此概念推衍开来，宗族慈善的外延就是面向本族内贫困无力者开展的所有救济扶助行动。

自周秦以降，宗族就在中国社会生活中发挥着十分重要的作用。随着中国封建社会进入中晚期，土地关系变动加剧，宗法宗族制逐渐深入到庶民之家，致使先前的世族、士族宗族制演变形成庶民宗族制。与土地关系变动相应的是人身依附关系的日趋松懈。一些宗族开始以同族血缘伦理为内核、以族谱宗祠为形式、以赡族恤贫为手段，来实现收宗敬祖的目的。藉此，宗族慈善便由宗族内部零散性的互助趋向制度化的救助。宋代范氏义庄的出现，即是宗族慈善这一制度化转向的重要标志，具有里程碑意义。明清以后，族田义庄已成为中国社会宗族慈善的主要形式，在华人社会发挥着不可或缺的社会救济与保障功能。

由上观之，从纵向维度来看，宗族慈善深深植根于中国传统社会结构与伦理文化当中。它发轫于汉唐之际，勃兴于宋元之间，繁盛于明清之时，及至民国则日趋衰微，历经两千余年发展而绵延不绝。从横向维度而言，宗族慈善则与宗教慈善、官办慈善及各种民间慈善一同构成了中国古代慈善事业的基本形态。在相互承继、多元共存的运行格局中，宗族慈善长期占有一席之地。它见证了中国宗族组织的发展、演变及其现代转型，也经历了中国慈善事业从古至今的兴衰历程，可以说是传统慈善事业中最具本土特色的部分。

二 宗族慈善的特征

从总体的发展形态来看，宗族慈善大致经历了由非制度化散赈到

---

① 冯尔康等：《中国宗族史》，上海人民出版社2009年版，第17页。

制度化救济的过程，综观其发展演变的历史脉络，虽然在不同时代和地区的表现形式存有差异，但总体仍具有一些共通特征，即宗法性与伦理性、封闭性与内敛性、自治性与独立性。

一是宗族慈善的宗法性与伦理性。在封建时代，"皇家宗庙是历代王朝政权的标志"，而宗族治理亦"成为国家政治的议题之一"[①]。宗族和国家在各个历史时期以不同的形态发生联系。自汉武帝"罢黜百家，独尊儒术"以后，儒家思想成为各封建王朝极力推崇的正统思想，以儒治国亦成了相沿不变的政治实践。由于儒家文化以伦理关系为礼制本位，从某种意义上而言，以儒治国即是以孝治天下。正统儒家的伦理文化自然成了宗族对族人实行伦理教化的源泉与依据，加之宗族原本就是血缘性的社会组织，故而愈加重视伦理道德的教化，由此形成了家国一体、家国同构的宗法社会。尔后，以孝睦敦本为核心的宗族伦理日益推衍开来，这就为宗族慈善的产生与发展提供了丰沃土壤。到了宋元以后，族田义庄作为宗族慈善的主要形式，在社会救济的外在形态下，事实上将封建伦理与国家法令联系起来，具体有两个面向。

一面是以封建法律维护伦理，使国家政策在宗族内部得到延伸。如范氏义庄虽立有规矩，但因"诸房子弟有不遵规矩之人，州县既无敕条，本家难为伸理"，数年间，义庄就渐趋毁坏。为此，范纯仁奏请朝廷"特降指挥下苏州，应示诸房子弟有违犯规矩之人，许令官司受理"[②]。有了朝廷谕令的庇佑，范氏义庄最终得以维持下去，故而宋以后置义庄者多向官府禀请，寻求官方的支持与保护。明清两代，各义庄常常都向地方州县官府呈请保护，请求为义田册籍钤印、立案存照，并优免各项杂役差徭。有了官方的护身符，宗族在义庄内维系封建伦理便更具有合法性。

另一面则是采用封建伦理维护封建法令，将宗法关系反过来延伸

[①] 冯尔康等：《中国宗族史》，上海人民出版社2009年版，第1页。
[②] 《续定义庄规矩》，李勇先、王蓉贵校点：《范仲淹全集》中册，四川大学出版社2002年版，第1159页。

到国家政策当中。族田义庄的救助原则有着明显的封建伦理价值观念,受惠者并非任何生活困苦的人,而是符合所定标准的贫穷族人,即善款优先发给节妇、孝子、孤子、废疾者,而改嫁再醮、出继外姓及赌博健讼、游手好闲等伤风败俗者一律不予。事实上,后者正是明清法律所惩戒的。有的宗族义庄还会通过族规家训劝导族人及受惠者,惩恶扬善,奉法以振家声;有的则比较强调遵照《家礼》行冠婚丧祭,积善余庆,旨在修齐治平之道,或注重宣讲圣谕,以之为正身范俗、尊君事长的工具,由此得到地方官府及朝廷的旌奖。

二是宗族慈善的封闭性与内敛性。费孝通先生曾指出,中国乡土社会的基层结构是一种"差序格局",是以"己"为中心推衍开来而与他人所联系成的社会关系网络,"像水的波纹一般,一圈圈推出去,愈推愈远,也愈推愈薄"①。这主要由于传统社会是以家庭为单位的自给自足的自然经济生产方式,使得人们安土重迁,血缘和地缘成为社会关系的纽带。由家族繁衍生息、历经数代而成的宗族,尤重聚族而居,其实就是基于血缘、地缘关系而形成的。宗族社会里的亲属关系及人际网络,即具有同心圆波纹的特征,这就是"差序格局"的乡土社会结构的具体表现。

及至明清时期,宗族成为乡土中国社会最重要的基层单位,族田义庄也逐渐盛行于江南各省。源自宗族观念而开展的宗族慈善,自然讲究"施由亲始",表现出如同心圆般的差序原则,即济贫善举大多局限于同宗同族的成员之间,而对超出宗族范围的其他人很少救助。如苏州范氏义庄和徽州棠樾鲍氏义田主要是救助本宗族的子弟,助其度日谋生或进学科考,以光耀门楣。更有甚者,有的宗族在救济层次、救助对象上还实行差别对待,即以血缘亲疏来区分受惠多寡厚薄,由近宗渐至远房族人,或以五服为限。虽然近代以后有些族田义庄开始顾及宗族之外的贫者,或以乡邻为施善范畴(如晚清苏州潘氏丰豫义庄),但此种情形并不多见。总体而言,传统社会结构的差序

---

① 费孝通:《乡土中国·生育制度》,北京大学出版社1998年版,第27页。

格局造成了宗族慈善往往按照血缘、地缘关系进行救助，由亲及疏、由近及远地确定受助者，其施善对象主要面向族内，而非族外，呈现出明显的封闭性和内敛性。这种封闭性、内敛性，决定了义庄义田仅为特定范围（宗族）内的公共利益。

三是宗族慈善的自治性与独立性。尽管"自治"是清末从西方引进的一个外来词汇，但揆诸明清时期宗族演进发展，从顾炎武到魏源再到冯桂芬，都把宗族看成是佐助国家"教民"、"养民"的组织机构，拥有实际上的教化权能。宗族慈善教养化民，协助或代替国家基层政权行使行政管理权力，在与国家的某些分享中隐含着自治的成分，虽无自治之名却有自治之实。[①] 这便具体表现在族田义庄内部事务的管理上。族田义庄不同于由宗祠统管的祭田、墓田，它一般设有一整套独立的管理机构，从族人中推选若干德高望重者或贤才干练者，监临庄务或承办催租、掌簿等具体事务。有的则采取族人轮管的形式，由族众直接参加管理，实现自我管理与服务。与之相应的是宗族慈善较强的独立性。与明清时期大抵由官府拨款倡建、官员主导或直接插手甚至完全经办的养济院、育婴堂等善堂善会不同，族田义庄由宗族中富足有余力者自发捐资设立，没有官款的拨助，因此每一个义庄都由族人独立地管理运作，不受官方干预与掣肘，在司事人员的任用、施助对象的确定等方面具有相对充分的自主决策权。

第二节　历史逻辑

一　宗族的历史变迁

宗族是中国社会十分独特的组织。20世纪五六十年代，西方学者尝试从地域社会和制度建构等层面进行解读，如弗里德曼（Mau-

[①] 冯尔康：《简论清代宗族的自治性》，《华中师范大学学报》（社科版）2006年第1期。

rice Freedman)对华南宗族的研究提出,宗族其实是乡村的建构,成员之间应有相同的血缘,公产(corporation)是宗族形成的关键①,从而引进了社会人类学的世系群理论(lineage theory)的基本架构。后来,又有学者进一步论析,大致形成"血缘共同体—世系群—具体功能"的研究范式。然而世系群理论并不能代替中国宗族的研究,有学者就指出中国宗族比西方"lineage"的血缘亲族范围更广,毋宁用"clan"更为恰当。②

这些讨论说明,想要理解中国宗族,还需从本土语境的脉络中把握。因此,本节将首先梳理中国宗族的历史进程,以作为理解宗族慈善——这一宗族养赡与教育功能具体形态的出发点。概而言之,中国宗族从殷周到现代,绵延数千年,经历了四个阶段的变化③,每一阶段都与当时的政治、经济状况有着结构性的关联。

第一个阶段为先秦,是典型的宗法宗族制。西周实行大小宗法制度,周王室是大宗,王位由嫡长子继承,同姓诸侯是小宗。同时,诸侯本身又是大宗,其位也由嫡长子继承,嫡长子兄弟为卿大夫,卿大夫于诸侯而言是小宗,但在本邑又是大宗。这样,宗法制与分封制紧密结合,实现宗统与君统的合一,即周王既是宗主又是天子,集两权于一身,成为天下共主。由于大分封的推行,从西周至春秋初期,世袭领主经济占据统治地位,宗长都具有贵族身份,由此也可以说是贵族宗子制。战国之际,礼崩乐坏,诸侯会盟争雄,世袭领主经济趋于瓦解,而封建地主经济开始产生,与分封袭爵相联系的宗法宗族制也随之衰微。

第二个阶段为秦汉至隋唐,此系世族、士族宗法宗族制,或称门

---

① 莫里斯·弗里德曼:《中国东南的宗族组织》,上海人民出版社2000年版(据1958年英文版译); Maurice Freedman, *Chinese Lineage and Society: Fukien and Kwangtung*, London: Athlone Press, 1966。
② 参见钱杭《中国宗族史研究入门》,复旦大学出版社2009年版,第9—22页。
③ 关于中国宗族发展阶段的划分,主要参阅李文治、江太新《中国宗法宗族制和族田义庄》,社会科学文献出版社2000年版,第2—26页;冯尔康等:《中国宗族史》,上海人民出版社2009年版,第20—23页。

阀等级性宗法宗族制。秦汉时期，宗族组织从衰微走向恢复和发展，大致可分为贵族宗族、仕宦宗族和平民宗族三大类型，其中，以食封贵族为主的贵族宗族又是其主要形态。[1] 随着东汉豪强地主经济实力的增强，宗族联系纽带紧密，其宗族实力得以迅速膨胀，宗法开始下移，世家大族向士族转化。在这个转化过程中，宗族自身的凝聚力大为增强，大族间相互通婚，宗族内又通财互助。由此，"秦汉之际的宗族，是先秦典型分封制下的宗族向中古社会士族制度下宗族的过渡形态，是一个特别的转型时代"[2]。它与君权日趋分离，而族权特色日渐明显。魏晋南北朝时期，推行九品中正制，选士论族姓阀阅，而士族门阀又大肆兼并土地。与之相适应，便形成门阀等级性宗法宗族制，并通过编修谱牒、门第通婚来维系其持续发展。此外，为避战乱兵燹，北方一些大族豪强以宗室宾客为核心，以血缘为纽带，招聚闾阎乡族，据险自守，形成坞堡壁垒组织。这又进一步增强和巩固了世家大族的宗族观念。隋唐之际，伴随着新旧士族的斗争，士庶界限渐趋缩小，而科举制的发展、均田制的破坏以及两税法的颁行，士族宗族在政治、经济、文化上的特权与优势几近丧失，士族宗族制也随之走向败落。

第三个阶段为宋元明清，属于一般官僚士大夫及庶民宗法宗族制。它不是一蹴而就形成的，而是经历两宋时代的大官僚宗族向明清时代庶民宗族的过渡与转型。宋代，张载、朱熹等大儒发起重整宗族活动，在思想意识方面赋予其浓厚的孝睦等内涵，并将孝睦与同居共财联系在一起，还引申到三纲五常，使宗法宗族与政治互相渗透。欧阳修、苏洵先后编纂本族新族谱，成为后世私家修谱的范例。司马光也留心宗族建设，纂辑《家范》。更难能可贵的是，范仲淹设宗族义庄，进行族内救济，开宗族慈善制度化的先河。及至明清，朝廷废除庶民不准建置宗祠的禁令，允许民间追祭五世祖，由此，宗族组织普

---

[1] 冯尔康等：《中国宗族史》，上海人民出版社2009年版，第93页。
[2] 同上书，第113页。

遍出现，尤盛行于长江流域及东南诸省。主持宗族事务的地方士绅，十分热心筹建祠堂，联宗收族，编修家谱，制定宗规族约，甚至创设义庄族田，赈济族人。有些地方的宗族组织还与保甲合而为一，成为地方行政力量的辅助，发挥着维护封建秩序和社会治安的作用。

第四个阶段为近现代，传统宗法宗族制渐趋瓦解，出现变异的宗族形态。清末民初以来，在急剧的政治运动和西方文化思潮冲击下，宗族也在不断地进行自我调整与应变。有些宗族保留了较多的传统因素，也有些宗族在西方民主观念的影响下发生显著变化。如宗族的宗法性逐渐削弱，族人的人身依附性和族内的等级性基本消失，在组织形式上取消祠堂族长制而采取族会制，或成立宗亲会，实行监理事制度，其实它已逐渐向近代民主社团方向演变。这在中国香港、台湾地区及南洋、美洲地区的华人社会表现最为突出，体现出中国宗族具有很强的适应性和生命力。在血缘限制上也出现松动，"宗"由血缘近亲扩大为同姓即同宗，承认了拟血亲，同时也向女性开放，这就拓宽了宗亲成员范围，使其有较广阔的社会基础。改革开放后，中国大陆地区的宗族活动复苏，有些成立宗亲会，延续祭祖、修谱等传统功能外，还开展敬老扶幼等活动，成为民间自治性、联谊性的社团组织。

综观宗族历史发展变化的各个阶段，其外部表现形态虽有所差异，但其内部社会结构却具同一性，都是由一个个的家庭、家族组成。由此而言，中国传统社会在本质上是一个以血缘关系为内核的宗法宗族制社会。近现代以后，受政治革命与文化思潮影响，宗族渐趋式微，或有变异，但中国社会的宗族观念与组织形态并未完全消亡，仍作用于南北各省的城乡。

二 宗族慈善兴起的内在动力与外部因素

宗族在中国历史上绵延相续数千年，对中国社会的发展产生了广泛而深远的影响。单就社会生活方面而言，宗族适应了族人求生存发展和立足社会的需要，促进了族人经济上的互助，这种养赡互济功能便成了中国古代社会宗族慈善兴起的出发点。而宗族慈善的兴起，不仅与宗族发展的历史演进有关，而且也有其思想文化、经济基础等方面的内在动力，同时，还受到社会阶层分化所致贫富差距的外部因素的影响。

（一）思想文化方面的内在动力：孝睦伦理、同财共济等宗法观念的盛行

宗族是一个以血缘为核心、地缘为纽带的家族共同体，这个共同体的内核即是以孝睦伦理为主的宗法思想。魏晋南北朝时期，士族门阀宗族为维系其门第的等级性，除编修谱牒、士庶不通婚之外，在伦常关系方面尤重孝悌，遵循名教礼法，讲究同财共居，出现不少累世同居的大家庭。基于浓厚的宗族观念，一些世家大族出身的官僚常以俸禄散济族众，开启后世宗族慈善之先声。如东汉韦彪，一生"清俭好施，禄赐分与宗族，家无余财"[1]；郭伋也将所得的帷帐钱谷等赏赐，"辄散与宗亲九族，无所遗余"[2]；又如南朝吴郡人陆琼，虽身居高位，却"性谦俭"，"园池室宇，无所改作，车马衣服，不尚鲜华，四时禄俸，皆散之宗族，家无余财"。[3] 这在唐初仍有流风余韵。

随着唐代开科取士的推行，以及安史之乱后藩镇割据所带来的社会动荡，门阀贵族地主趋于衰落，宗法观念也一度受到影响。为重建适合新的历史条件下的宗族制度，宋代理学家纷纷以孝睦为核心内容来宣扬宗法宗族思想，尤以张载、程颐、朱熹为最。张载所撰《宗法》一文就称："管摄天下人心，收宗族，厚风俗，使人不忘本，须是明谱系世族与立宗子法。"他认为，谱牒既废，"人家不知来处，无百年之家，骨肉无统，虽至亲，恩亦薄"；宗法既废，得富贵者亦难保长久，死后"则众子分裂"，继而"家遂不存"，"如此则家且不能保，又安能保国家！"[4] 由此而见，张载主张"立宗子法"，将"立宗子"、"收宗族"、"明谱系"与"管摄天下人

---

[1] （南朝）范晔：《后汉书》卷26，《韦彪传》，中华书局1965年标点本，第920页。
[2] （南朝）范晔：《后汉书》卷31，《郭伋传》，中华书局1965年标点本，第1091页。
[3] （唐）李延寿：《南史》卷48，《陆琼传》，中华书局1975年标点本，第1201页。
[4] 《张载集》，章锡琛点校，中华书局1978年版，第258—259页。

心"连在一起。他在《正蒙·乾坤篇》中进一步阐述："乾称父，坤称母，于兹藐焉，乃混然中处。故天地之塞，吾其体；天地之帅，吾其性。民吾同胞，物吾与也。大君者，吾父母宗子；其大臣，宗子之家相也。尊高年，所以长其长。慈孤弱，所以幼其幼。圣其合德，贤其秀也。凡天下疲癃残疾，茕独鳏寡，皆吾兄弟之颠连而无告者也。"① 尊长慈幼为孝睦伦理的具体体现，由此赈恤鳏寡等无依无靠者即成了宗法慈善的重要内容。此外，张载、程颐、程颢还提出了家庙和祭祖制度的设想，强调宗族的睦族作用。"凡人家法，须令每有族人远来，则为一会以合族，虽无事，亦当每月一为之……然族人每有吉凶嫁娶之类，更须相与为礼，使骨肉之意常相通。"② 在聚族而居的条件下，把孝悌引申为睦族，由一家族扩大到一个族姓，加强了家族与宗族的联系，使得孝悌伦理、敬宗睦族的观念渐入人心。

南宋朱熹也十分重视孝道，认为孝是百行之源，并将孝与睦紧密相连，同时把孝睦与"同居共财"联系在一起。他说，律文有异籍别财之禁，"盖父母在上，人子一身尚非自己所能专有，岂敢私蓄财货，擅据田园为己物，此乃天性人心自然之理"；为人"务修孝悌忠信之行，入事父兄，出事长上，敦厚亲族，和睦乡邻"③。更为重要的是，朱熹所著《家礼》对宗法宗族制作了进一步阐发，提出建宗族祠堂、墓祭始祖和先祖及置祭田等具体设想，对南宋以后的中国社会影响极为深远。他把孝悌伦理延伸到累世同居家族共财及同族之间在经济上的互相协济，倡建祭田，以实现宗族间的联合与联系。这为宋以后宗族慈善活动的蓬勃兴起提供了思想文化的源泉与内在驱动力。

宋儒对宗法宗族思想的大力宣扬并使之情理化，敬宗收族、孝悌

---

① 《张载集》，章锡琛点校，中华书局1978年版，第62页。
② 程颐、程颢：《二程集》，中华书局1981年版，第7页。
③ 朱熹：《劝谕兄弟争财产事》，转引自李文治、江太新《中国宗法宗族制和族田义庄》，社会科学文献出版社2000年版，第33页。

雍睦等伦理观念深入人心，同居共财、同族协济渐成风气，成为两宋之际一种普遍的社会现象。如朝奉郎王复之，"于其党之孤幼衣食之，教养之，使男有室，女有家"；右仆射韩琦，"内外宗族割俸以养之者常数十家"，以致"俸禄之入，月未终而已竭"①。可见，宋代许多官僚以官俸协济贫族视为当然，或以俸禄赈恤族人看成应尽责任，而此前范仲淹协济族人的想法就颇有代表性。他在创设范氏义庄时曾对儿子们说："吾吴中宗族甚众，于吾固有亲疏。然以吾祖宗视之，则均是子孙，固无亲疏也。吾安得不恤其饥寒哉？且自祖宗来，积德百余年而始发于吾，得至大官，若独享富贵而不恤宗族，异日何以见祖宗于地下，亦何以入家庙乎？"② 由是，他从最初均分恩赐俸禄给族人到最终买田千亩，创置义庄。及至宋儒朱熹大力倡导和鼓吹祭祖收族，捐置祭田，义田和祭田构成宋以后族田义庄的主要内容，也是宗族慈善的重要表现形式与经济来源。继范氏义庄之后，族田义庄在宋元时期逐渐普及，宗族慈善蔚然成风。

（二）经济方面的内在动力：封建土地关系的变化，以及租佃制的出现

东汉以后，宗法宗族制与封建地主经济紧密联系在一起。魏晋南北朝时期，门阀贵族及世家大族占据主导地位，土地所有权相对稳定。及至唐中叶，地权开始变动无常，而后受安史之乱影响，其情形更甚。"自唐季海内分裂，五代世数尤促，大臣子孙皆鲜克继祖父之业。"③ 宋代，入仕不再受门第限制，地主阶级的构成较前朝发生显著变化，庶民地主有所发展。同时，由于宋代商品经济日趋发展，地权转移频繁，田无定主，这就为达官显贵购置田产提供了契机。这种封建土地关系的变化，在江南地区表现得十分突出，地权较为集中，

---

① 转引自李文治、江太新《中国宗法宗族制和族田义庄》，社会科学文献出版社2000年版，第38、39页。

② 楼钥：《范文正公年谱》，李勇先、王蓉贵校点：《范仲淹全集》中册，四川大学出版社2002年版，第863页。

③ 《续资治通鉴长编》卷25，转引自李文治、江太新《中国宗法宗族制和族田义庄》，社会科学文献出版社2000年版，第17页。

土地兼并现象严重。据史籍记载,江浙之间,"膏腴沃壤半属权势";或称"非王公贵人之膏腴,即富室豪民之所兼并也"①。这些肥田沃土,其中有不少为官僚富室买入,用于建庄赡族。时人已注意到,以苏州为中心的江南地区,范仲淹之义举颇为缙绅、士大夫所矜式,竞相置买田产,效法创设义庄。在其他地区,地权虽然相对分散,但宗族买卖土地、购置族田的情形也还存在。福建、江西、湖广、四川等地区多有官宦之家买地置产,建义庄义田。从某种意义上而言,宋代封建土地关系变化为宗族慈善兴起提供了客观的经济条件。明清时期,土地买卖愈来愈发展,"购买土地已是地主获得土地的主要手段"②,由此全国各州县出现了大量新兴的庶民地主。而庶民地主的涌现,是与明清庶民宗法宗族制的发展相一致的。另一方面,土地买卖又受到封建宗法关系的限制。在土地关系变动频繁的封建社会后期,族田义庄一般不得典卖,地权相对稳定。许多宗族都规定此类族产不准侵渔、盗卖,违者以不孝论处,或送官治罪。即便宗族后来不幸破产败落要出卖田土,族人、姻亲也有购买的优先权。缘此,这些或由经商致富所致,或由科举入仕而成的新兴庶民地主,为子孙后代计,多置义田,以保家族、宗族永享富贵,长久不衰。因而,有论者就指出:"宋元时代尤其是明清数百年间发展起来的族田义庄制,它不是氏族公社的残余形态,乃是中国地主经济发展到一定阶段的历史产物。它名义上是一个族姓的公产,具有经济共同体的形式。"③

伴随着土地关系的变化,一种新的生产关系——租佃契约制产生并获得迅速发展。在这种新的生产关系下,农民对地主的人身依附关系大大松弛,地主对农民的非经济性制约也渐渐削弱。这时,庶民宗法宗族制应时而生,并设祭田、赡族田等,以租佃形式雇佣农民耕

---

① 陆峻:《崇福田记》,转引自李文治、江太新《中国宗法宗族制和族田义庄》,社会科学文献出版社 2000 年版,第 18 页。
② 叶显恩:《明清徽州农村社会与佃仆制》,安徽人民出版社 1983 年版,第 56 页。
③ 李文治、江太新:《中国宗法宗族制和族田义庄》,社会科学文献出版社 2000 年版,第 81 页。

种，正好适应了社会经济的发展和民众的心理需要，即宗族拥有土地的所有权、租赁权，佃农获得土地的使用权、经营权，并在一定程度上提高了佃农的农业生产积极性。为使地租得到保证，很多宗族都禁止同族人租佃族田，而由异姓人承租。对于异姓佃种族田的，如有佃户交纳不清或欠租，则依仗宗族力量催租。这就确保了宗族慈善具有较为稳定的经济来源。

(三) 外部环境：社会阶层分化严重及贫富悬殊

在封建社会，阶级和等级矛盾一直较为尖锐，是个严重的社会问题。隋唐以前，由于先后实施了屯田制、占田制和均田制，且处于士族门阀宗法宗族制发展阶段，土地买卖与兼并所致的阶级分化与贫富悬殊还不特别突出。及至唐末，均田制逐渐瓦解，而宋代又采取"田制不立"、"不抑兼并"政策，在土地私有制的推动下，土地兼并愈演愈烈，由此引发的阶级矛盾和贫富分化也日益凸显出来。据正史记载，南宋淳祐年间，"豪强兼并之患，至今日而极……外之境土日荒，内之生齿日繁，权势之家日盛，兼并之习日滋，百姓日贫，经制日坏，上下煎迫，若有不可为之势。……小民田日减而保役不休，大官田日增而保役不及，此弱之肉强之食，兼并侵盛，民无以遂其生"[①]。可见，百姓普遍贫困已成为两宋社会一个严重问题。而在同一宗族内，由于支派繁衍，生齿繁多，也可能出现贫富分化的情况，这表明族内的救助善举具有一定需求。

明清时期，阶级分化、贫富差距依然是严峻的社会问题。顾炎武《天下郡国利病书》摘引万历《歙志》中"风土论"的一段话颇能反映当时社会日趋两极分化的状况。正德末嘉靖初，"出贾既多，土田不重，操资交捷，起落不常，能者方成，拙者乃毁。东家已富，西家自贫。高下失均，锱铢共竞。互相凌夺，各自张皇"。迨至嘉靖末隆庆年间，"末富居多，本富益少，富者愈富，贫者愈贫。起者独雄，落者辟易。资爱有属，产自无恒"。而到了万历年间，"富者百人而一，贫者

---

① （元）脱脱：《宋史》卷173，《食货志·农田》，中华书局1977年标点本，第4179页。

十人而九。贫者既不能敌富,少者反可以制多"①。贫富分化的结果是社会财富日益集中到少数人手里。同族之内,亦有贫富之别,长此以往,极易造成血缘关系的疏离与淡薄。有族谱称:"一族之间,不皆富也,即有贫焉;不皆达也,即有穷焉。富贵不能周恤贫穷,是以富贵者似乎骄吝,贫穷者不无怨尤。如是欲族之睦也,不亦难乎?"②宗族内部房分之间、支派之间贫富显见,家大族繁,怨隙也在所难免,唯有对贫者进行赈济,方不失敦本笃亲、敬宗睦族之意。

还需注意的是,明末以来,贫富良贱的相对关系已发生了激烈的变化,扰乱了以往的社会分层,也冲击了人们的价值观。财富日益影响着人们的社会地位,也导致了社会身份混淆现象。③一些家族或个人也希望借助累积的经济资本来获得社会普遍认可的符号资本。换言之,他们通过善行义举将财富转化成能让官民都认可的道德资本,最终达到支配基层社会、维系社会稳定的目的。由此,创设义庄成为宗族中的功成名就者、财力充裕者重塑社会身份等级的追求目标与选择。由此而言,社会阶层分化、贫富悬殊以及同宗族众之间的贫富不均,恰好从需求面阐释了宋明以后宗族慈善兴起的客观的社会背景。贫富差距的现实,成为宗族开展零星的、偶然的非制度化救助,或进行以族田义庄为基础的制度化救助的基本动因与出发点。

自宋迄至民国,宗族慈善以范氏义庄为发端,在官绅各方的倡导与响应下,由江南扩展到全国,成为中国传统慈善事业的重要组成部分。它以济贫、助婚丧及兴义学等形式的善行,既发挥了敬宗睦族的功能与作用,也扮演了缓和社会矛盾、稳定社会秩序的重要角色。义庄作为宗族慈善的经济实体,已经超越了单纯的济贫助困性质,具备了初级形态的社会救助性质,在一定程度上弥补了官府救济、社会保

---

① 顾炎武:《天下郡国利病书》,见《续修四库全书》(596·史部·地理类),上海古籍出版社1995年影印本,第130页下栏。
② 《平江叶氏族谱》卷首,《睦族论》,民国二十四年刊本。
③ 梁其姿:《施善与教化:明清时期的慈善组织》,北京师范大学出版社2013年版,第55—56页。

障的不足。当然，其内在的局限性也是明显的，即其救助对象仅囿于特定的族内人群，范围有限，不具有开放性。

第三节　典型个案

宗族慈善活动需要有宗族的公共财产作为基础。在先秦同宗共财的典型宗法宗族制衰微以后，到了汉代，随着宗族制的恢复与发展，常有自发赈恤贫穷族人之举，但由于没有固定的族产，多为临时、救急的。这种族内互助有两种形式。一是由族中尊者首倡、族众捐资一起赈恤穷困族人或弱者。如东汉崔寔《四民月令》就劝勉宗族乡党，每年三月青黄不接之时，赈济九族中穷乏之家；九月天气渐冷之时，慰问孤寡老病不能自存者；及至十月则协助同宗那些久丧不能葬的贫困户。这些赈济活动都是"纠合族人，共兴举之"，并"以亲属贫富为差，正心平敛，毋或逾越；务先自竭，以率不随"①。二是宗族观念较强或为官的族人，以自己资财捐献给宗族或救济族众。这在汉唐间各朝的正史列传中多有记载，又尤以门第等级性宗族居多。如前述东汉的韦彪、郭伋，南朝的陆琼等。此外，还有西汉的朱邑、杨恽，东汉的刘翊、任隗，魏晋的荀彧、范腾，南北朝的张稷、司马休之、杨播等，均有散财宗族、赈济族人的事迹。②类此情形在唐宋两代也不鲜见。这两种形式的救助活动都是因时因事而定，由于没有固定的公共族产，资财随聚随散，表现为临时性、零散性、随意性等特点。这是宗族慈善发展的早期阶段，即非制度化阶段。

北宋皇祐元年（1049），范仲淹以官俸收入买田千亩，创设义庄，协济族众，这在中国宗族慈善发展进程中具有里程碑的意义。范氏义庄成为后世宗族慈善的楷模，宋以后许多官僚富室竞相仿效，买

---

① 崔寔原著，石声汉校注：《四民月令校注》，中华书局1965年版，第28、65、68页。
② 参见冯尔康、阎爱民《宗族史话》，社会科学文献出版社2012年版，第95—96页；王卫平、黄鸿山、曾桂林：《中国慈善史纲》，中国劳动社会保障出版社2011年版，第46—47页。

田建庄赡族。由于拥有义田、义庄等固定的经济基础与经费来源，宗族慈善遂臻于成熟，救济内容逐渐拓展，不仅有临时性济贫，还有宗族义学等，它标志着宗族慈善进入到制度化发展阶段。

范仲淹创设族田义庄后，对后世影响深远，效仿者不绝于史书。最早仿行的是嘉祐年间（1056—1063）的江西刘辉。他买田数百亩，设立义庄。而后，吴奎、向子諲、韩贽等人也相继建置族田义庄。①南宋，由于理学家对睦族观念的宣扬，族田义庄有了进一步发展。据张文先生研究，宋朝在两百余年间共设有义庄义田79处，其中绝大多数设于南宋。由于各地经济文化发展水平及宗族制度的结构等因素，其分布并不均衡，而以浙江、江苏、江西三地为最。② 元代族田义庄见于记载的相对较少，百余年间也有13处。③ 而明清两代，族田义庄数额更是迅速增长，进入到发展的高潮阶段。据不完全统计，明代全国各地的族田约有200处，清代至少有400处。④ 及至清末民初，族田义庄仍有发展，甚至到达登峰造极的地步。"清代族田数量之多，规模之大，范围之广，规条之详密，设置之普及，都是前代不可比拟的。"⑤

就地域分布而言，清代族田义庄明显集中于南方各省，较之北方各省，占有极大比重。在南方诸省中，江苏、浙江两省又尤为盛行。晚清咸同年间，俞樾曾寓居苏州，晚岁忆及此情即说："自范文正创

---

① 张研：《清代族田与基层社会结构》，中国人民大学出版社1991年版，第14—15页。

② 张文：《宋朝慈善活动研究》，西南师范大学出版社2005年版，第155—163页。关于宋朝义庄设立总数，学界有不同观点。如李文治、江太新在《宋代族田表》中认为有69处（含祭田，有2处重复，实为67处，见《中国宗法宗族制与族田义庄》，第49—53页）；常建华在《南宋义田、义庄建置表》中列有52处，另有北宋所设义庄7例（常建华：《宗族志》，上海人民出版社1998年版，第321—324页）；王善军认为宋代宗族义田有68处（《宋代宗族义庄建置情况一览表》，见《宋代宗族和宗族制度研究》，河北教育出版社2000年版，第64—68页）；此外，张研列有南宋比较有名的族田23处，并不全面（《清代族田和基层社会结构》，第15—16页）。此处采张文的观点。

③ 常建华：《宗族志》，上海人民出版社1998年版，第321—324页。

④ 李文治、江太新：《中国宗法宗族制与族田义庄》，社会科学文献出版社2000年版，第49—53页。

⑤ 张研：《清代族田与基层社会结构》，中国人民大学出版社1991年版，第38页。

立义庄之后，近世士大夫多踵而行之者，而吴中为范文正鼓励，义庄尤盛。余自侨寓姑苏，见绅衿之家义庄林立，其官大者或自言于朝，小者则介疆吏以闻，玺书褒美，传示家乘，何其盛也！"① 而据方志所载，清代苏州府长洲、元和、吴县拥有500亩以上田地的义庄达54处。② 除江浙两省外，清代江西、广东、福建、安徽、湖南、湖北的族田发展也很可观，不少族田属于赡族的义庄田。在族田义庄的发展过程中，由于各地经济状况、风土人情不同，其发展形态各异，名称也不一，除称义庄义田外，还有赡族田、润族田、蒸尝田、义学田、义塾田、书田等众多称谓。有的宗族在赡族济贫之外，还资助族人进学，设义塾及田产，延师以教子弟。

由前所述，宋至清代是中国宗族慈善事业蓬勃发展的时期，族内救助由先前零星的、随意性非制度化转变为以义田、义庄为基础的制度化。为使义庄长久存在，许多创建者与管理者在义庄运营管理方面都制定了一系列详密的规制。当然，各族田义庄也会因地制宜，因时而变，在施济对象、救助标准上有所差异。下文将择取苏州范氏义庄、歙县棠樾鲍氏义庄和无锡荡口华氏义庄进行深入的个案分析。

一 苏州范氏义庄

（一）概况

范仲淹（989—1052），北宋名臣，历任集庆军节度推官、陕西经略安抚招讨使、杭州知州等，官至参知政事，曾推行庆历新政，经略边陲，一生政绩卓然。他两岁丧父，随母谢氏改嫁山东长白朱氏而改姓，取名朱说。他二十一岁时知悉自己身世，便离开朱家，苦读五春秋，终于在大中祥符八年（1015）年中进士及第。不久，他迎侍母亲回苏州，请求复还范姓，产生了强烈的认祖归宗的愿望。不料，此举却一波三

---

① 俞樾：《镇海李氏养正义庄记》，《春在堂杂文》三编，见沈云龙主编《近代中国史料丛刊》第42辑（412），文海出版社1969年影印本，第479—480页。
② 参见张研《清代族田与基层社会结构》，中国人民大学出版社1991年版，第39—42页。

折,直到天禧元年(1017)他才正式恢复范姓,改名仲淹,字希文。①

如前所述,敬宗收族思想在宋代社会极为盛行。归宗之后,范仲淹首度还乡祭祖焚香,就带上绢3000匹,散给大小亲戚及故里旧交。他以实际行动表明,自己认祖归宗并不是觊觎族产,而为范氏宗族之幸,这就初步融洽了他与宗亲之间的关系。宋仁宗在位前期,范仲淹仕途较为顺利,以为自己显贵源于祖先的积德行善,而不能独享其成,他由此萌发周恤宗族之念,但此时财力有限,遂有志于此达二十年。可以说,强烈的宗族观念是范仲淹创立义庄的主要原动力。及至范仲淹任资政殿学士,权位愈显,俸禄愈丰,乃于皇祐元年(1049)知杭州时衣锦还乡,在苏州的长洲、吴县置田十余顷,设立义庄,"其所得租米,自远祖而下诸房宗族计其口数,供给衣食及婚嫁丧葬之用"②。翌年,范仲淹手订义庄规矩十三条,由长子范纯仁负责义庄管理运营。范纯仁一生俭约,将所得俸禄广置田业,义田规模增至三千亩。此外,他还与弟纯粹修缮义宅、附设义学,并进一步增补完善义庄规约。然而,南宋末年江南迭遭兵燹,范氏义庄虽得以保存,但义宅被焚,族人散居于附近村落。及至庆元二年(1196),六世孙范良器借助官府力量,收回部分义宅屋宇,并新建房屋十楹,"以处贫族",又立新仓,恢复旧观。这样,"不惟义宅载新,义庄亦复整饬,剔蠹省费,又为数世之利"③。

宋元鼎革,蒙元大军踩躏江南,范氏义庄一度趋于废弛。直至元朝一统江山之后,范氏族人范士贵向新朝廷请求恢复宋以来免除义田差役及课税的优待,然后重建祖庙与义学,并重修族谱,修复义庄。随后,在范邦瑞和范士贵的经营下,范氏义庄声名远播,遐迩咸知。明初,洪武登基,范氏义庄二千余亩田地被没收,仅存宋时所置的三分之一,其族人也有不少流徙外地。嘉靖前期,范氏义庄的义田仍需征

---

① 楼钥:《范文正公年谱》,李勇先、王蓉贵校点:《范仲淹全集》中册,四川大学出版社2002年版,第862—863页。
② 《续定义庄规矩》,李勇先、王蓉贵校点:《范仲淹全集》中册,第1159页。
③ 楼钥:《范氏复义宅记》,李勇先、王蓉贵校点:《范仲淹全集》中册,第1172页。

课纳税,直到嘉靖三十五年(1556)才允准减轻赋税。元明之际,范氏义庄尽管迭遭损毁或暂废,处境艰难,但仍顽强地恢复和延续下来。

图 2—1　范仲淹像①

清入关以后,范氏义庄的发展有了新的转机。顺治十年(1653),清廷免祠田力役之征。范允临(范仲淹十七世孙)乃兴复义庄,复捐置腴田千亩。随后百年间,由于"族姓益繁,田之所入,时患不足",雍正七年(1729),范安瑶遵从其父遗嘱,又增置田十顷,至此重新恢复到原先三千余亩之数。②康熙年间,二十世孙范承谟、承勋兄弟兴工重修义宅,各楼阁亭祠次第修葺,面貌焕然一新。随后,又获得清廷诸多优待义庄的惠政。康熙、乾隆二帝南巡,亲临天平山范氏宗祠,颁赐御书"高义园",范氏义庄由此在清中期盛极一时,名声大振。

---

①《范仲淹全集》插图。
② (清)觉罗雅尔哈善:《重修文正书院兴复义庄记》,李勇先、王蓉贵校点:《范仲淹全集》中册,第1176页。

图 2—2 范氏义庄旧址高义园①

（二）管理运作实态

范氏义庄创设不久，皇祐二年（1050），范仲淹制定了义庄规矩十三条，即《文正公初定规矩》。此后，从熙宁六年（1073）到政和五年（1115）的四十余年间，其子范纯仁、纯礼、纯粹三兄弟又先后对义庄规矩作了十次增补，可说已相当周密。南宋嘉定三年（1210），范之柔再次增订规矩十二条，即《清宪公续定规矩》。这些规矩都是范氏族人从实践中逐渐积累经验而陆续补充拟订的，因而都很切合实际，可操作性强，于是一直沿用至清末。乾隆初年，苏州知府雅尔哈善即称述道："昔文正范公以忠君报国之余，置义田于吴，以赡恤族人，子孙世守，垂七百余年而不替"；又说："历观史传所载，敦本睦族，时有其人，然多及身而止，未有时更四代，世历数十，绵绵苗裔，犹被实惠如公在时者"。② 可见，范氏义庄的管理运作甚为有效，延续近九百年而不废。下面将对其管理运作实态略作分析。

1. 管理人员

范氏义庄设掌管人（即"管勾"，后称"掌庄"），最初由范仲淹

---

① 曾桂林 2008 年摄于苏州天平山。
② （清）觉罗雅尔哈善：《重修文正书院兴复义庄记》，李勇先、王蓉贵校点：《范仲淹全集》中册，第 1176、1177 页。

从诸房子弟中"择族之长而贤者一人主其计,而时其出纳焉"①,其主要职责为收取租谷,储藏米粮,以及分配义米给族人。如初定规矩规定,掌管人负责批请各房的米历子簿,簿头登录各房口数,但不得自行支用给人,否则察觉后要补赔。后来的续定规矩对义庄管理人员又有进一步规定:"义庄大勾当人催租米不足,随所欠分数克除请受,至纳米足日全给。有情弊者,申官决断。"稍后,还明确了掌管人职权:"义庄事惟听掌管人依规处置。其族人虽是尊长,不得侵扰干预,违者许掌管人申官理断。"如果掌管人有欺骗舞弊情事,族人也可据实提出申诉。②南宋以后,范氏义庄又逐渐设有主奉、提管、典籍等名目,协管义庄仓谷与簿籍诸事,两三年轮换。

2. 周恤对象

范氏义庄设立之初,周恤范围为全体宗族成员,即所谓:"所得租米,自远祖而下诸房宗族计其口数,供给衣食及婚嫁丧葬之用。"③此时,范氏族人有九十余口,义田千亩每年可得租谷八百斛,族人所获较为充裕。总体而言,早期范氏义庄带有普遍福利的性质,它以范氏家族为主,同时对贫困不堪度日的姻戚也酌予救助。后来,义田规模有所扩大,达三千余亩,然而范氏宗族子孙繁衍,人口不断增多,至南宋庆元年间,族人总数已五倍于义庄初创之时,约四百五十口,赈恤周遍已窒碍难行,难以为继。于是,范氏义庄的救济对象便逐渐转向以贫困的族人为主。如嘉定年间撰成的《范氏义庄申严规式记》所述:"聚族数千百指,虽甚窭者,赖以无离散之患"④,这也隐约透露出它周济贫困的端倪,而后倾向更为明显。明清以后,范氏族人繁衍未艾,已增至上千口,而义田增置有限,仍仅为三千亩,康熙年间所订的《续申义庄规矩》便明确了周贫济困的救助原则,婚丧养赡

---

① (宋)钱公辅:《义田记》,李勇先、王蓉贵校点:《范仲淹全集》中册,第1168页。
② 《续定义庄规矩》,李勇先、王蓉贵校点:《范仲淹全集》中册,第1161页。
③ 同上书,第1159页。
④ (宋)刘榘:《范氏义庄申严规式记》,李勇先、王蓉贵校点:《范仲淹全集》中册,第1175页。

皆以贫富差别为依据。

3. 救助情形

范仲淹手订的义庄规矩较为简明，主要规定了义庄对族人日常衣食及婚娶丧葬的救助办法。大致而言，有如下几点：（1）族内逐房计口给米，五岁以上的男女，每口每日给一升，逐月实支白米三斗，如给糙米则临时折算；（2）每年冬衣，每人给绢一匹，五岁以上十岁以下减半；（3）嫁女者给钱三十贯，再嫁二十贯；娶妇给钱二十贯，再娶不支；（4）族中子弟有为官出仕者，如在家待选、丁忧或任川、广、闽等偏远之地官员而暂留故里，也照例赡给米绢及钱；此外，若近地为官而因故留家者，也可依此例支给；（5）各房遇有丧葬事，尊长先后给钱二十五贯，次长十五贯，十九岁以下至七岁以上的卑幼者，按年龄大小分为三档，分别给钱七贯、三贯、二贯；（6）乡里、外姻、亲戚如有贫窘急难，或遇饥荒不能度日，经各房共同商议核实，也可从义田米内量行济助。（7）遇有丰年，存留两年之粮，以备凶荒；如遭遇凶荒歉收，则只支糇粮，不支他项；尚有多余时，再支丧葬、嫁娶等费。① 概言之，范氏义庄本着"先凶后吉"、"先尊长后卑幼"的原则来养赡、救恤族人。因而，范仲淹首设义庄以养济群族，在宋代就备受时人称颂，谓"族之人日有食，岁有衣，嫁娶凶葬则有赡"②，族中无穷民。

如果说初定规矩仅是范氏义庄赡族的基本规定，那么，续定规矩则加强了义庄管理，进一步规范与完善了救恤标准与细则，从地域上明确了赡族范围，对发放月米数量也有适当调整。元丰六年（1083）规定："掌管子弟若年终当年诸位月给米不阙，支糙米二十石。虽阙而能支及半年以上无侵隐者，给一半。已上并令诸位保明后支"；绍圣二年（1095）规定："身不在平江府者，其米绢钱并勿给"；"兄弟同居，虽众，其奴婢月给米通不得累过五人"；"未娶，不给奴婢

---

① 《义庄规矩》，李勇先、王蓉贵校点：《范仲淹全集》中册，第797—799页。
② （宋）钱公辅：《义田记》，李勇先、王蓉贵校点：《范仲淹全集》中册，第1168页。

米"。后来又补充规定，因出外住要支领月米，应在每月初五日前回来，并取保核实方给当月米；积存尚有月米而请领，不给；不得于规矩外请求特支。"诸位生男女，限两月，其母或所生母姓氏及男女、行第、小名报义庄。义庄县当日再取诸位保明讫，注籍。即过限不报，后虽年长，不理为口数给米。"如收养外姓为己子，冒请月米，则不给，并将移送官府理断。另外，米历子须由族众签字齐备才能发给；如遗失米历子，则停发米，责令寻找；满一年后，经族众及掌管人保明，再补发米历子，另支米谷。①

除资助婚娶丧葬、救济族众外，范氏义庄还奖掖子弟读书仕进。唐宋以来，读书应举、入仕为官已成为提高家族声望与社会地位的重要途径，颇为各宗族所重视，范氏也不例外。范氏义庄创设不久即立有义学，教族中子弟，而续定规矩也积极鼓励族人参加科举，资助其赴考经费。如熙宁六年（1073）有规条载："诸位子弟内选曾得解或预贡有士行士者二人，充诸位教授，月给糙米五石。"若生徒不满十人，依次递减至三石或四石，并鼓励各房量力出钱资助义学的束脩。此外，"诸位子弟得贡赴大比试者，每人支钱一十贯文。再贡者减半。并须实赴大比试乃给。即已给而无故不试者，追纳"②。嘉定三年（1210），为激励诸房子弟读书赴考，根据物价上涨的情形，也大幅提高奖励额度，"如有子弟得解赴省，义庄支官会一百千，其钱于诸房月米内依时值均克。其免举人及补入大学者，支官会五十千"③。延至清代，范氏义庄的慈善教育功能丝毫未减，反而愈加重奖，"赴省试时给科举米五石，给而不赴试者追缴，得贡入太学者，给扁额米四石，乡试中式者五石，成进士者倍之，及第者再倍之"④。

---

① 《续定义庄规矩》，李勇先、王蓉贵校点：《范仲淹全集》中册，第1161—1163页。
② 同上书，第1160页。
③ 《清宪公续定规矩》，李勇先、王蓉贵校点：《范仲淹全集》中册，第1168页。
④ 多贺秋五郎：《宗族の研究》第三部"资料"，转引自王卫平《从普遍福利到周贫济困——范氏义庄社会保障功能的演变》，《江苏社会科学》2009年第2期。

4. 义庄管理

为加强义庄管理，范氏后人增添了若干田产方面的规定。如，元丰六年续定规矩："族人不得租佃义田"，以免诈立名目，拒交租谷；绍圣二年又规定："义庄不得典买族人田土"和"义庄费用虽阙，不得取有利债负。"① 可见，范氏义庄在创设初期为确保其慈善公益基金的完整，不许动用来放债谋利，以免陷入资产债务纠纷。为保障义庄有稳定的田产，租谷丰裕，还规定义庄遇有人赎田，所得价钱不得用于其他支出，限当月之内以该款项再典买田土，弥补所赎田产；如款项挪作他用，由掌管人偿还。②

此外，范氏义庄续定规矩还有些针对族人的管理约束。诸如，义仓内族人不得占居会众，非出纳不许开仓；族人居住义宅，如有疏漏，允许居者自行维修，但不得拆移屋舍或扩建，违者将由掌管人申官理断；族人不得以所居义宅屋舍私相租赁或典当；义庄的人力、船车、器用之类，族人亦不得借用，等等。③ 为避免义庄渐致废弛毁坏，范氏后人范纯仁、范之柔等屡次上奏朝廷，请求特降圣旨到苏州，许令地方官府受理有违规矩之诸房子弟。同时，还把义庄赡族之举同扬善惩恶联系起来，加强了对族人伦理道德的要求。如规定："诸房闻有不肖子弟因犯私罪听赎者，罚本名月米一年；再犯者，除籍，永不支米（奸盗、赌博、斗殴、陪涉及欺骗善良之类）……除籍之后，长恶不悛，为宗族乡党善良之害者，诸房具申文正位，当斟酌情理，控告官府，乞与移乡，以为子弟玷辱门户者之戒。"④

宋元以后，范氏族人还屡次呈请官府朝廷下颁指挥或镂刻版籍榜文，予以保护，借助官方力量，重新收回因改朝换代、战乱兵火为其他人所侵占的义庄田产、屋宇，尽量恢宏规模，以便传之久远而不废。

---

① 《续定义庄规矩》，李勇先、王蓉贵校点：《范仲淹全集》中册，第1161页。
② 同上书，第1163页。
③ 同上书，第1162—1163页。
④ 《清宪公续定规矩》，李勇先、王蓉贵校点：《范仲淹全集》中册，第1167页。

二 歙县棠樾鲍氏义庄

（一）概况

皖南徽州为朱熹故里，受理学思想影响较深，宗族观念浓厚。至明清时期，徽州已成为中国封建宗族制度最典型的地区。徽州各宗族为巩固自身的发展和繁荣，普遍有周济、扶助贫穷族人的措施。诚如民国《歙县志》所称："邑俗旧重宗法，聚族而居，每村一姓或数姓，姓各有祠；支分派别，复为支祠。……祠之富者，皆有祭田，岁征其租，以供祠用，有余则以济族中之孤寡。田皆族中富室捐置，良法美俗，兹其一也。"①

歙县棠樾鲍氏，其祖先为青州人，西晋永嘉末年，因战乱避居江南。东晋初年，占籍新安郡西门。至北宋，鲍荣营建别墅于棠樾，第四代孙鲍居美以其地山川原田广袤可为子孙百世生计，便从城西门携家迁居于此。在族谱中，鲍荣为棠樾鲍氏始祖。宗族的形成是一个较长的历史发展过程。棠樾鲍氏宗族从一世祖鲍荣传至第八世，历经约二百余年，在宋元之际才完全形成。随着人丁繁衍以及社会生活的需要，聚族而居，及至明初，鲍氏宗族组织逐渐发展与完备。起初，棠樾鲍氏宗族是一个亦耕亦读的宗族世家。嘉靖年间，鲍象贤中进士，后官拜兵部左侍郎，如此达官显宦极大提高了鲍氏宗族的社会地位与声望。到明中后期，随着江南地区商品经济的发展，徽州很多宗族子弟"弃农经商"、"弃儒服贾"，徽商开始崛起。棠樾鲍氏也不例外，经商服贾成为家族主要生计，世代经商者屡见于宗谱。由此，鲍氏宗族逐渐变为亦农亦商的大宗族。清乾嘉年间，鲍志道在淮盐集散地扬州担任两淮总商二十年，而族人鲍启运、鲍漱芳又相继而起，成为富埒王侯的大盐商。至此，鲍氏宗族达到鼎盛时期，成为徽州地区富甲一方的名门望族。棠樾村口巍巍矗立的牌坊群，即彰显了明清两代鲍

---

① 民国《歙县志》卷1《舆地志·风土》，《中国地方志集成》丛书，安徽府县志辑第51册，江苏古籍出版社1998年影印本，第41页。

氏宗族的荣耀与辉煌。

至清末,棠樾鲍氏宗族建有敦本堂、宣忠堂、清懿堂、世孝祠、文会祠5所祠堂,并在乾嘉之际置有大量的族田。这些族田分为墓田、祀田和义田三类。墓田和祀田主要源于宗族购置和子弟捐献,以安葬已故族人和春秋祭奠之用。如乾隆三十年(1765),鲍志道从扬州归里,置田、塘共计54亩。义田则由鲍志道夫人汪氏及其弟鲍启运和捐置,是鲍氏开展宗族慈善的重要善产,它又分为体源户义田、敦本户义田和节俭户义田三种。

体源户义田和敦本户义田,系由鲍启运捐输购置。启运自幼接受家训,谓:"一本之戚,皆所宜敦,而其间孤寡及贫无食者尤可念",他日如果能够自给,应予照顾体恤。长大后,启运"服贾四方",稍有积蓄,乾隆五十年(1785)从扬州回乡扫墓,因当年春旱歉收,忧心来年米价昂贵,乃开始置产,名为"体源户",但当时仅有三亩多。嗣后,鲍启运谨记父亲遗训,岁有所入,即以置田,陆陆续续添置十多年,先后置得田产540亩,悉归"体源户","专以赡给族间四穷,归诸宗祠,而告之有司,用垂久远"。后又恐族众产薄,不敷赈恤,嘉庆时又续增田160余亩。据族谱开列的田亩字号,体源户义田至此已达707亩,另有塘、地近30亩。族中鳏寡茕独等不幸者由此获得了基本的生活保障,衣食无忧。不久,鲍启运又以"族丁繁盛,其间贫乏者,每届青黄不接之际,众口嗷嗷,一本关怀,疚心遗训",乃立"敦本户",置义田五百余亩。体源、敦本两户义田所收租息,视应纳钱完粮为价值,逢春粜给赈济族人,每谷一升取钱四五文,以输赋。至此,鲍启运通计所捐义田1200余亩,分"体源"、"敦本"两户,条理井然,前者以恤茕独,后者以济贫乏,颇为周全普惠,鲍氏宗族中遂无冻馁之人。①

节俭户义田由鲍志道夫人汪氏所置,专门用于赈恤本族宣忠堂三大房女眷。其创设缘由称,汪氏一生节俭,克己自奉,曾捐出个人私

---

① 鲍琮:《棠樾鲍氏宗族宣忠堂支谱》卷十九《义田》,清嘉庆十年刻本。

财建宣忠堂后屋八间，又念及各房女眷劳苦，特捐置田 100 亩，以惠族妇。① 该义田救助范围仅限于宣忠堂三房女眷，按人数均分，而所有男丁、童稚及未出嫁女一概不分。

（二）管理运作实态

体源户义田和敦本户义田由鲍启运捐置，但并非私产，而是以祠户为基本单位存在，实现捐赠人与产权的分离。换言之，它名义上为宗族某一支派或房所有，实为鲍氏宗族的族田，置买后即归宗祠公有，鲍启运子孙后代不得过问，族人也不得借端擅卖。为保障宗族义田公产长久存续，不被盗卖或流失，鲍氏宗族还呈请官府立案保护，并制定系列规条，加强管理。

1. 归户立案

宗族祠户的置产活动，在徽州文书中一般称作"归户"。棠樾鲍氏体源户义田设置时，即立有"归户一本"，敦本户义田也存有归户册。体源、敦本两户创设后，乃先后呈请歙县、徽州府、安徽省立案，并得到安徽巡抚朱珪、两江总督陈大文等封疆大吏所撰碑记，赢得赞誉之声与护身之符。从其族谱所载，经官府批准立案的义田祠户，其文书主要包括归户册、契税票据、置买田亩底簿、立案田地字号官印簿、立碑禁示及立案禀租县示等。这些归户文书，一方面表明田产的多寡及其合法性，另一方面也激发族人承续先祖功德，继续购置田产，荫泽后人。

2. 管理人员

棠樾鲍氏为加强义田的管理，采取专人负责轮流经管的司年制，设有"督总"、"襄事"、"司祠"、"总理"等若干名，专司管理之职。如《公议体源户规条》："督总以宣忠支下司敦本祠者管理，如宣忠支下不司祠总，则听族长、文会议金，以宣忠支下贤而能者承管"；"襄事三人，在宣忠支下长、二、三房每房各挨一人，连管四年，以年三十能襄办者承办。"轮换之年，以新谷入仓后封仓之时交

---

① 鲍琮：《棠樾鲍氏宗族宣忠堂支谱》卷十七《节俭户田缘由》，清嘉庆十年刻本。

给下一任，如果遇有老迈、年幼及废疾不能襄办，则以该房其他人依次递接，并不许按轮次强加其管理。① 这种轮流司年制，由各房派承管，且互相监督。规条还载明："公议三大房合管，逐年订以各房承管，齐英、孟英、同英公之家轮流挨办外，另佥贤能者一人总理祠务，俾有专责。"② 另外，由鲍氏宗族的族长、房长或族中耆老乡绅组成的堂会、文会等对义田经营均负有监管之责。

3. 义田承租及租谷收入

为防止不肖子孙盗卖田产，徽州宗族多采取永佃制，将义田租佃给外人，一般又以庄仆为义田的主要承租人。承租人要出具保证不盗卖义田的甘结后，方能租佃。鲍氏宗族即以召庄承佃的方式，将体源户义田交给鲍于天承管，敦本户义田由谢楚良承管。鲍于天、谢楚良二人先后于嘉庆二年（1797）、嘉庆十年（1805）出具甘结，声明所各字号田亩逐一按册确查实数，"俱系身家承管，并无遗漏粮税，日后不致勾通盗卖情事；如有遗漏串捏、盗卖舞弊等情，愿甘治罪"③。同时，为避免佃户私自转让耕种而导致土地流失，鲍氏义田还规定："征租设立大簿一本，先载明田亩、字号、土名、租额及佃人名字，再将实收谷数于佃人名下载明。倘遇佃人顶种，未换租批，征租时查出，令顶种佃人换写收执，仍于前佃名下注明'某年某人顶种'字样，以免失业。"④

鲍于天承租体源户义田，最初计有田540.7亩、地17.6亩，塘7.2亩，后续增田160余亩，总计各业约730亩，需交时租谷6457.4斗，硬租谷7251.25斗；谢楚良承租敦本户义田，计田503.8亩，塘8.6亩，需交时租谷3073.95斗，硬租谷6053.81斗。⑤

---

① 鲍琮：《棠樾鲍氏宗族宣忠堂支谱》卷十九《义田·公议体源户规条》，清嘉庆十年刻本。
② 鲍琮：《棠樾鲍氏宗族宣忠堂支谱》卷十七《值年规则》，清嘉庆十年刻本。
③ 鲍琮：《棠樾鲍氏宗族宣忠堂支谱》卷十九《义田·宪示》，清嘉庆十年刻本。
④ 鲍琮：《棠樾鲍氏宗族宣忠堂支谱》卷十九《义田·公议体源户规条》，清嘉庆十年刻本。
⑤ 鲍琮：《棠樾鲍氏宗族宣忠堂支谱》卷十九《义田·公议体源户规条》《义田·公议敦本户规条》，清嘉庆十年刻本。

为确保田租收入，防止借故抗租，鲍氏义田规条还规定，处暑日开始征租，由督总与执事会同族长、文会等约定时租、硬租应交分数（丰年交租为足额十分，如遇灾歉则可酌减几分），并写明实收租所，让佃户知晓。租谷应在霜降前收齐，逾期不交即属欠租抗租。督总将抗欠租者姓名、欠数、汇单等呈请县府追缴。

4. 租谷管理

体源户、敦本户田租均归督总和襄事管理。为防止管理者营私舞弊、侵吞租谷，《公议体源户规条》作了严明细致的规定。总括言之，主要有五方面：其一，谷数出入设立簿册，逐年先将督总、执事人名登记在簿首，以本年九月起次年八月止为一年。新谷上仓，公同查数封仓后，再于九月初一日开仓发谷。其二，仓廒锁钥交督总收管，发谷日协同执事验封开仓。其三，平时不许开仓，如有擅开，即属私窃，由族众举发，罚谷十石，归检举人。如果已动谷储藏，查明谷数，以一罚十，原谷归仓，罚谷也归检举人，并将擅动仓谷之人逐出祠堂。其四，每年二月十五日公祠春祭完毕，文会和各分房长一同到仓所，核簿盘查仓谷。如仓屋日久失修，由族众、文会议定估价，从留存谷内支用，不许借端滥开。其五，董事分受余谷，应在新谷入仓后再分陈谷，以免霉烂，但新谷未入而先出陈谷，贪图卖价，则以舞弊论，并以出仓谷数加倍处罚，归入备荒谷内。① 后来，《公议敦本户规条》又作一些补充规定，司祠、文会需一同粜谷换银，并在二月十五日以前将两户钱粮、营米完纳课税。春祭之期，将执照交公验看，如无执照则拿司祠是问，并由族众送官追究，"以杜挪移扯空之弊"。敦本户义田的租谷归仓后，也有司祠、襄事共同封仓，至次年二月初十日验封发谷，如有擅自开仓及偷谷等事，也一例办理。②

为保障日常经费及备荒之需，体源户和敦本户都留存一定量的租谷。体源户租谷存留600石作为老底，每年提留40石储存专仓，以

---

① 鲍琮：《棠樾鲍氏宗族宣忠堂支谱》卷十九《义田·公议体源户规条》，清嘉庆十年刻本。

② 同上。

备荒年给发。敦本户则存留500石作底，另每年再提30石，总共存留1000石为止。除此之外，再以仓内租谷散发或平粜给贫困族人。

5. 赈恤对象及其救济情形

体源、敦本两户义田，均为棠樾鲍氏宗族恤族之善举，但二者赈恤对象略有差异，救济方式也有别。

体源户义田的赈恤对象是本族鳏寡孤独四穷之人以及废疾者，发放租谷"须合例者，不得徇情滥给"。对于合例者，规条还有详明的规定：鳏、独为年至六十岁，给领食谷。如有愿意过继为子者，也一体发给，以全其宗祧。继子年满十八岁后停发，其父母（即鳏、独者）仍照例给发。寡亦即孀居者，如孀妇有子，给其子年至二十五岁止；如孀居住在母家的，准其领给；寄居在亲戚者，不准领给；而孀居年少时不愿领谷而出村佣工，到年迈回家再行请领，则永不准给。至于孤户，孤子给谷至十八岁止，孤女则至出嫁日止。在鳏寡孤独四者之外，如有自幼废疾、不能成家而委实难于活命者，也一例给发。①

体源户的受助者，以"自宋至今住居在本村者"为限，即须是始祖鲍荣后裔且未外迁者，方可领谷。其救济的具体情形为：（1）发谷日期，定于每月初一日，如次年正月，即先期于头年腊月二十五日给发。（2）每人每月给谷3斗，闰月亦同样给发。（3）对于符合发放标准的四穷之人及废疾者，由执事会同督总发给经折；孤子要注明年庚，以备查考，再行给发，以专责成。（4）上述给领义谷之人病故，给谷36斗，作为身后事之用；如有孤子女在十五岁以内者，给谷24斗；十岁以内者，给谷18斗；五岁以内者，给谷9斗。其谷在下月初一日给领。②

此外，鲍氏宗族的体源户义田对受助者有些道德约束，对违犯族规家法者，将视其情节轻重予以惩戒，取消或暂停发给谷米。如规条载明："盗卖祖坟公产、盗砍荫木者，永不准给"；"鳏、寡、孤子有

---

① 鲍琮：《棠樾鲍氏宗族宣忠堂支谱》卷十九《义田·公议敦本户规条》，清嘉庆十年刻本。

② 同上。

干犯长上，行止不端者，停给三年，改过三年后再给"；"妇人打街骂巷、不守规法者，停给一年，改过次年再给"①。这些伦理道德规范及其对触犯者的惩处，对维系鲍氏宗族的名誉声望及淳朴民风有着很大作用。

而敦本户义田的租谷所入，则主要用于每年青黄不接之时平粜米谷，"赡济贫乏"，赈恤对象为同宗的贫穷族人。具体言之，除不满三岁的孩童和外出经商届期不能亲身报名者，凡是始祖后裔子孙，不论男女大小口，均有资格一例粜给。但对于触犯族规家法的族人，则有限制，不许平粜。如盗卖祖坟公产、盗砍荫木等有损宗族利益者，永不准粜；聚赌者（无论骰子、跌钱、看牌）、酗酒打架者概不准粜，改过次年准粜；男妇有干犯长上，品行不端及寻衅滋事者，停粜三年，改过三年后准粜；妇人打街骂巷不守规法者，停粜一年，改过次年准粜。此外，富有之家有佣人或帮工者，也不准粜谷。

据《公议敦本户规条》所载，其救济情形为：（1）报名登簿。应粜谷者于正月二十五日至仓所报名登记入簿，次日由司祠与文会将体源、敦本两户应纳赋税钱粮、营米折算成银两若干，并查核上年收谷实数，提留30石作为备荒谷，然后计算每升平粜米价及每人应粜谷数，用红签条写好贴在祠前，以便族众周知。（2）收钱发谷。平粜定于二月初五日收钱，初十日发谷。如已报名而届时不交钱者，则将应粜之谷给一半，另一半由司事变价充公。

据现存文献来看，体源户自清嘉庆二年（1797）创设起，即开始赈恤族中鳏寡孤独四类弱者，遵照规条发放领谷"经折"，至咸丰六年（1856），已发至第245号，由鲍铭恕妇罗氏经领。这表明鲍氏义田赈济族人的善举得以延续六十年。咸丰十年（1860），太平天国运动战火波及徽州，棠樾许多宅第被焚，人口锐减，鲍氏宗族从此一蹶不振。族田大量抛荒，无人耕种，仓谷空虚，敦本户已无谷出粜，被

---

① 鲍琮：《棠樾鲍氏宗族宣忠堂支谱》卷十九《义田·公议体源户规条》，清嘉庆十年刻本。

迫停废；而体源户租谷虽还尚存，但也大不如前，无法切实按规条施行，至民国时期鲍氏宗族慈善已告废弛。①

三 无锡荡口华氏义庄

（一）概况

靖康之变后，宋室南渡，华原泉自汴京复归无锡，居梅里乡隆亭（今东亭），即为无锡华氏始祖。及至明初，十世华贞固为避乱又携家从隆亭堠阳迁居荡口，以耕读起家，诗礼传家，到明中后期叶人丁繁众，科甲隆盛，已成为无锡的名门望族，华贞固亦被奉为荡口始迁祖。然而，明清鼎革易代之际，受兵燹影响，华氏宗族一度趋于衰微，至清初顺治年间已不复有前朝之显贵。不过，华氏子弟却一直秉持孝德敦本的家风遗训，为重振家声不懈努力。华贞固十一世孙华端揆乐善好施，见族人繁衍，不乏穷困者，他便有志于设立义庄，赡族济贫，最终囿于财力未能如愿，抱憾离世。其子华进思（字声求，葵圃公）乃承其父遗志，慨然以收宗恤族为己任，虽为中产之家，然而积累十余年财力，倾其所有，于乾隆七年（1742）设立华氏义庄，"以本乡一千亩膏腴之产为本宗数千丁缓急之资"，并详立规条，举其贤者经理，以垂久远。②因晚清时期荡口华氏宗族各支派又陆续新建几处义庄，后世便称华思进所创义庄为"老义庄"。

经过百余年繁衍生息，华氏宗族更为枝繁叶茂，"支繁丁众，一时不及接济"③，加之道光以后西方列强入侵，洋货倾销，社会不安，穷民增多，单靠一庄之力已无法赡养通族。华氏宗族中一些支派房系开始筹措增建义庄，以纾老义庄之困。道光年间，华氏三省公支后裔华清莲（芬远公）笃念宗亲，一直想新建义庄，然家境寒

---

① 赵华富：《歙县棠樾鲍氏宗族个案报告》，《江淮论坛》1993年第2期。
② 《华氏义庄事略》卷下，《合邑绅衿顾开陆等具呈本县稿》，无锡文库第三辑，凤凰出版社2012年影印本，第26页。
③ 《华氏新义庄事略》卷上，《创建义庄合同公议》，无锡文库第三辑，凤凰出版社2012年影印本，第46页。

素，力有不逮。他临终之前即遗命存恭、存宽、存吉诸子，日后稍有盈余即置田亩，创设新义庄。存恭兄弟勤俭持家，业虽不丰，心俱向善，经过多年准备，至咸丰十年（1860）已购置得一定田亩，每年可收田租375石，于是邀集亲族，"将所置田亩自愿尽数先立公账，每年租息除办赋外，续置田亩、祠堂公屋，俟田满五百亩即行通详达部，改立义田，给发本房"①。按明清惯例，置田千亩以上之义庄为"全庄"，有田五百亩者为"半庄"。然此时正值太平天国攻占江南各地，地方民众生活困苦，贫宗孤寡待哺嗷嗷，华存恭兄弟所置田产虽不足五百亩，亦可稍作济急，并愿意续捐，克成先志。至同治初年，华氏各房陆续捐集钱款，购置田产渐逾千亩，始为"全庄"。可见，义庄的创建与宗族的殷实财力有着莫大关系，终非一日之功可成。华氏兄弟"经始于道光之季，落成于同治之初"，历经数十年间，最终建成义庄房屋一所，六十余楹，地基及建造工料共耗资4327两纹银，并捐置义田1023亩，岁收租额1158石余。② 此即为华氏新义庄。

后来，华存宽又将经商所获赢利万余两纹银，在无锡县城购置堆货栈房一所，七十余楹，岁收租钱480千文，也捐入新义庄。光绪年间，存宽之子鸿模在数次会试未中后，弃文从商，在荡口经营酿造及典当等行业，以诚取信，生意十分兴隆，财力日益雄厚。他也承其父志，从堆栈房租息每年酌提二成另置田亩，以济助近房亲支，名为"固本田"，也由新义庄名下兼管。至光绪二十七年（1901），固本田已获得较大发展，"迄今共得田租四百石"。在华鸿模的经营下，华氏新义庄在传统田租之外，还有商业资本的资金支持，规模更为恢宏，至清末拥有大量的族产，其中义庄田1600亩，墓祭田300亩，还有义学田500亩，固本田400亩，耕义田

---

① 《华氏新义庄事略》卷上，《创建义庄家议》，无锡文库第三辑，凤凰出版社2012年影印本，第44页。

② 同上书，第47页。

500亩，堆栈一所，市廛一所。①华鸿模谢世后，新义庄由其孙华绎之掌理，一直延续至解放初土地改革期间。此外，无锡华氏族人还建有永义庄、春义庄、襄义庄等。而在江南地区各义庄之中，华氏老义庄创办早、持续时间长、义田庄产多、义举频频，后世誉之为"江南第一义庄"。

图2—3　无锡华氏义庄全景②　　　图2—4　无锡华氏义庄局部③

（二）管理运作实态

华进思创设华氏义庄后，即向县衙呈文，申请立案，并邀集衿绅具结以获得府、省及户部的批示与保护。为使义庄垂之久远，华进思还特制《义庄条约》10条，即专责任以固义田，量租息以均出入，定薪俸以时支取，严查察以杜弊端，别宗派以防顶冒，辨老幼以定年例，谨调度以惜物用，备考策以鼓锐气，助婚资以重嗣续，贴葬费以安骸骨。后来，又立有《续申规条》12则，主要包括酌厚本支、设

---

① 《华氏新义庄事略》卷上，《建庄原始记略》，无锡文库第三辑，凤凰出版社2012年影印本，第74页。
② 曾桂林拍摄。
③ 同上。

立会课、隔属不给、小康缴票、限催冬租、周恤佃农、严定罚规等。①华氏新义庄由华存宽兄弟设立后，在参酌老义庄条约、规条的基础上，略加增删，制定了《规条十二则》《议约十八则》，使之更为周密、完备。这些规条对义庄的管理、救助对象的范围、标准及其查核处罚等，条分缕析，都有明确具体的规定。兹以华氏新义庄的规条、议约为据，简要叙述其管理运作情形。

1. 管理人员

华氏新义庄设董事一人，再设司事二人以佐助之。董事不论长幼，但须由族人公举设庄者后裔中的品行端方、勤俭朴实者担任。司事也必定选择族中老成称职者襄助其事，凡庄内田租以及银钱册籍，均归司事掌管。司事一般三年一换，如果能力有限，或有侵挪庄内租钱等情形，则不拘年限即议更换。总之，义庄事务要郑重，管理者必须至公无私，尽心办理，不能稍有懈怠而招物议。议约还规定，董事本为庄裔，不支薪俸；而司事二人，正司事每年支给60两，副司事每年支给40两。催租和扇仆，每人每年给饭米3石6斗，另赏给脚米，照收租书每石给糙米1升。所有的薪俸按季度支取，不得预支透支。②

2. 赡助对象范围及其情形

如同所有的义庄，华氏新义庄也对赡助的对象、范围有明确规定。义庄每年所收田租、栈租在办完赋税及春秋祭祀、修葺祠堂后，其余照旧义庄规矩，全部用于赡族。华氏新义庄从同治八年（1869）开始发给本支三省公以下的贫宗，待日后有盈余再由本支而扩大到全族。具体言之，其赡助对象范围为：一是鳏寡孤独四穷及废疾；二是丧葬婚娶；三是义塾、会课考费；四是恤佃、施衣及其他杂项善事。

华氏新义庄对受助者的资格、支取义米的数量及时间都有具体规定。议约开篇就载明："四穷之中，鳏独怜其老，孤子惜其幼。凡鳏独定议年过五六旬者方准入册，孤子年逾三岁方准入册，至二十岁

---

① 《华氏义庄事略》卷下，无锡文库第三辑，凤凰出版社2012年影印本，第22—25页。
② 《华氏新义庄事略》卷上，《议约十八则》，无锡文库第三辑，凤凰出版社2012年影印本，第51页。

后，均可成立或自寻生计，即宜缴票。惟寡妇及废疾之人不拘此例。"① 所有四穷及废疾，本支每名每月给白米一斗五升，额定 200 名；如老义庄内已给一斗者，加给五升，额定 500 名。其报名时，须请正直之人到庄保举，详开支派世数、三代以及名氏年岁，由董事查访确实后入册，依次递补。②

此外，义庄还从收宗固族的立场出发，对不予入册者有专门规定。如有他姓继祧，或出继外姓及再醮他姓者，均不给，以杜异姓乱宗之弊。另，凡有不孝子弟、赌博、健讼、酗酒、无赖等败坏风俗之徒也不准入册；僧道、匪盗等有辱宗门者亦不许入册。③

助丧葬嫁娶也是华氏新义庄的重要善举。其规则第五条为"安骸骨"，凡领月米者身故，缴票即给钱三两，以助殡葬之费。如不领月米者，或停柩在家无力安葬，以及权厝野外者，允许到庄报明查实，按其墓地远近酌给一两或五钱，以便速葬入土。第九条"重嗣⑤续"也有赡助婚嫁的规定，族中如有单传无力婚娶者，或无嗣续娶者，经查实支派真确，酌给婚费三两。

图 2—5 华氏义庄怀芬书屋④

值得注意的是，荡口华氏新义庄颇为重视教育，兴学育才在其赡族养宗的各项义举中占有极其重要的位置。华氏新义庄规条十二则，

---

① 《华氏新义庄事略》卷上，《议约十八则》，无锡文库第三辑，凤凰出版社 2012 年影印本，第 51 页。
② 同上书，第 49 页。
③ 同上书，第 51 页。
④ 曾桂林拍摄。
⑤ 《华氏新义庄事略》卷上，《议约十八则》，无锡文库第三辑，凤凰出版社 2012 年影印本，第 49、50 页。

就有"训蒙童"、"立义社"、"资寒畯"等三条内容与助学相关。该义庄置有专门助学的义学田500亩，以其租息为义塾办学经费和族中子弟科举应试助考之资。具体言之，"庄内设立义塾，延请品行端方之师"，训教蒙童。凡本支房内子弟无力供读者，许其送入义塾；或家远不便自行从师者，每逢节给束脩五百文。同时，视蒙童在塾学习进度酌给钱文。庄内每月设立会课一期，凡合族与考生童，早上集合于庄上，拈题会课一文一诗，当日完成课艺，并请县里贤达评定等次，"优等者酌给花红"，以示鼓励。如有志参加科举考试，而家贫无力者，"县试酌给钱五百文，府试酌给一千文，院试酌给钱二两，乡试酌给钱五两，会试酌给钱三十两，朝考照会试例"。如有学识充足而真正赤贫、无可挪借者，庄内也可商议借给盘缠资费，待将来陆续还本。①

华氏新义庄创设之初，以赡族恤贫为主要宗旨，至光绪初年，华鸿模将义庄功能加以扩充，又创办义塾"怀芬书屋"，为华氏子弟学习之所，以备科举应试。清末，随着废科举、兴新学的社会潮流涌动，光绪三十一年（1905），华鸿模在原义塾原址创办新学——华氏私立果育两等学堂，以义庄学田租收入及栈租的部分收入充作办学经费。1913年，华绎之把果育学堂改名为鸿模高等小学，从华氏子弟免费入学扩大到所有族外入学者均免费就读，并对清寒子弟发生活补贴费用。随着新式学校的兴起与发展，华绎之还将义庄的奖助学办法加以变通，如对初等小学生每人提供助学费用5元，高等小学8元，初级中学30元，高级中学50元，大学120元。新生可凭录取通知书领取，在校生凭成绩报告单领取下学期费用，留级者停发。成绩优异名列前茅者，另发奖学金，以资鼓励。

3. 义庄的管理

为确保赡族恤贫善举的正常开展，华氏新义庄制定的管理规则甚

---

① 《华氏新义庄事略》卷上，《规条十二则》，无锡文库第三辑，凤凰出版社2012年影印本，第50页。

为严密。首先是租米的收取支出。收租与给米时，董事必须要亲自检点，不可全凭执事人经手。如遇岁歉，董事也必须亲自查勘田亩荒熟的实况，不可专听收租人开报，随意减租。"凡米麦银钱出入，务即核准登记簿籍，不得稍为挪移，并不得贪觅微利，通融出贷"。为保证田租足额征收，按时给族人支给义米，议约还称："义田与寻常家产不同，家产止供一家之用，租缺尚可别图；若义田缺租，其漕银、赡族以及一切公用何从挪补？每年收租，定例三限额外让收，庶几各佃踊跃争先。倘有顽佃抗欠，即行送官严追。如或扇人串吞，亦即一并究治。"① 它以缴赋完税、赡族等"公"的名义，为催交田租提供了一个充足的理由，也成为其保障租米收入的有效措施。

为加强管理和增加财务透明度，每届年终，义庄将收支情形造册核查；如董事任期届满或辞谢，也需将各账目簿册及田契等文书及庄内器物、存积米谷，一一交接清楚。如议约明确规定："庄中钱谷出入，每至年终，核造管、收、除、在四柱清册，将上年旧管存积、本年新收总数以及开除各项支销、县志庄内实存逐一开明，各司事及董事公同盘查无讹，各庄裔亦须于每年正月内到庄将清册查看一次"；"凡董事谢事时，即将四柱清册、领米号簿、各房宗谱以及田单契券、新旧租籍、钱粮田号细数等册，并庄屋装折家伙、物用、存积米麦，一一交兑详明，毋致稍有遗失。"可见，董事与各司事在义庄管理上分工协作，较为具体明确。②

值得注意的是，华氏新义庄鼓励族人自食其力，脱贫而至小康后即不再受助。"凡有四穷，始而贫乏，继或小康，即宜缴票。若仍蒙混冒支，有碍贫宗地步，察出定即注销。其缺转给候补之人，乃为举措得宜。在庄主五服内小康缴票者，酌给钱三两，以奖其自能食力之志。"③ 这就避免义庄成为养懒人、闲人的地方。

---

① 《华氏新义庄事略》卷上，《规条十二则》，无锡文库第三辑，凤凰出版社 2012 年影印本，第 51 页。
② 同上书，第 52 页。
③ 同上书，第 51 页。

此外，对于义庄的仓廒房屋等，议约也有规定，每年修葺宜勤，应先事预防，补苴渗漏，不致仓谷霉变；食用器具要随时置办足用，亦不可过多，以致废弃。司事还要随时检点，不致遗失。同时，庄裔也不准移用银钱、借住庄屋、寄仓收租、寄存货物、擅借器皿物件等。而对不孝不悌等族中子弟，义庄也有规劝惩戒的规定。

由上而见，华氏义庄的规条和议约十分周到缜密，且未雨绸缪，富有预见性，使得义庄在实际的管理运作中可操作性强，切实收到了赡族恤贫、重振宗门的良好效果，同时也维系着宗族内部乃至地方社会基层的秩序。

本章小结

近代以来，中国的经济社会发生深刻变动，在西方列强的商品倾销和资本输出的冲击下，自给自足的自然经济渐趋瓦解，人口流动频繁，宗族因其赖以依存的根基被动摇而趋于松解、离散。及至20世纪上半叶，随着中国新民主主义革命运动的兴起，族权被指为束缚在中国人民身上的四大绳索之一，封建宗法制度遭到猛烈批判，族田义庄也被当作维护封建统治的帮凶、剥削和压迫农民的工具而受到很大冲击，大量族田公产没收充公，宗族慈善总体上趋于衰落。中华人民共和国成立以后尤其在土地改革完成后，宗族慈善产生的经济基础——封建土地所有制被摧毁，族田被收归国有和集体所有，再分给贫下中农，义庄等房产也难逃如此命运。与此同时，"慈善"亦被视为帝国主义、封建主义毒害中国人民的麻药而遭全面否定，宗族慈善遂消失在革命风暴中。

改革开放后，中国社会发生重大变革，曾销声匿迹的宗亲活动又重新活跃起来。这些新式的宗亲组织，除沿用传统的名称外，也出现许多新称谓，诸如"族务理事会"、"宗亲会"，其在续编族谱、修缮祠堂之外，还积极参与社会公共事务，其中不少就属于慈善公益范围内的事情，亦兼具社区性。进入21世纪后，在当代慈善公益事业蓬勃发展的过程中，宗族慈善开始显露出明显的复苏迹象，并在最近十年变得日益普遍起来。一些义庄得到修复、保护和利用，各类新式"义庄"也应时而出，应运而生。但因其所由以产生的土地田产等不复存在，它们与传统宗族慈善的族田义庄已不尽相同，更多表现为家族慈善或社区慈善的形式。如果其秉承正确的价值理念、符合基本的慈善公益精神，我们不妨给予肯定。而其自命名为"义庄"，也意味着对宗族慈善文化的认同，对宗族慈善文化传统的继承。如在浙江、福建、广东等地一些经商创业致富的企业家开始捐出私财或家族出资建立基金会，从某种意义上说，这些家族基金会就是宗族慈善在当今社会的变异。当然，二者也不能等同视之，毕竟其救助对象与范围都有显著的变化与差异。

然而，由于时过境迁，当前社会环境背景已迥异于古代，宗族慈善所蕴含的一些优秀传统也被有意无意地忽视或遗弃。在中华传统文化全面走向复兴的今天，宗族慈善理应发挥接通传统与现代的优势，开拓新路，一方面扎根于中华大地，立足于民族文化传统，从古代族田义庄中吸取智慧、挖掘资源，从中获得启示与借鉴，建构起具有中国特色的慈善事业体系；另一方面也需要立足于当代慈善公益发展的现实，适应时代发展的需求，形成融通古今的慈善体系。概而言之，宗族慈善应力图挖掘传统族田义庄的资源，将其中一些有益的元素融入现代慈善公益事业体系中，并进行一系列探索。

其一，要发掘宗族慈善的内在精神诉求和伦理内涵。宗族慈善是中国宗族宗法制发展演变的产物，其赡族济贫等善举的目的在于敬宗收族，维系族众的血脉亲情，讲求孝道、提倡孝睦是其内在的精神诉求。虽然中国社会的家庭结构、宗族组织历经千载已发生显著变化，但以孝睦伦理为内涵的家族宗族观念仍在延续。在新时代，宗族慈善的兴起仍应重视对孝悌恭睦的精神内核的发掘，基于差序格局又不囿于差序格局，由宗族而向社会推展，渐次开展救助活动。特别是注重对家风族训的传承与发展，使之与当今社会主义社会的核心价值观相契合，宗族慈善将在敬老扶幼方面发挥更大的作用。随着中国迈入老龄化社会以及二胎政策的放开，宗族慈善将"善"因子融合到宗族家庭中，关注老年人的精神生活和儿童的日常照料，通过以宗族、家庭为单位的行善更好地促进社会弘扬慈善文化。古人云："积善之家，留有余庆"，宗族慈善将传承行善的家族传统，并以之教育和熏染子孙，从而使整个宗族的凝聚力得到增强。可见，宗族慈善绵延千年，有着自身特殊魅力和伦理价值，对促进社会主义核心价值观和道德建设具有重要的现实意义。

其二，宗族慈善要与社区建设与治理结合起来。社区是一个现代概念，而宗族是一个古老的社会组织，二者似乎有些隔阂。但就其实质而言，宗族自古就聚族而居，所居之地即是一个相对完整的社区，只不过为农村社区而已。古代宗族慈善所施济的对象为族中贫困成员，而今随着城市化进程的加快、城乡一体化发展，原城郊周边的一些宗族村落已变为城市社区，乡民族众也纷纷"离地上楼"。因土地转让、乡镇企业发展等原因，族众已积聚起一定的财富，在传统慈善文化的影响下，开展邻里互助的帮扶活动。而在宗族慈善曾经十分繁盛的江南地区，随着经济的发展、时代的变迁，开始涌现出新型"义庄"。2016年4月，无锡市滨湖区启动现代"义庄"项目，即在传承先人善举、弘扬传统慈善的基础上，通过倡导"透明公益"和"人人公益"的新理念，激活蕴藏在民间的慈善潜力，提升居民参与意识、融入意识，激发内生动力，构建起邻里互助、助人自助的社区居民帮扶体系。该滨湖义庄精心设计，包括义仓、义集、义工、义基金等子项目。[①] 这种新型"义庄"虽然没有传统的"义田"，但其借助当代社会各种新兴的资源与网络，无论在运行机制上，还是在救助实

---

① 无锡湖滨义庄包含多个子项目，其中"义仓"以接收居民和企业的小额捐赠为主，实现捐赠物资的点对点、透明化流转；"义集"立足社区，用定期集市的形式，倡导旧物循环使用及其他商品义卖；"义工"负责义仓的日常运作管理、爱心物资派送、义集活动参与等工作；"义基金"通过搭建透明、公信的基金公益平台，致力于社区内特定人群的救助与关怀。参见《滨湖区首次启动公益庙会，复兴义庄文化》，http://www.js.xinhuanet.com/2016-04/26/c_1118739755.htm；王学军：《新型"义庄"打造幸福社区》，《慈善公益报》2017年2月16日。

效上都超过了古代，而且其社会参与度高，管理运作透明，得到了公众的认可。如果能在宗族聚集区复兴义庄，将有助于通过宗族慈善强化宗族小社区自治，在一定程度上促进社会性力量的生长，进而摆脱传统义庄狭隘的差序格局，对促进当前我国的社区建设与治理，推进中国慈善现代化大有裨益。

总而言之，处此社会转型时期，宗族慈善要努力适应时代的变化，坚持古为今用、革故鼎新，并自我革除组织的宗法性，对之有鉴别地加以对待，有扬弃地加以继承。在大力发展社会主义慈善公益事业、弘扬优秀传统文化的时代大背景下，宗族慈善亦应乘势而上，与时偕行，进一步挖掘义庄所蕴含的深刻内涵，让宗族慈善融入当代华人社会的慈善公益事业中，重焕异彩，取得发展。

【延伸阅读】

1. 冯尔康等：《中国宗族史》，上海人民出版社 2009 年版。

2. 李文治、江太新：《中国宗法宗族制与族田义庄》，社会科学文献出版社 2000 年版。

3. 张研：《清代族田与基层社会结构》，中国人民大学出版社 1991 年版。

4. 李学如：《近代苏南义庄与地方社会研究》，上海三联书店 2016 年版。

5. 袁灿兴：《无锡华氏义庄：中国传统慈善事业的个案研究》，合肥工业大学出版社 2017 年版。

6. 王卫平：《从普遍福利到周贫济困——范氏义庄社会保障功能的演变》，《江苏社会科学》2009 年第 2 期。

第三章 信仰与慈善

涂尔干曾言，任何宗教都是与神圣事物相关的统一体系。宗教慈善作为宗教实践的一种重要方式，即可理解为与神圣体系关联的一种慈善体系。今天我们对于华人慈善的理解，常常容易将其理解为局限在宗族内部以及宗族所在的相关的地域。慈善的普世关怀似乎只是存在于西方的基督教传统。但夫马进的研究指出，这很可能是西方学界一种具有强烈基督教色彩的认识。

事实上，中国丰富的宗教生活不仅同样孕育着巨大的慈善动力，并且具有显著的普世价值。在以扶贫济困为主要特征的传统华人慈善活动中，除家族、政府和民间社团之外，宗教占据举足轻重的地位。明清以来，佛教中的因果报应、道教中劝善思想以及基督教的济贫观念等都给华人群体的宗教慈善实践提供了丰富的理论和精神资源，并且参与了中国近代国家转型的全过程。这是因为西方近代的教育、医疗、体育等事业传入都与宗教慈善有着直接关系。燕京大学、岭南大学、协和医院及澳门同善堂医院，等等，这些如雷贯耳的名字背后，无不展现着宗教慈善事业与中国近代社会发展的相互构成。

即使在今日，现代意义上的公益慈善事业如基金会、民办非营利组织、志愿者服务等，其发展亦均与宗教有关——要么起源宗教，要么深受宗教的影响。刘培峰甚至认为，如果把宗教的目标抽象到普济、普渡、普觉的层次，就会发现乐施好善、悲天悯人、扶危济困等思想即融通了宗教和慈善。在这个意义上，也更能够理解各种不同的宗教都把施善与回报作为达致其他层次的重要途径。华人宗教也概莫能外，故其亦与慈善有着很大程度的同源。郑筱筠由此指出，慈善也是中国宗教的理念，慈善活动是宗教慈善理念的外显化和社会化，亦是宗教慈善理念的社会象征符号。本章正是在这一认识论的基础上，先介绍宗教慈善的定义与特征，再分门别类介绍华人社会里宗教慈善的历史逻辑和典型个案，进而作出全章的小结。

第一节　定义特征

一　宗教及宗教慈善的定义

（一）宗教

宗教（Religion）概念虽起源于西方，但其内涵和外延都在不断演变。在早期西方学界，宗教主要指的是拜火教、犹太教、基督宗教（天主教、东正教、新教）、伊斯兰教等一神教，后来渐次涵盖了佛教、印度教、道教等多神信仰。涂尔干认为"宗教是一种既与众不同、又不可冒犯的神圣事物有关的信仰和仪轨所组成的统一体系，这些信仰与仪轨将所有信奉它们的人结合在一个被称之为'教会'的道德共同体之内"[①]。这个定义指出了宗教所包含的三种要素：一是与世俗相区分的神圣事物；二是围绕着神圣事物而举行的仪式仪轨；三是信仰并参与仪式的人们组成的道德共同体。

在华人社会，多种民间信仰的实践非常普遍，且各宗各派因其差异之大而无法构成统一的"共同体"。杨庆堃由此提出制度性宗教（institutional religion）与弥散性宗教（diffused religion）的二分。他指出制度性宗教有自己的神学、仪式和组织体系，独立于其他世俗社会组织之外，有其基本的观念和结构，而弥散性宗教的神学、仪式、组织与世俗制度和社会秩序其他方面的观念和结构则密切地联系在一

[①] 爱弥尔·涂尔干：《宗教生活的基本形式》，渠东、汲喆译，上海人民出版社1999年版，第29页。

起，没有自己完整的组织管理系统，也没有自己的教义，与世俗生活并没有明显区别。如此来看，中国很多民间信仰显然属于弥散性宗教，时至今日依然扮演着重要角色①，尤其在近代中国（1840—1949）的慈善实践之中，由民间信仰所催生、支撑的部分占据独特而重要的地位。因此，由宗教慈善的角度出发，将能更为透彻地认识其运作机制以及对近代社会的深刻影响。

（二）宗教慈善

宗教慈善指具有宗教背景并明确标识自身宗教性身份的社会团体或个人等，以救助、扶助社会中的弱势群体为目的的自愿自主、非营利性、有组织性的公益慈善活动。

在西方，慈善的对应词是 Charity，原意是指"对他人的爱"或"行善和慷慨施舍"，源发自基督教的慈善。② 在中国，早期汉语中"慈"与"善"两字分开使用，"慈善"连用最早见于公元3世纪翻译过来的佛教经典。③ 随着佛教、伊斯兰教、基督教等在历史上先后传入中国，宗教慈善的力量日益强大和丰富，某些时期甚至与政府慈善、宗族慈善并驾齐驱，尤其清代基督新教入华，带来了西方近代慈善的理念、制度和技术，极大地刷新了华人慈善的内容与形式。

不过，需要特别说明的是，本章将华人社会的主要宗教分为佛教、基督宗教、伊斯兰教、道教与民间信仰，是出于叙述的方便，不可作机械的理解。事实上，这些信仰之间的相互渗透和影响其实无处不在。中国近世民间信仰的各宗各派，大多具有"统摄主义"（syncretism）的特征。也就是说，不同宗教都在其教义与神祇谱系之中不断融合儒、释、道及其他多种元素。

一般来说，道教在传统中国对朝廷、士子的影响力相对较弱，但

---

① 吕大吉：《比较宗教学史》译序，上海人民出版社1988年版，第1页。
② 杨团：《中国慈善事业的伟大复兴》，杨团、葛道顺主编《中国慈善发展报告2009》导论，社会科学文献出版社2009年版，第3—4页。
③ 参见王文涛《"慈善"语源考》，《中国人民大学学报》2014年第1期。

若将道教与民间信仰当作一个整体，则这一分支对中低层社会的影响力、渗透力不可小觑。尤其到了晚清，中国遭遇"三千年未有之大变局"，儒、释、道"三教"的思想资源不断融合，将此变局当作"劫运"，从"救劫"理念出发，在民国初年形成一个民间慈善运动高潮。到了20世纪20年代以后，更有一些宗派将外来的宗教神明整合进信仰体系，如发源于华北地区的"道院"（即世界红卐字会）以及在东南亚华人中流行的"德教"。这一体系中的慈善事业规模及其影响丝毫不逊于当时基督教或佛教的慈善。

二 宗教慈善的特征

尽管各类宗教都强调其独特性，从历史人类学的视角来看，不同宗教的慈善理念和慈善实践在本质上仍然有着很高的相似性。

第一，宗教慈善的"超越性"。在宗教慈善中，信仰是第一位的，行善很大程度上是为了证明信仰。慈善出自信仰的要求，而非相反。宗教慈善与世俗慈善有形式上相同之处，在动机上仍存在一定区别。与一般的人道主义慈善不同，宗教慈善以信仰为前提，在济困扶危的现世工作背后，所追求的是"超越性"（transcendental）的目标，如荣耀上帝、取悦安拉、摆脱轮回、修真成仙，等等。

第二，跨民族与跨国界。大量观察与研究表明，很多宗教慈善施惠的对象不局限于本民族或本国界。例如，中国最早的西医院广州博济医院，善款即主要来自美英等国基督徒的奉献。事实上，近代中国的基督教慈善在本色化运动成熟之前，来自西方国家的慈善资源一直占据主要份额。1923年日本关东地震，中国本土道院"世界红卐字会"慷慨施予援手。此外，源自广东潮汕地区的"德教"，如今盛行于东南亚各地，面向其所在国各不同民族施善救济，甚至出现了以英文、马来文、泰文等书写的乩文。

第三，节约成本，动员力强。新制度经济学认为，任何社会活动（"交易"）均有其成本费用，所以经济上的制度创新，本质上都是降低交易成本的新构思。在宗教团体内部，一方面基于共同的信仰与长期形成的伙伴关系有效提高了相互之间的信任,有利于减少摩擦,继而节省监督、审计等方面的"交易费用";另一方面,宗教慈善可利用其团体原有的机构、设施、人事等资源进行筹款、分发、施赈等工作,大大减少了另设机构的各种成本。藉此,宗教慈善往往有着高效的动员能力,尤其在某些宗教领袖发挥超凡人格魅力之时,依托数量众多、超越国界的全球信徒网络,便能够在面对紧急救灾需求时,快速完成动员,调动资源投入赈济。

第二节 理论与原理

一 佛教慈善

汉语中"慈善"二字连用,最早即见于翻译的佛经。有学者认为,目前所知最早的"慈善"连用,出自公元3世纪翻译的《大方便佛报恩经》。[1] 由此开始,"慈善"一词的用例不断出现。在南北朝时期翻译的佛教经典《中论》对佛教慈善做了较充分的论述。《中论》为印度龙树菩萨所造,于公元409年由高僧鸠摩罗什译成中文,其中有一偈语"人能降伏心,利益于众生,是名为慈善,二世果报种"。《中论》对此进一步解释说:"善者先自灭恶,是故说降伏其心利益他人。利益他者,行布施、持戒、忍辱等不恼众生,是名利益他,亦名慈善福德,亦名今世后世乐果种子。"

按佛教教理,慈善是人生中一件乐事与快事,当你给了别人欢乐时,自己心里也得到了安乐与满足,显示你有一颗无量广大的慈悲心。玄奘翻译的《大宝积经》"修慈善根遍众生界为无限量",把慈善理论提高到"慈善根"的地位,认为慈善是佛教徒的根本施为,是佛教学说的基础,也是教化众生的根本法门。[2] 慈善概念从佛教的

---

[1] 王文涛:《"慈善"语源考》,《中国人民大学学报》2014年第1期。
[2] 黄夏年:《"诚信缺失"之下的佛教慈善思考》,印顺法师主编《中国佛教和慈善公益事业》,宗教文化出版社2014年版,第274—275页。此处引用《中论》原文,标点略有更动,以符合当代阅读习惯。

根本教义中派生，其中最重要的是慈悲观与果报观，由此又形成"种福田"等具体的慈善实践话语，推动了社会各界的慈善布施。

（1）慈悲观

佛教的慈善观建立在"慈悲"概念的基础之上。《大智度论》称："大慈与一切众生乐，大悲拔一切众生苦；大慈以喜乐因缘与众生，大悲以离苦因缘与众生。"又称："慈、悲是佛道之根本。所以者何？菩萨见众生老、病、死、苦，身苦、心苦，今世、后世苦等诸苦所恼，生大慈、悲，救如是苦，然后发心求阿耨多罗三藐三菩提；亦以大慈、悲力故，于无量阿僧祇世生死中，心不厌没；以大慈、悲力故，久应得涅槃而不取证。以是故，一切诸佛法中，慈、悲为大；若无大慈、大悲，便早入涅槃。"事实上，"阿耨多罗三藐三菩提"，意思是"无上正觉"，也是佛教徒所追求的目标。中国汉地佛教以大乘佛教为主流，更加强调引导无量众生成就佛果，而非"独善其身"，故普及佛理本身就是最大善行。

（2）果报观

虽然先秦典籍《周易》已提出"积善之家，必有余庆；积不善之家，必有余殃"，有着善恶果报思想的雏形，但主宰报应的是至高无上的"天"。来自印度的佛教，则从个人责任方面系统地阐述善恶果报思想。佛教提出，报应出自"业"（行为），"业"分为善、恶、无记三种，善有善报，恶有恶报，无记则属于不善不恶，不在业报之列。这种理论，认为自家作业，自家得果。为应对现实生活中善恶未得果报的尖锐冲突，佛家进一步提出"经说业有三报：一曰现报，二曰生报，三曰后报。现报者，善恶始于此身，即此身受。生报者，来生便受。后报者，或经二生三生，百生千生，然后乃受"这一解释，巧妙解决了现报不灵的疑问。佛教果报观在中国迅速普及，并非常彻底地渗透到道教、民间信仰之中。到了具体实施的层面，就出现了两个重要的慈善概念——布施与种福田。

（3）布施

从慈悲观、果报观出发，佛教十分重视布施，认为布施是修行的必经之路。佛陀教导信佛的居士把收入分作四份：一份用来日常开销，一份作为积蓄，一份投资生财，一份广行布施。布施还需要有正确的心愿，而不能带有不洁净的心理，而必须出自真正的慈悲。

从东汉开始，由于信佛者越来越多，佛教得到官、商的慷慨布施，不少寺院拥有大量土地及其他资产，甚至形成了规模颇为巨大的"寺院经济"。佛教徒在慈善事业之外，本着慈悲利生精神，也广泛从事其他社会公益，如发起组织修桥铺路活动。

（4）种福田

佛教将"福田"分为敬田、悲田两种。敬田是供养佛法僧三宝，而所谓悲田，即是对孤老、贫者、病者的布施收养。所有能惠及他人的福利事业，均属于种福田。

在传统中国社会，除政府慈善、宗族慈善以及其他民间团体所办慈善，佛教慈善曾经长期占有重要地位。佛教以其理论之精密、想象力之丰富、普度众生理念之感人，以及历代高僧大德的言传身教，形成高度号召力与公信力，曾深深渗透到从皇帝到庶人的社会各层面，与华人社会生活息息相关，在汲取与分配慈善资源方面有着一定优势。不过，明清以来，理学在教化方面取得独尊地位，宗族慈善、地方慈善得到较为充分的发展，佛教慈善所占的份额有所下降。

二　基督教慈善

基督教之"圣爱"（Agape，又译"博爱"等），区别于世俗的欲爱（Eros），源自圣经《新约》，指称的是上帝对人类的无条件关爱、人对上帝之爱、人对人类之爱，"是一种自我主动给予的爱，既可以是上帝对人或人对上帝的爱，也可以是人对自己同胞之爱。无论这种爱的表现形式如何，它都必须是一种发自内心、出自灵魂的、具有主动给予性质的爱"[①]。基督宗教的圣爱，强调要爱邻舍，要不望回报

---

① 姚新中：《儒教与基督教：仁与爱的比较研究》，赵艳霞译，中国社会科学出版社2002年版，第102页。

地爱那些有需要的人，甚至爱自己的仇敌。圣爱（Agape）经常用来指称对他人的慷慨举动，本身即与慈善共通。圣爱与信仰不可分离，信、望、爱三位一体，构成基督教神学、基督教伦理以及基督教慈善的基础。

在圣经《新约》中，圣爱（Agape）可以分为四个方面：第一是上帝自发的对人的恩典，因为上帝是无条件的先爱人；第二是上帝对人的舍己，来源于圣子耶稣自愿为拯救人而被钉在十字架上；第三是人对上帝的爱；第四则是诫命，人要爱人如己，爱"邻人"，因为人是上帝的造物，要爱上帝的造物。这四个方面对理解"圣爱"都是必要的，缺少任何一方面都无法构成"圣爱"理论的整体。[1]"邻人"是一个比喻，包含陌生人、外邦人在内，也即人类全体，这就大大超越了爱情、亲情、友情的范围，而及于遥远的诸方万国。

圣经《新约全书》在罗马帝国晚期形成。当时的罗马帝国政治动荡、经济凋敝、蛮族频频入侵、难民聚集，基督教以此劝诫富人给苦难者以慷慨帮助，有助于重建的社会秩序。到12世纪，天主教发展出炼狱、善功观念，信徒若希望自己或亲属的灵魂尽早进入天堂，就必须多积善功，善功越多，灵魂进入天国的机会越大。[2]从基督宗教诞生到现代，始终为欧美社会慈善事业思想资源之轴心，与中国本土慈善的多元格局形成明显对比。

到了18—19世纪，西方社会出现了福音运动，教会掀起海外传教热潮，基督新教在鸦片战争前夕进入中国，引入了慈善事业的新技术、新制度、新理念，在慈善医疗、慈善教育等方面对华人慈善形成大规模冲击，在华人慈善近代化方面起着重要的重塑作用。

三 伊斯兰教慈善

即在伊斯兰教法的规约下，穆斯林个人或团体予以他者的精神或

---

[1] Anders Nygren（虞格仁）：《基督教爱观研究》，道声出版社2012年版。
[2] 陈凯鹏：《试论中古基督教的慈善观念》，《黑龙江史志》2009年第22期。

物质形式的关怀。① 有学者将伊斯兰文明的核心价值取向概括为"拜主行善"。伊斯兰教强调"伊赫桑",将行善从零散、随意的慈善施舍,提升为精神层次的为主道服务,伊斯兰慈善不仅是个体道德行为,也包括其承担的社会责任和义务,受伊斯兰法的监督和约束;穆斯林慈善行为的终极目标或根本动机是服从安拉,博取其喜悦,并期望今生和来世的幸福。

伊斯兰慈善的运作主体,是实施伊斯兰慈善行为或参与伊斯兰慈善活动,向受益主体提供伊斯兰慈善资源和各类服务的个人与组织,主要包括清真寺、各类伊斯兰慈善机构、伊斯兰基金会及地区和国际伊斯兰慈善机构,等等;伊斯兰慈善受益主体,即受到穆斯林个人或团体的精神或物质形式关怀的他者。具体的慈善表现形式既可以是具体的物质救助,也可以是精神层面的关爱。这种宽泛的慈善观完全将现代公益志愿服务以及对受灾者或心理疾病患者进行心理干预、疏导等形式的助人行为都共融在了伊斯兰慈善的范畴之内。②

中国穆斯林对自身的规约有"五功六信"之说。其中,"五功"指的即是"念、礼、斋、课、朝"。此中的"课"意为"完纳天课",即每年按自己的收入一定比例施济,或向清真寺缴纳,或直接送给有需要的人。在规约性的"天课"之外,还有完全自愿性质的"乜贴",即施舍。据《古兰经》规定:"赈款只归于贫穷者、赤贫者、管理赈务者、心被团结者、无力赎身者、不能还债者、为主道工作者、途中穷困者;这是真主的定制。"由此,伊斯兰慈善得以一定程度的制度化。

四 道教慈善

道教是一种多神论的信仰。早期经典《太平经》主张"乐以养

---

① 马海成:《伊斯兰慈善思想与制度研究》,博士学位论文,上海外国语大学,2012年。
② 马海成、马菊香:《伊斯兰慈善概念探析》,《西北民族大学学报》2016年第1期。

人""周穷救急"的慈善思想。东晋时期,道教仙师葛洪写成《抱朴子》一书,称"欲求长生者,必欲积善立功,慈心于物,恕己及人,仁逮昆虫,乐人之纪,愍人之苦,赈人之急,救人之穷",指出只有善人才有机会升仙。① 宋代李昌龄著《太上感应篇》,发挥了《抱朴子》的道教慈善思想,宣称"祸福无门,惟人自召;善恶之报,如影随形",提倡"积德累功,慈心于物;忠孝友悌,正己化人;矜孤恤寡,敬老怀幼。"《太上感应篇》用比较朗朗上口的语言,阐发天人感应、善恶果报思想,提倡"日行三善",这切合一般国人心理,对后世产生了深远的影响。

有趣的是,《感应篇》还提出了行善如何计算的问题。到了明代随之产生了记善记过的"功过格",促成好善之士将善念转化为具体的善行。《太上感应篇》以及明清流行的"功过格",对绅商组织同善会、办理育婴堂、积极参与灾害赈济,起到了直接的鞭策作用。

在东汉三国时期,张陵、张鲁等受此启发创立了五斗米道,张角创立太平道,吸收中国原始宗教、巫医传统、黄老思想、墨家思想等本土传统,形成制度性的道教。公元191年,五斗米道首领张鲁率领徒众在汉中各地设立"义舍"(不收住宿费的旅舍),又在义舍中设义米、义肉,旅行者可按需取用,带有某种近似原始共产主义色彩。

五斗米道在东晋时期发展为天师道,以太上老君为最高神。张陵子孙约在唐朝末年创建龙虎宗,即著名的江西龙虎山"张天师"。东晋中叶,江南地区出现了两个新的道派,即上清派(后演变为茅山宗,以元始天王为最高神)与灵宝派。灵宝派的创始人,为先后定居广州、罗浮山修道炼丹的葛洪仙师从孙葛巢甫。在宋、金对峙时期,出现了新道派如全真道等。全真道突出的特点是强调三教(儒释道)合一,专主内丹修炼,主张道士出家,最著名的代表人物为邱处机。道教不断吸收民间信仰因素,形成复杂的神仙谱系。

---

① 王银春:《慈善伦理引论》,上海交通大学出版社2015年版,第60页。

从历史上看，道教的炼丹、采药传统，对中医中药的丰富发展有着突出贡献。道教慈善事业，其外在表现是当社会出现瘟疫、流行病时，向民间布施中药、灵方作预防与治疗；它以灵符、香灰、诵经、洒水等作为心理安慰手段，抑制社会恐慌情绪，安抚心灵。

不过，除了正统道教，由于道教对于多神论的信仰，各种民间信仰也依托于道教在中国发展，形成了广义的道教。明清以来以"救劫"概念为核心，涌现了儒、道、佛"三教合一"的民间宗教宗派。它们不被明清朝廷正式承认，但还是建立起区域性、全国性甚至国际性的道坛网络。这一近世以来的新传统，有"新道教运动""道坛运动""鸾堂运动""救世团体""济度宗教"等不同的名称，迄今未能统一。①

三教合一思想可以说是从中古时期萌芽，到明代罗清撰著"五部六册"、创立"罗教"达到兴盛，近代则进入巅峰阶段，为近世民间慈善的勃兴提供了汹涌澎湃的动力。晚清义赈领袖郑观应、经元善、谢家福，无不深受这一信仰的影响。民国时期，规模较大的全国性、跨区域慈善机构世界红卍字会、中国济生会、明达慈善会、悟善社、万国道德会、同善社，等等，都是这场运动的产物。新派人物熊希龄（维新领袖）、王正廷（留美博士）、王一亭（同盟会领导人）、江希张（留法学生），都在这个潮流推动下投身慈善事业。1939 年起源于广东潮汕地区的德教，透过华侨、华人网络在东南亚各国获得快速发展，同样是三教合一运动与民间慈善一体两面的后续发展。

第三节　典型个案

一　佛教慈善个案

佛教于两汉之际传入中国，到南北朝时期达到鼎盛，故有"南朝

---

① 陈进国：《救劫：当代济度宗教的田野研究》，社会科学文献出版社 2017 年版，第 28—31 页。

四百八十寺，多少楼台烟雨中"的诗句流传。南朝梁武帝萧衍信佛特别虔诚，公元521年，"于京师设立孤独园。孤幼有归，华发不匮；若终年命，厚加料理"，意为收养孤儿、独身老人加以赡养，身后加以厚葬。唐玄宗时期，于公元735年设立"病坊"，收容无家可归的老年乞丐，后根据"种福田"的佛教思想，病坊改名"悲田养病院"，简称"悲田院"，由僧人负责支持，收养鳏寡孤独。宋代在京师也设立"福田院"，同样也是在佛教"种福田"思想影响下所设立。虽然"悲田院""福田院"经费大多由政府拨给，但依然请僧人为之主持。

从南北朝开始，一些寺院开创"无尽藏"机构，一开始只是将信徒施舍的财物借贷给他人，收取利息以修缮寺庙，后来积聚越来越多，乃演变成一种救济基金，在饥荒时期低息借贷给贫民。鉴于古代的社会借贷均为高利贷，低息借贷就属于一种慈善事业，给贫民提供了恢复生计的条件。到了唐代，一些寺庙建立"无尽藏院"，接受善男信女布施的大量财物，然后分成三份，其中一份就用来"施天下饥馁悲田之苦"。唐宋时期，由于佛教在社会上有着崇高地位，地方上的公益慈善事业，大多需要由高僧大德牵头才能举办。

当代华人地区的佛教慈善最典型的例子就是崛起于东台湾的慈济，这是台湾最具规模的民间慈善组织。它以慈善作为弘法事业。创办人证严法师是一位传奇性的比丘尼，从1966年成立佛教克难慈济功德会至今，慈善志业开展至全球五大洲，援助超过七十一个国家、地区。

证严法师出家后拜台湾佛教界德高望重的印顺法师为师。印顺师父的"为佛教、为众生"这句话对证严法师的影响非常深远。1966年，"美援"终止，国际慈善组织陆续撤出台湾，在台湾慈善组织尚未茁壮、仍有一百三十万贫民人口的社会背景下，证严法师创办了台湾佛教的第一个慈善团体"佛教克难慈济功德会"。始创的慈济功德会，只有三十多名家庭主妇，每人以一节竹筒做铺满，每天节省五毛钱的买菜钱，积少成多，将善款用于助人。慈济是"非寺庙中心"

的佛教组织,它不重寺庙念经拜佛、礼忏的活动,强调佛法在人群中的实践。《法华经》和《无量义经》是法师和慈济最看重的经典。慈济从开始的竹筒岁月,实践人间菩萨的理念,除了受到"人间净土"思想的影响外,还受到《法华经》的"行经"精神的影响,"行经"即是由理念的反省转为实践行动。

加入慈济的人需遵守十戒,即不杀生,不偷盗,不邪淫,不妄语,不饮酒,不抽烟、不吸毒、不嚼槟榔,不赌博,不嗔恚(调和声色、温言软语、孝顺父母),不违规(仪容整齐端庄、不奇装异服、遵守交通规则等),不参与政治活动(不参与示威、抗议、游行)。证严法师开示说,戒,其实就是要乐于为善,并且要小心防范自己不要犯错,"有戒才能心安"。

图3—1 慈济的总部:静思精舍①

除了慈济会在各分会举办简单的拜佛仪式,慈济所做的事情几乎都属于志愿服务的范畴,而且是以居士为核心。慈济成立之初,便从慈善济贫开始,这是证严法师着力最多的部分。慈济以"济贫教富"为宗旨,开展为"慈善"、"医疗"、"教育"、"人文"四大志业,1991年间陆续加入"国际赈灾"和"骨髓捐赠",1996年再加入

---

① 梁家恩摄于2013年。

"环保"与"社区志工",成为今天所说的"一步八脚印"。慈善类的活动有长期救助、居家关怀、急难救助、安养院关怀、社区关怀、每月发放、冬令发放。[①]

慈济由证严法师领导的志业中心来做决策,在中心之下,分为慈善、文化、教育、医疗四个发展处,共同为组织制定计划,当目标形成之后,便会制定一套策略,由中心到功德会到全世界的慈济人,并付诸行动。证严法师下设有委员、慈诚队及会员的组织。慈济的中坚力量以委员、慈诚队员为主体,带领会员参与慈济的各项活动。SARS风暴结束后,慈济迎来了一次组织调整:委员为"组","慈诚"为"队",各以"合心、和气、互爱、协力"为名称重新编组,称为"四法四门",整个组织架构被形容为"立体琉璃同心圆",每个人皆可发挥功能,没有上下高低之分。在四法四门里,还分为各个功能组,如总务组、文宣组、交通组等。志工对证严上人的"任务提示"全力以赴并忠诚执行。证严法师不只是一般的领导者,而且兼具道德权威与家长式权威,含有"慈母"的形象。

慈济基金会的善款主要来源于全球慈济人所交的功德款,还有慈济的素食、音像、环保衣物等产品的销售,等等。证严法师的慈济基金会在钱财方面公私分明,善款绝不扣除部分作为精舍的管理费用,法师以身作则,不受供养。

参与慈济的信众,上至行业精英,下至目不识丁的老人,他们多是被慈济的志业和证严法师的德行所吸引,他们在行善中体会见苦知福,在助人中实现自我价值,在海外赈灾中拓宽视野,颇有"度人"的成就感。慈济提供每位信众以人际交往、学习(佛法、茶道、花道等)、行善积德的平台,受到众多信众的欢迎。

志工,即志愿者,是慈济重要的组成成员,也是慈济蓬勃发展的主因。慈济志工组织最早是由跟随证严法师的信徒形成的"委员"所组成,后来因为组织事务扩大,延伸出许多次文化团体,这些团体

---

① 发放是指物资如衣物米粮食油的发放。

由委员主导，委员都是证严法师的在家皈依弟子，主要负责劝募善款，慰问急难灾户病患，招募会员，协助各区分会的活动及会议，等等。慈济人对自己所接引做慈济的会员称之为"小鸡"，"母鸡"与"小鸡"代表着慈济人间的直属关系。委员的组成早期多为妇女，特别是中高龄的妇女，投身慈济的女性，大多维持着家庭与慈济两方面，如今职业妇女与男性加入的比例增多，但仍然是女多男少的现象，故在慈济里有"师姐当师兄用，师兄当金刚用"的玩笑话。此外，参加慈济的志工们职业非常多元化，由此在慈济里成立多种"小团体"，如慈济教师联谊会、慈济人医会等。

图 3—2　花莲慈济医院[①]

在慈济里，出家僧团以一种独立不染的状态，象征性地构成了整个慈济教团的超越性，而从在家人的社会参与来说，慈济承袭了华人民间社会中所具有的"公众性"，动员大量社会资源来进行民间各种互助性活动。慈济的教义基础，固然是尝试透过佛教教义来进行自我净化与提升，但其更重要的社会性基础则是华人民间社会既有的"公概念"的落实与扩张。

---

① 梁家恩摄于 2013 年。

慈济一直坚守"不传教、不谈政治"的"两不"原则，去除传教色彩，兼容不同信仰的信徒。另一方面，也将佛教经典通过诠释，给予信众了解佛经中贴近生活的实用部分。法师将佛法用简单的话语道出，即"静思语"，它没有年龄隔阂或深奥的文字，使传达的慈济理念深入人心，可以说是辅助证严法师"净化人心、祥和社会"的一样工具。"慈济十戒"中有一条是"不参与政治活动示威游行"，所以在地方活动时，慈济人会避免参与政治色彩很强的活动，以免被贴上某种颜色的标签。

二　基督教慈善个案

基督教的一个分支景教早在唐代即已传入中国。元、明两朝，天主教在中国曾有过一定范围的传播。然而，对中国慈善事业影响最大的是基督宗教中的新教（The Protestant）。鸦片战争前，新教传教士已定居广州、澳门，并创立慈善性质的眼科医局为华人服务，随后于1835年发展成中国第一家正规西医院广州博济医院（Canton Hospital），并组织起医学传道会为博济医院提供资金。该院自称为"全国最先举办之慈善服务机关"①。所谓"全国最先"，乃是就新式慈善机构而言。随后，美北长老会从医学传道会手里接管了博济医院，并由此派生出夏葛医学院（中国第一家女子医学院）、明心瞽目书院、惠爱医局（中国第一家精神病医院）等一系列的慈善机构，为近代中国培养了大批女医生、盲人教育家、精神病治疗专家。

1807年，伦敦传道会传教士马礼逊（Robert Morrison）来到广州，这是第一位抵达中国内地的新教传教士，他于1820年在澳门创办医馆，随后开设西医义诊，为新教在华慈善事业的先声。马礼逊开创了文字传道与医务传道两大模式。基督新教的医务传道活动，对中国慈善事业近代化有着关键性的影响。

---

① 博济医院编：《中山纪念博济医院概况》，1934年。

1834年，美部会传教医生彼得·伯驾（Peter Parker）抵达广州，次年在十三行创办广州眼科医局，免费为华人治病。伯驾擅长白内障、肿瘤治疗技术，曾为林则徐治病，很快就站稳了脚跟，为西医在中国的发展奠定了最初基础。1838年，广州、澳门的外商和新教传教士成立了中华医务传道会（The Medical Missionary Society in China），为医局提供资金支持。医务传道会在伦敦、爱丁堡、波士顿、纽约、费城等城市设立代理处，向英美公众宣传派遣医学传教士的必要性，并广泛募集资金。1855年，伯驾离开医院，由美北长老会医生嘉约翰接受了眼科医局。

1858年，美北长老会嘉约翰医生在增沙街建立一家新医院以继承眼科医局的事业，并命名为博济医院。嘉约翰（Dr. John Glasgow Kerr，1824—1901），美国俄亥俄州人，1847年毕业于费城杰佛逊医学院，在美国行医时曾听到一个中国人的演讲，极言中国民众饱受疾病折磨之苦，深受触动，决定到中国来当传教医生。他于1854年抵达广州，至1901年在广州逝世，除了中间短期休假外，将一生的47年全部奉献给中国。

1865年，经嘉约翰向医务传道会申请拨款，在今仁济路兴建宽敞的新院址，次年竣工投入使用。这个地址一直使用至今。1886年，分布在中国各地的传道医生组织"博医会"，嘉约翰以其先驱地位和杰出贡献被选为主席，并兼任《博医会报》编辑。也就在这一年，孙中山来到博济医院，师从嘉约翰学医。嘉约翰一直在医院服务到1899年，其间除回国休假外，曾长期担任院长，对医院的发展作出了无与伦比的贡献。

1901年，嘉约翰先生在广州去世。他对中国医疗、慈善事业的贡献是无与伦比的。据统计，嘉约翰一生中，共接诊门诊病人740324人次，治疗住院病人39441人次，做外科手术48098例、膀胱结石手术1234例，翻译医学著作34部，还创办了多种传授新医学的报刊。嘉约翰接诊、做手术的数字，在世界医学史上可能是空前的。截至1934年，博济医院累计治疗病人二百多万人，完成外科手术二十多万例。①

图3—3　嘉约翰像②

图3—4　中国第一个精神病院
惠爱医局③

1898年2月，嘉约翰已到垂暮之间，仍在广州芳村创办惠爱医局。惠爱医局是中国第一家精神病院，即使到1918年仍是中国唯一一间，1927年改名广州市第二神经病院，1935年易名精神病疗养院，1958年重新编组为广州市第十人民医院，2000年命名为广州市脑科医院，近年又兼挂惠爱医院招牌。

早在1872年，嘉约翰在报告中已专门提到疯人问题："这种病在任何环境下都是可怕的，但是在中国这样的国家都十倍地可怕。……由于缺乏合适的住院病区，我一直不敢接受这样的病人，但我一直感到迫切需要提供一个疯人院来收治这种疾病。"④ 本着伟大的慈爱精

---

① 博济医院编：《中山纪念博济医院概况》，1934年。
② 《医学世界》1909年第12期。
③ 广州收藏家周俊荣藏。
④ 嘉惠霖、琼斯：《博济医院百年》，沈正邦译，广东人民出版社2009年版，第110—111页。

神，嘉约翰时刻在为建立精神病院做准备。他曾上书两广总督张之洞，结果收到其幕僚的答复"总督大人对此并不感兴趣"。他也多次向教会提出建立精神病院的建议。

1892年，他用尽平生积蓄，在芳村买下一块约4英亩的土地。1895年，一位在远东传教的医学传教士参观博济医院，对嘉约翰的奉献精神十分敬佩，两年后他寄来了3000元。嘉约翰用这笔钱在芳村建起了第一栋楼房；接着，从其他渠道募集资金建起了第二栋。

嘉约翰规定治疗精神病人要遵循三个原则：第一，凡入院者皆为病人，如果他们的言行表现出非理性的特征，那并非他们的过错；第二，医院不是监狱；第三，尽管完全出于疯癫状态，但他们仍旧是男人和女人，而不是野兽。嘉约翰还进一步提出了充满人道主义精神的治疗程序：首先尽量运用劝说的手段，在必要的情况下最低限度地使用强力管理；第二是给予病人自由，在必要的情况下才实施最低限度的监禁管束；第三是在温和的态度下使病人伴以休息、热水浴、户外活动、身体锻炼和职业劳动，在必要的情况下最低限度地实行药物治疗。[①] 嘉约翰凭着伟大的慈爱精神，冲破重重阻力，创立了前无古人的事业，为中国的精神病治疗奠定了基础。

此外，作为美北长老会在华慈善事业的开拓者和核心人物，嘉约翰在繁忙的医务、管理工作中，时刻关注着中国本土慈善事业的发展。嘉约翰很早就注意到1869年香港东华医院、1871年广州爱育善堂两大华人慈善机构的建立。他指出：香港东华医院的"创始人是一群中国商人和买办，多年以来他们与外国人相联结，习得许多西方的慈善和一些宗教理念。他们目睹过（香港）国家医院、海员之家、海陆军医院的运作，同时也对广州、汕头、上海及其他地方传教士医院的工作有些了解。第一家永久性华人医院的出现，可归功于外国人

---

① 王芳：《对"疯癫"的认知与嘉约翰创办广州疯人医院》，《海南师范大学学报》2012年第3期。

的影响和示例……"① 在评述广州爱育善堂时，嘉约翰指出："可以毫无疑问地说，外国人的榜样促成了爱育堂的发起。"②

基督新教慈善对近代广州慈善发展的刺激与示范效应十分明显。1871年，广州第一家近代民间善堂爱育善堂成立，将慈善内容定位于施医赠药、办理义学，无疑是受到基督教慈善的启发。1901年，博济医院毕业生张竹君在广州河南创办南福医院，为国人所办第一家专为女性服务的西医院。1904年，梁培基、潘达微等成立赞育善社，由中国女西医提供西法接生慈善服务。1907年，绅士潘佩如在广州河南创立济留医院，模仿教会医院设置住院部，有病房80间，改变了中国医疗习惯中只开设门诊的传统。1908年，痛感外国人垄断医学教育，曾在博济医院就读的梁培基、陈垣等人，创办第一家由国人主持的西医学院——光华医学堂。这些华人创办的早期医疗机构、医学教育机构，均有着显著的公益慈善特征，其中张竹君、梁培基、陈垣都曾是博济医院医学生。

三　伊斯兰教慈善个案

博爱社是中国伊斯兰慈善的一个重要的个案。广州自古以来是中国对外贸易的重镇，是海上丝绸之路的最重要节点之一，与阿拉伯世界保持着长期的密切联系。伊斯兰教兴起不久，即可能有来自大食的商人在广州聚居；怀圣寺为中国最早的清真寺之一，著名历史学家白寿彝认为"大约在南宋时即已设立了"③。怀圣寺历经重修，至今仍是伊斯兰教在华南地区最重要的礼拜场所，也见证了伊斯兰慈善在南中国的发展。

传统上，广州穆斯林实施以清真寺为中心的"教坊"制度，由四

---

① J. G. Kerr, "Benevolent Institution of Canton", *China Review*, Vol. 3, No. 2, 1874, p. 112.

② J. G. Kerr, "A Chinese Benevolent Association", *The Chinese Medical Missionary Journal*, Vol. 3, 1889, p. 152.

③ 白寿彝：《中国回教小史·中国伊斯兰史纲要》，宁夏人民出版社2000年版，第54页。

五个清真寺结合周边回民组成独立的"坊",互不隶属,坊内事务由清真寺的"乡老"主持。香港中华回教博爱社则是社区自治机构,突破了"教坊"制度,博爱社领导机构实际兼管教务与世俗事务。岭南最先受到欧风美雨的影响,香港穆斯林身处一个特殊的环境,与国际社会联系最为密切,回教博爱社作为一个近代型的公益慈善机构,在保持伊斯兰传统的同时有所创新、有所发展。

香港开埠以后,陆续有广州、肇庆回民前往谋生,多居住在下环(湾仔)鹅颈桥一带。1918年,旅港回民马子敬、脱文英等,邀请广州东营寺阿訇金逸卿襄助,发起成立香港中华回教博爱社,至1922年正式成立,会务也逐渐兴盛。1929年,社员集资在湾仔道陈东里7号建成自有会址。① 博爱社的组织形式及所行善举,比较突出地体现了通商口岸伊斯兰社区走向近代化的历程。

博爱社职员,由全港教胞同人大会选举产生。设会长1人,正副主席各1人,理事9人,下设12个部门:财政部、德育部、智育部、体育部、学务部、交际部、调查部、核数部、宣传部、青年部、中文部、西文部。另聘请参事员若干人。博爱社的领导机构,每年进行改选,避免被少数人垄断会务,也利于吸收新鲜血液。与传统的伊斯兰慈善注重恤贫恤孤、助葬等不同,博爱社将向回民子弟提供现代教育放在最重要的位置,于是有博爱社义学的设置。

20世纪30年代,香港约有华籍回胞400余人,相应的学龄儿童为数不少,在博爱社义学成立之前,多就读于社会上的免费教育机关,没有回族自办的学校。博爱社负责人,担心本族学生都就读外校,长期下去将受到基督教或过多世俗观念的影响,鉴于博爱社自购新址楼下空置,可资利用,由会长马受百等带头捐出巨款,带动旅港教胞踊跃输将,成立博爱社义学(初级小学)。义学于1929年6月开学,免收学费,只收取少量的堂费(用作教师薪金)。开始两年,学校经费全靠善士捐助,后来社中有识之士认为经费来源不稳定弊端太

---

① "中华回教博爱社定期开幕",1929年4月20日《香港工商日报》。

大，乃发动捐款，成立博爱会基金，购置物业，以租金拨充经费。

图3—5　香港中华博爱社社长马受百①

图3—6　回教博爱社义学开学消息②

学校以"提倡固有旧道德，适应现代新生活"为办学宗旨，具体来说则是"利导儿童现在之身心发达，而又传授之以社会上必需之知识，及养成生活上必要之技能，使其为将来社会上之实用人材……"③学校课程按照香港政府教育司条例设置，汉文用商务印书馆国文教科书，公民课采用中华书局社会课本，与香港一般世俗学校没有区别。课程按政府要求设置，是为了让学生在毕业后，能升学到其他高级小学。

学校的特色是另在政府规定课程外，以礼拜作为早课，并在合适时间"演述圣者言行及其垂训"，"注重组织化、纪律化、民主化、武士化"。在强调养成组织纪律之外，学校适应时代潮流，组织学生

---

①　图片出自中国名人年鉴社编：《中国名人年鉴　上海之部》，中国名人年鉴社1943年版，第78页。

②　《香港工商日报》1929年6月8日。

③　马强：《民国时期粤港回族社会史料辑录》，甘肃民族出版社2012年版，第35页。

自治会，全校分成若干队，队长由选举产生，凡学校的纠察、调查等事项，由学生会自理。有关学生的校务事宜，由学生召集开会讨论办法，自由发表主张，一经决议，则人人必须遵守。学生会难以取得决议的事项，由教员从旁指导。学生自治作为公民课的实践，目的在于培养合乎现代社会生活的公民。

博爱社除举办义学外，还举办各种公益慈善事业，如设立阅书楼，收集全国各地回族同胞所出版的刊物、著作，供教友阅览；为提高身体素质，培养团结精神，聘请北方武师在博爱社内教授技击，对社员免收学费。

香港中华回教博爱社，既是一个回族社区组织，也是伊斯兰教宗教组织，它将清真寺的建设与管理置于博爱会之下。除日常礼拜外，每周六在博爱社邀请阿訇演讲天经，在义学中坚持以礼拜为早课、在德育课中融入宣教内容。博爱社在集体活动中，都谨守教规，首先敬颂清真言，有时还请阿訇、教长演讲教义，务使回胞时刻保持宗教意识。不过受到欧风美雨的影响，香港博爱社同人，与广州古老的回族社区相比，仍然表现出更多趋新的倾向。博爱社义学的校长、学务处，反复强调生存竞争之"适者生存"观念。校长李重义在校务报告中，引用美国哲学家约翰·杜威"教育即生活"的名言，注重养成学生各方面的现代科学文化知识与实用技能，汉文、英文、阿拉伯文并重，与广州原有经堂教育侧重修习经书、圣训、阿拉伯文有一定的区别。

香港回族人数虽然不多，1930年旅港华籍回胞人数为433人。但博爱社却与外界有着十分密切的联系。发起成立义学的博爱社社长马受百先生，江苏南京人，在上海、南京从事珠宝生意，20世纪20年代将生意扩展到香港，在北京、天津也有着广泛的联系。为扩建博爱社义学，马受百曾率领香港回胞代表来到广州，向广州回胞募捐；经马受百积极动员，上海等地回胞踊跃为博爱社义学捐款。1933年，博爱社又公推刘传根教长，前往大西北各地联络感情，为扩建香港清真寺募捐，并筹建慈善性质的工厂以培养工艺人才。与此同时，内地回胞遇到灾害或困难，博爱社人数虽少，也尽其所能施以援手。博爱社所形成的多层次慈善网络，对今天发展慈善事业仍可提供一些有益启示。

四 道教慈善个案

广州省躬草堂是一个著名的道教慈善的个案。1894年初夏，珠三角一带发生严重的鼠疫。在广州番禺县署内当师爷的潘珍堂等文人，请来神仙灵方，禳灾防病，县署内的官员及其眷属，均未受传染。随后，番禺县令批准他们在县署西偏设立道教"省躬草堂"。这个处所，对内强调提高自身修养、修道登仙，对外施赠方药灵符防病治病，既是道堂，也是善堂。省躬草堂供奉的主神，是道教传说中"黄帝之师"广成子。

草堂发起人除文人外，还有一些商人，如黎沃荣（黎巨川）即是当时著名的建筑商。省躬草堂在晚清"新道教运动"[①]的大潮下诞生。与职业道士主持的传统道教庙宇不同，新道教运动的参与者，是文人、商人、乡绅以及专业人士。他们都有自己的职业或收入来源，不以此为生，不接受外界捐献，自己还要不断奉献金钱与劳动。这些道堂，大多建在远离尘嚣、风光旖旎的山林荒野，省躬草堂则是其中的例外，建在城中心官府衙门之中。1933年，省躬草堂在香港郊外人烟稀少的大埔设立分堂，算是回归主流。1953年，广州省躬草堂停止活动，大埔省躬草堂则延续广州道脉至今。

草堂因鼠疫爆发而成立，禳病消灾是其题中应有之义。当时广州慈善界的领头羊爱育善堂，其应对方法是施医赠药；草堂打出的则是一套"组合拳"：书符、施药与"巡游清疫"并举。在今日"科学主义"的眼光衡量，书符与巡游并非有效的治疫手段，但却适应了当时人们的心理。

草堂对时疫的发生，有一套自己的解释："外为习染所污，内为私欲所蔽；梗顽妄作，淳朴远逊乎先民；怙恶不悛，狡诈遂成为

[①] 晚清这场道教革新运动，含有"三教合一"意味，学界暂时未能给出统一的称谓，有"新道教运动""道堂运动""鸾堂运动"等多种说法。

故态。以致上天震怒，叠降灾祲；愚民无知，同罹苦厄。"（《省躬录》初集卷二）这种解释，是将时疫发生归咎于人心不古，沾染恶习，以致上天震怒，降下瘟神，即从天人感应的传统理论出发，认为不道德行为是瘟疫发生之因，故必须虔诚敬神、内自修省，方能治根。短期内，则要佩戴神符、请神巡游来驱赶瘟神，医药反而是辅助性的。

草堂供奉神像，有降乩、灵签等道教信仰内容，也被附近的居民当作是道教庙宇。1901年初夏，当鼠疫再次流行的时候，番禺县知县钱溯灏代表广州城居民，两次恳求"请祖师出巡，以消疫气"。草堂答应了这个请求，于农历四月二十四日，将祖师像升入鸾台，巡游老城内各街。有意思的是，河南（今海珠区）各乡听闻广成祖师巡游省城内外，乃于五月十四日前来恳求，意思是不能厚此薄彼。出巡之日，选童子八人，穿八种不同颜色衣裳，发梳双髻，帽画八卦，赤足而行，左手柳枝，右手法水，沿途洒水烧符，施放炮仗。① 从医学上说，这些法术毫无消毒功能，但民众真心诚意相信，祖师巡行能赶走瘟神，迎来洁净。故而祖师出巡活动，仍然被视作"善举"。

草堂在早期的善举以施赠药签、药品为主，逐渐发展到开办义诊，高峰时期，每日有一百多人前来求医治病。1911年，草堂同人出资成立药店"圣和堂"，负责精炼膏丹丸散。1915年，草堂向番禺县署申请增拨土地，建成种痘厅，为居民免费接种牛痘防治天花。民国初年广州、肇庆发生洪灾，草堂曾分五路派出队伍，前往灾区直接赈济。

草堂在传承的基础上，对道教制度有所创新。草堂按入坛先后、修为高低，将信徒分成不同代次，用不同道号加以标识，第一代道徒用一个"省"字，如潘善宝为"潘庄省"，潘珍堂为"潘慈省"。后来，因潘善宝对草堂贡献巨大，祖师赐号为"诚意体子"，并赐"簪

---

① 志贺市子：《近代广州的道堂——省躬草堂的医药事业及其适应战略》；梁其姿：《道堂乎？善堂乎？清末民初广州城内省躬草堂的独特模式》，《变中谋稳：明清之近代的启蒙教育与施善济贫》，上海人民出版社2017年版，第171—197页。

冠"（佩戴道冠）；潘珍堂蒙赐号为"达锐颖子"，赐簪冠。对道行高、贡献大的信徒加以奖励，有利于提高对草堂的认同感。更有意思的是，高层次的信徒"功圆"（仙逝）以后，祖师会给他的灵魂安排一个寄托之所，如名山终南山、普陀山等。已经"功圆"的高层次道徒，祖师会安排他的灵魂以扶乩形式在草堂"现身"，与之前朝夕相处的道侣打招呼问好。在草堂所营造的浓厚道教氛围之下，尚在修道过程中的道侣，通过"功圆"道兄的现身，看到自己行善修道必将"得道升仙"的希望，坚定了信仰，加强了从事善举的动力。这也是省躬草堂在历经曲折之后，至今仍在香港巍然屹立的重要原因。

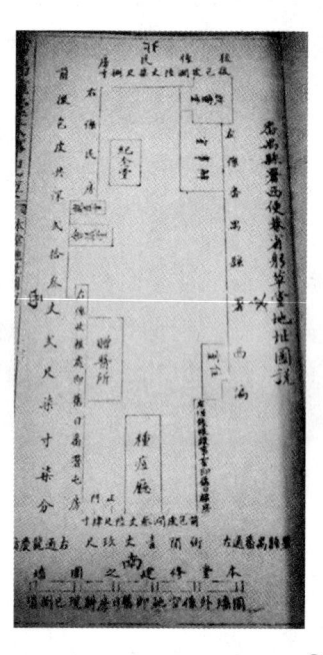

图3—7　省躬录初集封面①　　　图3—8　省躬草堂地址图说②

晚清以来，广府"新道教运动"蓬勃发展，除省躬草堂外，芳村（以及南海西樵山）黄大仙信仰、横沙抱道堂、西关至宝台慈善

---

① 省躬草堂《省躬草堂大事纪要》，广东省立中山图书馆藏。
② 省躬草堂《省躬录初集》，广东省立中山图书馆藏。

会等独立道堂，均将神仙训诲与慈善事业相融合，显示道教信仰已从个人"得道升仙"扩展到积极投身社会公益，对"三千年未有之大变局"作出应对。其慈善事业有如下特征：1. 继承道教修道成仙必须行善的古老传统而有所发展；2. 以天人感应、因果报应来解释流行病的发生；3. 以中医结合道术来治理疫症，消除人们的恐慌心理。道堂所从事的治疫工作一定程度上填补了政府职能的不足，也发挥了安定社会人心的积极作用。即使是在当今科学昌明、公共医学发达的香港，道堂在慈善事业方面仍有其不可替代的功能。

本章小结

综上所述，中国的宗教慈善呈现出丰富多元的格局，宗教精神亦由此而深刻地渗透到华人慈善的历史与文化之中。自晚清以来，宗教慈善愈加体现出多重宗教杂糅的特点。这与欧美基督信仰体系长期占据主流的格局有着很大不同。

从慈善资源的角度来看，宗教无疑是一个重要而有益的社会资源。但也有一些观点认为宗教借慈善之名进行传教，也方便了境外势力利用开展慈善事业活动进行宗教渗透。[①] 这也常常容易引起当权者的警惕。早在清末新政时期，地方政府就采用"寺产兴学"政策，占用各类宗教场所。新文化运动以来，唯科学主义与无神论在中国知识界渐渐普及，20 世纪 50 年代以后更以全方位的力量致力于开展"破除迷信"运动，在半个世纪里宗教曾长期处于被排斥的地位。

改革开放以后，在社会流动加速、贫富分化有所加剧、老龄化开始出现的当下，在规范管理的前提下发展宗教慈善，可为社会转型过程提供一定的润滑剂。2012 年 2 月 26 日国家宗教事务管理局联合中

[①] 参见《发挥宗教界人士和信教群众在促进经济社会发展中的积极作用——广东省宗教界参与和兴办社会公益慈善事业调研报告》，中央党校省部级干部进修一班（第 42 期）B 班调研组，中国宗教，2008（5）

共中央统战部、国家发展和改革委员会、民政部、财政部和国家税务总局联合印发《关于鼓励和规范宗教界从事公益慈善活动的意见》（国宗发〔2012〕6号）。《意见》指出："宗教界从事公益慈善活动，有深刻的信仰基础、悠久的历史传统、较高的社会公信度。鼓励和规范宗教界从事公益慈善活动，是新形势下贯彻党的宗教工作基本方针、引导宗教与社会主义社会相适应的必然要求，是发挥宗教界人士和信教群众积极作用的重要途径，也是促进我国公益慈善事业健康发展的有益补充。"因此未来的发展趋势如何，仍有待更多的观察与研究进行探讨。

【延伸阅读材料】

1. 王银春：《慈善伦理引论》，上海交通大学出版社2015年版。

2. 周秋光、曾桂林、向常水、贺永田等著：《中国近代慈善事业研究》之"宗教慈善篇"，天津古籍出版社2013年版。

3. 嘉惠霖：《博济医院百年（1835—1935）》，沈正邦译，广东人民出版社2009年版。

4. 梁其姿：《变中谋稳：明清至近代的启蒙教育与施善济贫》，上海人民出版社2017年版。

5. 陈进国：《救劫：当代济度宗教的田野研究》，社会科学文献出版社2017年版。

第四章　族群与慈善

我国自古以来就是一个多民族的大国。不同的民族有着多姿多彩的文化，在漫长的历史脉络中也发展出了自己的慈善思想和慈善实践方式。这些实践方式有着不同于现代慈善的特点，其慈善思想有些是源自本民族的独特信仰和文化，有些则受到儒释道等以汉族为中心的传统文化的影响。民族慈善是促进民族团结、民族发展和进步的重要力量，因此，中国多元的民族慈善值得进一步去研究、探讨、传播和传承。本章将从民族文化的多样性出发，简述各个民族的慈善概况，同时将藏族、回族、傣族和汉族客家作为民族慈善的个案进行阐述，并对民族慈善的特点和局限性作出讨论。

第一节　定义特征

中国多样的生态结构孕育了中国多元的民族文化。中国位于亚欧大陆东部，太平洋西岸，大陆面积有960万平方千米，仅次于俄罗斯和加拿大，居世界第三位。中国南北跨越了热带、亚热带和温带，东西则共跨了五个时区，时差达4个多小时，当最东端的乌苏里迎来一天的第一缕阳光之时，最西端的帕米尔高原还是满天繁星。[①] 从西至东，中国可分为由高到低的三级阶梯，第一级阶梯主要为青藏高原以及外围的高耸山脉，第二级阶梯主要包括各大高原和盆地，第三级阶

---

① 吕拉昌、李文翎：《中国地理》，科学出版社2012年版，第12页。

梯则由宽广的平原和丘陵组成。中国独特的地理区位和复杂多样的地貌地形，使得中国成为一个极具物种多样性与文化多元性的国家。费孝通先生在《中华民族的多元一体格局》中说道："民族格局似乎总是反映着地理的生态结构"[①]，但其实生态结构也反映着民族格局。

中国这块土地自古就有很多文化各异的族群繁衍生息，不论是春秋战国时期的东夷、西戎、南蛮、北狄，还是三国两晋南北朝时期的匈奴、乌桓、鲜卑、氐、羌等，抑或是五代及宋元时期的契丹、女真、蒙古等，都是对古代各个不同族群的命名。经过漫长的历史发展，中国的多元民族文化不断融合，但也保持着各自的特点。

人类学、民族学界关于"民族"与"族群"的概念有过许多讨论[②]，但都倾向于认为族群更像是一个文化的概念，而"民族"是一个政治的概念。因本章突出的是民族的文化含义而非政治含义，在文中也会对民族内部某些族群的慈善行为进行论述，故标题使用的是"族群与慈善"。在新中国成立之后，为了更好地进行民族工作，落实民族政策，20世纪50年代，政府开始了一系列的民族识别工作。到1953年汇总登记下来的民族名称据称有四百多个。[③] 1954年，仅云南省就有二百六十多个族体上报族称。[④] 由此可见我国的族群多样性。不过，经过了二十多年的民族识别工作，到1979年底，我国共识别出55个法定的少数民族。自此，中国基本确定了包括汉族在内的五十六个民族的基本格局。经过识别后的各个民族，不论人口多少、发展程度高低，都享有平等的政治地位，但是各个民族在文化上仍旧具有很多差异性，呈现出"和而不同"的局面。

在56个民族中，人口最多的是汉族，据2010年第六次全国人口普查主要数据显示，汉族约占全国总人口的91.51%，其他55个民族

[①] 费孝通：《中华民族的多元一体格局》，《北京大学学报》（哲学社会科学版）1989年第4期。

[②] 可参考徐杰舜：《论族群与民族》，《民族研究》2002年第1期；潘蛟：《"族群"与民族概念的互补还是颠覆》，《云南民族大学学报》（哲学社会科学版）2009年第1期等。

[③] 费孝通：《关于我国民族的识别问题》，《中国社会科学》1980年第1期。

[④] 林耀华：《中国西南地区的民族识别》，《云南社会科学》1984年第2期。

总人口偏少,约占全国总人口的8.49%左右,故称其为少数民族。中国各民族分布的特点是:大杂居、小聚居、相互交错居住。各个民族之间在长期的互动交流中不断融合,但是在民族语言、饮食、服饰、节日庆典等方面仍旧保留着本民族的一些特色。

按照语言来分,56个民族可以分为汉语民族、满—通古斯语族、蒙古语族、突厥语族、藏缅语族、壮侗语族、孟高棉语族和苗瑶语族等。在饮食方面,我们很容易就能想到藏族的糌粑和酥油茶、蒙古族的烤全羊和奶豆腐、朝鲜族的冷面和各种各样的汤食,这些不同的饮食习惯在日常生活中有意识或无意识地塑造着各民族不同的习性。而在服饰方面,回族的小白帽和盖头、赫哲族的鱼皮衣、独龙族的独龙毯、蒙古族的蒙古袍、傣族的筒裙等都能从其制作材质和装饰设计中透露出不同地域和具有不同信仰的民族文化信息。又如春节是中国大部分人民都会庆祝的一个重大节日,但是少数民族也有自己的"春节",比如藏族的"藏历年"、门巴族的门巴年、羌族的羌年、彝族的彝历年等,而且每个民族庆祝节日的方式也各不相同。总之,在中华民族多元一体格局中,56个民族具有文化差异性的"多元",正是这些多彩的民族文化丰富了中国文化的内涵。

各民族文化的多样性孕育出了多样的慈善行为。慈善的实践也有不同的方式和类型,但毋庸置疑,慈善是一种促使民族认同和延续的力量。在历史上,各个民族在面临残酷的生存考验时,为了获得生存、发展和进步,必定会"抱团取暖",采取一定的方式互相帮扶,共渡难关,有的甚至会发展出相应的文化机制去应对各种可能发生的天灾人祸,这些都属于民族或族群内部早期自发的公益慈善实践。因此在各民族内部都有着基于各自民族文化和历史的慈善思想和慈善实践,这些都是促进民族认同团结和发展的重要力量。不过,本章讨论的"民族慈善"并不是所有民族的慈善思想或慈善实践,而是那些有利于民族自我认同和推动民族间融合的慈善行为。目前学界有很多学者研究民族文化和民族发展,也有很多学者研究现代的慈善行为,但关于民族慈善的研究相对而言比较少。

第二节 历史逻辑

民族文化的多元性决定了民族慈善的多样性,仔细探寻民族文化,我们可以发现很多有趣的民族慈善。我们大致可以将民族慈善分为以下几类:第一,有些民族的慈善思想的弘扬和实践与节日直接相关,以周期性节日仪式的方式传承慈善文化;第二,有些民族则在庆祝节日之时会伴随着进行一些慈善活动,慈善虽然并非是节日的目的,却也能达到慈善实践、慈善思想传播及传承的效果;第三,还有一些民族的慈善行为与宗教信仰密切相关,信仰不仅促成了民族慈善思想的发展,也激励着慈善行为的实践;最后,也有基于民族认同感和归属感,而在日常生产生活中发生的慈善行为。这些民族慈善形式多样,能丰富和扩展我们对于慈善的认识。

主要分布在东北的朝鲜族将尊敬和孝顺老人奉为重要的美德。他们把尊重老人视为家庭乃至整个社会生活中的重要礼节。为庆祝老人年满60周岁而举办的"花甲宴"、70周岁的"稀寿宴"、80周岁的"伞寿宴",还有结婚60周年的"回婚礼",都是他们特别讲究的活动,也是朝鲜族家庭极为重视的活动。另外,1985年,延边朝鲜自治州政府正式决定每年8月15日为"老人节",每逢老人节,延边都要举行庆祝节日的娱乐活动,穿着节日盛装、打着彩旗、载歌载舞的老年人队伍纷纷到当地广场公园或活动场所,表演文艺节目,参加各种趣味游艺活动和体育比赛。许多单位还组织到养老院慰问老人等。[①]而黑龙江省的朝鲜族则一般是在每年的六月二十左右或九月三日举办"老人节",各地朝鲜族除成立老人协会外,还定期举行各种有利于老人健康的活动,传统的敬老习俗得以发扬光大,每逢过老人节时,(晚辈)先和家里的长辈依次恭喜问安,接着到邻里的其他老人家去

---

① 郑信哲、李文昕:《朝鲜族史话》,社会科学文献出版社2016年版,第119页。

问好祝福。[①] 朝鲜族的"老人节"不仅在思想上弘扬了"尊老"的文化，让更多人去关爱老人，形成一种良好的社会风气，而且也从行动上去关爱老人，真正实践了"老吾老以及人之老"的古老慈善思想，而且这种尊老敬老文化能通过周期性的节日和仪式在社会中得到传承。

生活在帕米尔高原上的塔吉克族，他们的引水节（塔吉克语"祖吾尔"、"孜瓦尔"）和播种节（塔吉克语"台哈莫孜瓦斯特"、"铁合木祖瓦斯节"）都属于农事节日，同时都蕴含着公益慈善的思想，其中的一些仪式活动也属于慈善行为。塔吉克族聚居的帕米尔高原地区纬度高，海拔也高，春季仍旧比较寒冷，河流化冻较晚，再加上降水稀少，无法依靠雨水来进行灌溉，只能在每年的早春破冰引水。而破冰行为绝非一个人的力量所能完成，于是在集体破冰中形成了"祖吾节"。节日前，全村人要去河岸两边，往冰层撒土，促使冰融化。每家还要烤制三个大馕，一个留在家里，两个携往工地。放在家里的，是为劳动回家来不及做饭所备。节日这天，全村人在水官"穆拉甫"的带领下，骑马到引水点，参加修渠、破冰、引水劳动。目前已经不再是"穆拉甫"带领，而是公推一位有威望的人带领。引水入渠后，人们不约而同地跪在地上共同祈祷，共同分食各自带来的大型烤馕，以示风调雨顺、五谷丰登。[②] 这种志愿性的、友爱的、利他也利己的家家互相帮扶的集体活动，可以说是传统社区中公益慈善最自然的表达。

2006年5月20日，该民俗节日经国务院批准已经被列入第一批国家级非物质文化遗产名录。播种节也是在春天进行，是春播之前的一种庆祝活动。在节日这天，全村人会一起聚集到田野，各家各户都带一些种子过来，请村中德高望重的长辈来撒种子。撒完种子之后，由一人牵着耕牛到地里象征性地进行犁地。再请有福气的老婆婆坐于

[①] 罗正日：《黑龙江朝鲜族尊老爱幼传统美德风俗考》，《黑龙江民族丛刊》（双月刊）2013年第5期。

[②] 孙运来主编：《中国民族》（八），吉林文史出版社2014年版，第180页。

地的中间，男人象征性地围其转圈翻地，意为一家劳作，大家帮忙。因而，在春播期间，村里相互协作，气氛融洽，这正是因为生存条件艰苦，故非协作难以生存的写照。据说在旧社会的播种节，那些生活贫困、缺乏种子的人们，这一天全家人出动去接各家各户当天播撒的种子以解燃眉之急。① 塔吉克族的引水节和播种节既是农事节日，却也是一种发生在社区内部的互帮互助、扶贫济困的慈善行为，这种慈善促进了社区内部和民族内部的融合，也促进了整个社区和民族的共同发展。随着社会经济的发展，现在的撒种和接种或许仅仅只是一种仪式，但我们仍旧可以从这些传统的节日中看出塔吉克族慈善思想的光芒。

另外，也有一些民族的慈善行为与其宗教信仰紧密联系在一起，比如伊斯兰教对于维吾尔族、回族、柯尔克孜族等民族的慈善行为起到了一定的促进作用，又如藏传佛教对藏族慈善（观念）传统形成，小乘佛教对于傣族慈善文化延续的影响，等等。在中国新疆，分布着不同规模和样式的"麻扎"，麻扎是在穆斯林中实行的一种特殊墓葬制度，是中国新疆伊斯兰教圣裔或知名贤者的坟墓，也是维吾尔族穆斯林宗教活动的重要场所。较大的麻扎并附设有礼拜寺和经文学校。朝拜麻扎是穆斯林一项不可缺少的宗教活动，有时参与人数可达数万人。新中国成立前，礼拜寺和麻扎都有位数不等的财产，如土地、森林、房屋、店铺、牲畜、草场等，其来源主要是宗教税收和穆斯林捐献。② 这些围绕麻扎的捐赠行为，是慈善的一种体现，而这些财产有时候又会反过来用于支持社区公益慈善事业的发展，比如救济穷人，还可为远方的拜访者免费提供饮食和住宿等，这些都促进了当地社区福利事业的发展。

当然，也有一些民族的慈善行为是在日常生产生活中自然发生的，这些慈善方式并未固定为节日或者通过其他仪式得到弘扬，而是

---

① 孙运来主编：《中国民族》（八），吉林文史出版社2014年版，第181页。
② 杨圣敏、丁宏：《中国民族志》，中央民族大学出版社2003年版，第156页。

成为一种日常的民风民俗。这种慈善行为大多是源于其共同生活和共同的民族身份所产生的民族认同感和归属感,或者是基于共同生活而产生的社区认同感。比如相互济助是哈萨克族的一种传统美德,如果有人遭受自然灾害而生活困难时,大家都会送去粮食、衣物等;在生产方面,如剪羊毛、擀毡、打草、做毡房、修羊圈等,因为需要集体力量,大家都会前来帮助。帮助者从不索取报酬,仅主人宰羊招待一番即可。[1]

又比如生活在云南大理的白族人民,自明代开始,民间的一些村落就立有许多乡规民约,到清代蔚然成风,这些乡规民约中不乏公益慈善的思想和行为规范。比如:剑川东岭乡新仁里村于光绪二十三年(公元1897年)立条乡规,其中有关于救人急难方面的内容,该乡规为:凡遇水火盗贼,应闻声即起前往相救;有置若罔闻、安眠在家不出救应者,阖村重罚。本条认为村邻亲友遇危难时,应立即前往相救,如若不救,则是缺德行为,首先要道德谴责,其次还要给予经济惩罚。[2] 因此在白族社区中,无论谁家发生灾祸,如火灾、洪灾、房屋倒塌等,其他村寨的人们闻讯后均要拿出自己的粮食、衣物、木料等去帮助受灾的同胞。[3] 直到现代,白族社区仍旧注重社区中的互助行为,无论村中哪户人家办红白喜事,全村每家每户必定至少派一人代表家庭过去帮忙和庆贺,哪户人家若遭遇灾难,全村人也会尽力出一份力去帮助其渡过难关。

当然,这些慈善行为成为民风之后,很多时候也会内化并成为一种跨民族身份的慈善行为,比如热情好客的景颇族就一直保留着"吃白饭"的待客习惯。景颇语称之为"恋恋必作",即"无偿吃喝住宿",这种习俗是对熟识或不熟识的人均予以接待,无论到哪一寨、

---

[1] 杨圣敏、丁宏:《中国民族志》,中央民族大学出版社2003年版,第171页。
[2] 云南省编辑组:《白族社会历史调查(四)》,转引自王银春《白族传统慈善伦理及其当代价值》,《湖北民族学院学报》(哲学社会科学版)2012年第4期。
[3] 王银春:《白族传统慈善伦理及其当代价值》,《湖北民族学院学报》(哲学社会科学版)2012年第4期。

哪一家，景颇人都会视若家人，亲密无间。① 总之，这些日常生活中多元的慈善实践或许因其形式零散并未得到重视，但其实在当地社会中发挥着重要的作用。

从以上的论述中，我们可以发现民族慈善的一些特点：

首先，民族慈善与民族节日有着很大的关联，这种关联一方面表现在某些民族会将慈善行为固定为一个节日进行庆祝和强化，比如朝鲜族的老人节；而另一方面，某些民族节日虽然不以慈善为目的，但却会伴随很多种不同形式的慈善实践，比如塔吉克族的引水节和播种节、藏族的萨嘎达瓦节、穆斯林的古尔邦节，等等，这些伴随节日而发生的慈善行为也是民族慈善的重要表现形式。

其次，很多民族慈善与本民族的宗教信仰结合在一起，有些宗教信仰用明确的教义教规来促进民族慈善行为，比如伊斯兰教之于维吾尔族、回族等穆斯林民族，藏传佛教之于藏族、小乘佛教之于傣族，等等，这些教义教规成为塑造民族慈善传统的重要外在力量。与此同时，信仰也对信徒产生了一种内化的约束力，在这些宗教信仰的熏陶下，很多民族会自主进行很多慈善实践，慈善也内化成为其日常生活的一部分。

再次，一些民族慈善与当地的宗教组织或者宗教场所有着密切的联系，比如傣族地区的小乘佛教寺庙、藏族地区的藏传佛教寺院和回族地区的清真寺等，这些宗教场所是当地的精神文化中心，会对当地慈善思想的教育起到一定作用；同时，围绕寺院等宗教场所发生的一些慈善实践，比如向寺院捐赠财产等行为，在世俗生活中培养了这些民族的慈善行为，也影响了他们对于钱财的观念；当然，这些宗教场所也承担着一定的慈善功能，比如藏传佛教寺院对老人的照顾，等等。

另外，一些民族社区日常生活中的慈善行为也是重要的民间慈善力量，这些行为往往伴随着民族的日常生活和实践，平常可能大多数

---

① 孙运来主编：《中国民族》（六），吉林文史出版社2014年版，第65页。

人并没有意识到那是一种慈善行为,比如哈萨克人民在劳动中的互帮互助,又如白族人民之间的相互支持和遇到困难时候社区合力进行的扶危济困,这些慈善行为虽然微小,但是对于一个小社区来说具有重要的作用,对于民族内部的团结和发展也具有一定的作用,因此我们应该"看见"和多发现这些慈善行为,并有意识地采取适当的方式将其传承和保持下去。

最后,民族慈善在当代社会也产生了一些新的模式,一些民族成功人士会成立基金会支持本民族人民的发展,或在当地政府支持下成立的以现代模式进行运营的慈善机构,比如自身就是凉山彝族的侯远高老师联合了许多彝族知识分子,在凉山州政府的支持下,成立了彝族妇女儿童发展中心。[①] 这些主要是基于民族身份认同和归属感而产生的民族内部的互助行为;也有的用自己本民族特色的活动来实践慈善行为。这些新兴的民族慈善实践应该得到鼓励与支持。

民族慈善是促进民族发展和整个社会进步的重要推动力量。首先,民族慈善思想和实践往往与各民族的文化传统联系在一起,发扬民族慈善的同时,也能促进民族优良文化传统的传承和发展,这也有助于我国多元文化的保存;其次,民族慈善涉及敬老、济困、扶弱、互帮互助、环保等各个领域,能在一定范围内促进社会公平稳定、环境友好和谐;再次,一些慈善行为是因民族认同感而产生的,反过来,这些慈善行为也能强化民族认同感和归属感,促进民族内部的团结和共同发展,增强民族认同和民族自豪感;最后,《中华人民共和国慈善法》已于2016年9月1日起开始施行,这说明国家正在大力支持慈善事业的发展,在这样的环境下,我们更应该重视和支持多元民族慈善的发展,把民族慈善当作我国慈善事业的一部分进行建设,这也能从总体上促进我国慈善事业的多元健康发展。

不过,我们也应看到民族慈善的一些局限性。首先,部分民族慈

---

① 侯远高:《人类学视野中的慈善公益与民族发展——〈民族画报〉访侯远高教授》,《共识》2013年秋刊10。

善仅仅局限于本民族地区或者本民族，有些民族慈善是基于本地区的熟人社会以及本民族的身份认同产生的，覆盖的人群和地域有限，因此较难得到推广和大力发展，而且有的民族慈善在加强民族内部认同的同时，也可能产生对外的排斥；其次，有些与民族节日相关的慈善行为已经发生了变迁，有些慈善思想甚至已经从民族节日中退场；另外，除了制度性宗教影响下的民族慈善之外，其他的民族慈善较为零散，有的并未形成一定的文化机制，因此不利于管理、传承和发扬；最后，国家对于民族慈善的重视程度不够，没有相应的法律政策来进行推行和保障，因此要真正复兴一些优秀的民族慈善传统仍然任重而道远。

第三节　典型实践

一　藏族

据2010年全国人口普查统计，全国藏族有6282187人，总人口占全国的0.4713%，是中国的第八大民族。藏族是一个跨境民族，在印度、不丹、美国、加拿大和欧洲等地均有藏族分布，但大部分集中在中国。中国境内的藏族主要分布在世界上海拔最高的青藏高原，其他则主要分布在青海省、四川省西部、云南迪庆和甘肃甘南等地。藏族使用的语言属汉藏语系藏缅语族藏语支。按藏族传统的地理概念，整个藏区分为卫藏、康区和安多三大区域，因此，藏语又按以上地理划分为卫藏、康巴、安多三大方言区。[1] 藏族的信仰文化大致可以分为三类：一是广泛存在于乡村牧区的民间信仰（大多保留了原始信仰的特点）；二是以原始信仰为基础而发展而来的苯教；三是7世纪佛教传入藏地后逐渐发展形成的藏传佛教。[2] 这三种信仰文化对于藏族的慈善传统都有着深远的影响。

---

[1] 杨圣敏、丁宏:《中国民族志》，中央民族大学出版社2003年版，第200页。
[2] 丹珠昂奔:《藏族》，辽宁民族出版社2015年版，第34页。

目前大部分藏族人信仰的是藏传佛教，属大乘佛教。藏传佛教对藏族人民的政治、经济、文化、教育等各个方面都具有深刻的影响，渗透于日常生活中的方方面面。藏族是一个有着很深慈善传统的民族，而这种慈善传统的形成、实践和传承均与藏传佛教的信仰有着重要的关联。

对藏族而言，佛教不仅是宗教信仰，更是文化形态和生活方式，它造就了藏族的思想文化和民族性格，建立了藏族的核心价值观念。在藏族社会中，无论是佛教法事活动、藏历年节日、草原盛会、婚丧嫁娶等重大活动，还是藏民的日常生活起居，无处不受到佛教道德准则的影响。佛教教义中蕴含了丰富的慈善伦理意蕴，比如佛教以"慈悲为怀"，主张慷慨布施，认为只有多多行善往生才能进入极乐世界，这些都是构成藏族慈善的精神基础。而佛教中的一些内容已经成为藏族人民的一套道德标准，比如藏传佛教道德中有"十善法"，即不杀生、不偷盗、不邪淫、不两舌、不恶口、不绮语、不贪欲、不嗔恚、不邪见。

"十善法"不仅渗透到每一位出家僧尼的心灵深处，而且强有力地约束着广大信教群众的社会行为，并对藏民族的世俗道德也产生积极影响。藏族人民留给大多数人乐善好施、助人为乐、扶助弱者、心地善良等印象即受到了诸如"十善法"这些宗教信仰的影响，可见宗教信仰不仅仅是藏族人民的精神财富和慈善伦理，也已经内化为他们的民族气质并通过日常的慈善实践体现出来。

另外，佛教还特别重视"布施"，并将布施列为"六度之一"（施度，戒度，忍度，精进度，禅度，慧度），布施一般可分为财施、无畏施（让他人解除恐怖或助人于危难之时等）、法施（将至高佛法讲授给他人），等等。财施包括财产和自己的身体施舍给他人，比如很多藏族人民都会积极主动地将自己的财产捐赠给寺院。而另一种财施则体现在藏族独特的丧葬仪式"天葬"中。[①]

---

① 才让：《藏传佛教信仰与民俗》，民族出版社1999年版，第219页。

由此可知，藏族人民的慈善观念涉及方方面面，而且贯穿一生，可谓达到了极致。另外，在一些藏族的节日中，我们也可以看到很多布施的行为，比如萨嘎达瓦节。藏历四月十五日是释迦牟尼入胎、成道、圆寂日，故称藏历四月初一至十五日为"萨嘎达瓦"（善果期），各地藏民在这些日子里都要磕长头，朝佛念经，做种种功德。①

这个节日有两项重要的内容，一是转经，二是施舍。人们认为：通过施舍，佛祖会看出那些富人是否有普度众生、慈悲为怀、积善积德的志愿，以便将来给他们公正的评判奖罚。家底殷实的人家，还有外地来还愿的香客，以及在拉萨发了财的异乡商贾，大多都会前来施舍，一来报答佛祖的恩惠，表示自己时时铭记佛祖的教诲，二来显现自己具有慈悲为怀、普度众生的心愿，以求得好的报应，有个好的命运。② 因此，每年的萨嘎达瓦节都会有很多穷人聚集在路边静静等待施舍，在节日中的施舍似乎被认为是一种具有神圣性的行为，布施者和接受施舍的人都处于平等的地位，穷人在这种神圣的慈善氛围中得到帮助，因此这个节日又叫"穷人节"。

藏族人民认为佛教是由"佛、法、僧"三宝组成，只有三宝都具备才是完整的佛教实体，而三宝的有机结合只能通过寺院来完成。藏传佛教的寺院是藏区的信仰中心和宗教活动中心，也是藏传佛教文化传播和研究的中心，同时是藏区重要的经济实体，寺院在藏族社区勾连着文化、经济、教育、人力、物力等各个方面的内容，在藏区具有重要的社会功能，其中就包括倡导和实践公益慈善的功能。藏族人民以建造寺院、修缮殿堂，并向寺院以布施的形式无偿"投资"等行为作为一种修善积德的途径，甚至成为一项高尚、伟大的事业。③

---

① 丹珠昂奔：《藏族》，辽宁民族出版社 2015 年版，第 108 页。
② http://www.360doc.com/content/15/0502/17/19962827_467488240.shtml，西藏视窗：《萨嘎达瓦节（又叫穷人节）》，2015-05-02。
③ 尕藏加：《藏传佛教与青藏高原》，江苏教育出版社、西藏人民出版社 2004 年版，第 305 页。

因此，在布施以求功德的宗教逻辑下，藏族人民的慈善行为在藏区寺院的运作和维持中得到很好的体现。而反过来，寺院也在通过多种途径和方式进行公益慈善的活动。比如一部分寺院会利用寺院的建筑、土地、手工艺和资金开展多元的生产经营活动，这不仅能发展壮大寺院的集体经济，为寺院的消费进行补给，而且能带动当地农牧业的发展，同时还能利用盈余进行慈善捐赠。比如以四川甘孜藏族自治州的大金寺为例，该寺租种土地1000余亩，每年的粮食收入供寺院僧人生活所需和宗教用途之外，还用来救助贫困农牧民。[1]

另外一个典型的例子则是藏区寺院对孤儿和孤寡老人的救助。藏区有许多孤儿和由于各种原因而出现的弃儿的教育问题是一个大的难题，在这一方面，藏区寺院的慈善救助行为表现得相当成熟和积极。在藏区相当常见的由寺院和僧侣投资兴建的扶贫学校就是一个很好的佐证。[2] 而关于养老问题，寺院也已经形成了较为成熟的慈善救助模式，主要可分为居舍养老和机构养老两种，佛教寺院养老利用其宗教信仰、教义教规等，依托宗教活动场所或养老机构，为老人、居士提供生活照料、精神慰藉等。[3] 寺院养老可以说是一种高级的慈善方式，因为它不仅为老人提供了物质上的慈善救助，而且在精神方面也给予老人慰藉，在一定程度上解决了藏区的养老问题，促进了藏族地区的和谐。

除了藏传佛教的影响，藏族地区的原始信仰和苯教对于藏族人民的慈善行为也具有深远的影响。藏族人民的慈善精神不仅体现在人与人之间，还体现在人与大自然之间。2016年发布和实施的《中华人民共和国慈善法》将"保护和改善生态环境"作为慈善公益活动之一，而藏族人民有着保护自然和爱护自然的悠久历史传统，这与苯教

---

[1] 丁莉霞：《当代藏传佛教寺院经济现状及其管理探析》，《世界宗教文化》2014年第1期。
[2] 蒲生华：《藏区寺院的社会慈善功能》，《南昌教育学院学报》2012年第27卷第4期。
[3] 荣增举：《青海藏区寺院养老模式的调查与思考——以班玛县扎洛寺为例》，《社会工作与管理》2016年第16卷第3期。

以及原始泛灵论的信仰密切相关。在佛教进入藏区之前，藏族人民大多信仰万物有灵和苯教，这两种信仰在某些方面是相通的，比如都相信万事万物，包括植物、动物、河流、山脉等都无不存在灵魂。

佛教进入藏区之后，这些信仰仍旧某种程度地得到保留，因为藏传佛教也相信灵魂的观念。在这方面，最为典型的就是藏族人民将悠久的神山崇拜信仰与佛教体系结合起来，至今仍旧是构成藏族人民信仰的重要组成部分。藏族人民将宏伟的山看作神灵，赋予山以神圣性的身份和地位，并衍生出一套神山的祭祀活动，比如拉泽（在神山的山顶、山腰、豁口等处用石堆、树枝、羽箭、经幡等筑起祭祀物，象征为神灵所依之处）、桑确（在祭坛上堆放柏枝、糌粑、酥油以及不同形状的"朵马"等供品，用火将其点燃，最后向祭品上洒净水，以此献祭神灵）等。[①] 神山崇拜在信仰上塑造了藏族人民对待自然的敬畏和敬重的心理，因为他们相信山具有神圣性，因此山上的一草一木、一花一石都需要受到保护；而神山崇拜里的仪式实践则在不断强化着这些信仰，也以真正的仪式行为将保护自然外显于"行"并代代相传。

二 回族

回族是一个人口较多、分布广泛的少数民族，据 2010 年人口普查统计，中国回族有 10586087 人，在全国各民族中仅少于汉族、壮族、满族的人口，居于第四位。回族的分布特点是"大分散，小集中"，在全国绝大多数的县市几乎都有回族分布，而以宁夏、甘肃、青海、新疆、河南、河北、山东、云南等省区人数较多；又由于历史和生活习惯等方面的原因，凡有回族分布的地区，多以清真寺为中心聚族而居，一般是在城市自成街道，在农村自成村落，形成大小不一的聚居区。[②]

[①] 周拉：《略论藏族神山崇拜的文化特征及功能》，《中央民族大学学报》（哲学社会科学版）2006 年第 4 期。

[②] 杨圣敏、丁宏：《中国民族志》，中央民族大学出版社 2003 年版，第 55 页。

回族主要信仰伊斯兰教，伊斯兰教对于回族的饮食、服饰、生活习俗等各个方面都产生了深刻的影响。在服饰方面，回族的男子多戴没有帽檐的小白帽，俗称"回回帽"；而女子多戴各种花色的头巾，波斯语音译为"戴斯达尔"。在饮食方面，回族一般只食用符合伊斯兰教规和风俗习惯的"清真食品"。在出生、婚礼和丧葬等仪式方面，回族也深受伊斯兰教的影响，慈善也不例外。一方面，穆斯林的教义教规中有明确关于回族慈善的规定，要求信徒要从事一定的慈善活动，这是以制度化的形式促进回族的慈善；另一方面，回族的一些宗教节日有着慈善的传统，在这些周期性重复的仪式中，慈善思想和行为得以代代相传；当然，回族在当代也发展出了一些新的慈善模式，比如建立基金会对孤老病残和贫困家庭的学生进行资助，等等。

伊斯兰世界虽然教派林立，各派穆斯林尽管在一些具体的礼仪上有一些细微的差别，但其总的信仰原则却是一致的，这就是伊斯兰教的"六大信仰"，即信真主、信天仙、信使者、信经典、信后世、信前定。除了强调思想上的信仰之外，伊斯兰教还确定了一系列宗教功课和礼仪，以达到思想信仰与行动的统一。其宗教功修主要包括念、礼、斋、课、朝五项，中国回族学者称之为"五功"，即五项宗教功课："心有念功，身有礼功，性有斋功，财有课功，命有朝功。"[1]

这五项功课中的"财有课功"是指穆斯林需要把财产的一部分捐献出来，是法定的宗教赋税，因为这部分财产有时候用于扶贫济困，所以又叫作"济贫税"，亦称"天课"。天课要按财产比例来交纳：商品和现金是生活盈余的2.5%，农产品是生活盈余的1/10—1/20不等。回族的天课一般是每年向清真寺交纳学粮，供阿訇、满拉的生活费用；开斋节时按家庭人口计算交纳"开斋捐"；平日对穷人施舍等。[2] 回族的天课是一种将慈善救助制度化的行为，通过将"天课"定为穆斯林的五大课功之一，就能从制度上保证慈善行为的发生，这

---

[1] 杨圣敏、丁宏：《中国民族志》，中央民族大学出版社2003年版，第59—60页。
[2] 同上书，第60页。

不仅能实现个人的提升和体现对宗教的虔诚,也使得慈善救助成为所有穆斯林都有义务承担的社会责任。除了天课的强制性,伊斯兰教还提倡随意自愿的"赛德格",即施散。与天课的强制性、规定性相比,"赛德格"更自由,它是自愿的、随意的、受鼓励的。①

回族有三大节日,即"开斋节"、"古尔邦节"(又称为宰牲节、忠孝节)和"圣纪节",全国各地的回族同胞几乎都要过这三个节日,而在这些节日中都会伴随着一些慈善行为。开斋节前的一个月,是回族人民的"斋月",凡已成年(女9岁,男12岁)身体健康、理智健全、长期居家的男女穆斯林都应在莱麦丹月(伊斯兰教历9月)封一个月的斋。② 在斋月期间,回族人民白天不得饮食,只能在黎明前和日落后进食,而且禁止房事,并戒除一切非法的言行和邪恶的念头,提倡行善。封斋是伊斯兰教的五大功课之一"斋功"的体现,是每个穆斯林都必须履行的使命。斋戒的目的是为了磨炼意志,锻炼忍耐精神,体恤饥寒贫困者,戒除生活上的贪欲。③

与此同时,也有教法学家解释"斋戒是为了让有钱人品尝饥渴滋味,以使他们不要穷奢极欲、挥霍无度;要节衣缩食,省出钱来周济穷人"。斋月本身就具有慈善的因素,它也通过回族的宗教仪式来培养人们的同理心,从而帮助其养成一定的慈善意识。当封斋到了九月底,回族人民在傍晚的时候都会观察天空,如见新月则斋戒结束,次日就是开斋节。开斋节这一天,回族穆斯林要沐浴洁身,到清真寺参加会礼,回族人家要炸油香、馓子、探亲访友、走坟、待客,同时自愿向清真寺出散乜贴(布施),向老弱病残、生活贫穷无靠的人施舍,因此开斋节又被称为"济贫节"。④

回族的另一个节日"古尔邦节",是阿拉伯语"尔德·菲图尔"的意译,意为"献牲",故又称"献牲节"、"宰牲节",回族俗称

---

① 虎利平:《回族慈善公益实践之路的探讨与思考》,《中国穆斯林》2012年11月。
② 马文学:《开斋节的来源、礼仪和习俗》,《民族大家庭》2007年6月。
③ 杨圣敏、丁宏:《中国民族志》,中央民族大学出版社2003年版,第60页。
④ 罗荣轩、何克俭:《清真寺与回族节日》,《回族研究》1991年第3期。

"忠孝节"。这一节日是在开斋节后的第七十天，即伊斯兰教历12月10日举行，即穆斯林去麦加朝觐的最后一天。这一天也要像开斋节一样沐浴着盛装，参加会礼、互相拜贺，还要制作回族特色的食物，即炸油香和馓子，除此之外，还要宰杀牛羊庆祝，并实行共餐。而宰牲的肉要分成三份：一份自家吃，一份分送给亲朋好友，另一份要济贫施舍。另外一个节日"圣纪节"，是纪念伊斯兰教先知穆罕默德的诞辰和逝世的纪念日。在圣纪节当天，要先到清真寺诵经、赞圣、讲述穆罕默德的生平事迹，之后自愿捐赠粮、油、肉和钱物。[1] 从对回族这三个主要节日的描述中，我们可以看到帮助穷人和扶贫济困的慈善行为已经成为他们节日中必不可少的习俗之一，这些慈善行为也在节日中得以传承和发扬，而且欢度节日是一个集体性的行为，因此慈善行为就更容易在集体中传播和强化。

图4—1　宽定微公益（跨宗教合作组织）活动现场[2]

和藏族的寺院一样，清真寺在回族人民的生活中也扮演着重要的角色，而且也是回族公益慈善实践和教育的重要场所。清真寺是

---

[1] 许宪隆、张龙：《回族》，辽宁民族出版社2014年版，第78页。
[2] 何瑞拍摄。

通向至善——真主安拉的一条通道,也是穆斯林通向彼岸乐园的一条通道。作为穆斯林,不能仅仅滞留在尘世欲望之中,也不能人为地去另凿一条通道,简捷地把自己抛向乐园,而是要凭靠自己在清真寺所做的拜功。信六大信仰,日常生活之中坚持施舍,以实际的行动来完善他们的德性。一旦德性完善,德性之善的本性将他们引向彼岸乐园,这是穆斯林们终极关怀的境域。① 清真寺对于回族人民来说是圣洁、庄严的场所,在这个场所内应杜绝一切邪恶的行为和思想,而主张纯净和向善。而回族的一些重大的节日都需要去清真寺进行一些宗教活动,而在这个过程中都伴随着对清真寺的施舍和捐赠行为,比如在开斋节时回族人民用于济贫的开斋捐就是在清真寺进行。

清真寺既是布善之所,也是行善之处,② 清真寺是培养回族人民公益慈善精神的摇篮,同时也是公益慈善的实践之地。因此如果能积极发挥清真寺在回族社区中的作用,加强伊斯兰慈善观和天课制度及现代公益观念的宣传,争取更多的人来关心慈善公益事业,③ 那么将极大促进回族地区公益慈善事业的发展,对于回族地区的和谐发展也会起到更加积极的作用。

当然,除了与宗教相结合的慈善实践之外,回族在当代也发展出了新的慈善实践方式,包括成立慈善基金会和创办各种类型的慈善机构。据"宁夏回族自治区慈善信息平台"统计,符合条件的各类公益组织共有 97 家,服务的范围涉及教育、医疗、减灾与救灾、扶贫与发展、生态环境、法律援助、就业服务、公用事业、人权和民族发展等各个领域。④ 比如致力于支持教育发展的宁夏燕宝慈善基金会,

---

① 吴彩梅、马俊峰:《有限空间的无限言说——清真寺之现象学诠释》,《西北民族研究》2006 年第 2 期。

② 马丽蓉:《清真寺的慈善功能与伊斯兰教"关爱弱势"思想》,《回族研究》2008 年第 1 期。

③ 虎利平:《回族慈善公益实践之路的探讨与思考》,《中国穆斯林》2012 年 11 月第 6 期。

④ 宁夏回族自治区慈善信息平台(ca. charity. gov. cn/govwww/orgList/640000. html)。

每年资助学生约10万人,每年捐资约3亿元,每年新增资助约3万人,资助学生遍布全国500多所院校,成为全国规模最大,覆盖面最广的教育扶贫项目之一。[①] 又如以发扬中华传统美德和伊斯兰慈善理念,引导广大穆斯林群众积极投身慈善公益事业,为宁夏回族自治区扶贫脱困事业作出贡献的"宁夏穆斯林慈善公益基金会";还有以扶持回族大学生创业,解决就业压力,促进民族经济发展,维护社会和谐稳定为宗旨的"宁夏伊光回族大学生创业基金会",等等。除了基金会之外还有银川市金凤区残疾人自主创业合作社、中卫市爱心志愿者协会、好又多爱心慈善超市等慈善机构。

总之,基于伊斯兰宗教信仰的回族慈善在当代的回族社区仍在延续,但是回族也在适应时代的要求,发展出很多现代的公益慈善方式,将民族慈善扩展到更大的范围,丰富了民族慈善的内容,通过多种慈善方式促进民族的团结和发展。

三 傣族

据2010年全国人口普查统计,中国的傣族有1261311人。傣族主要聚居于云南省西双版纳傣族自治州、德宏傣族景颇族自治州、耿马傣族佤族自治县和孟连傣族拉祜族自治县等地。傣族聚居的地方大多属于亚热带和热带气候,物产丰富、森林密布,年均气温高,终年无雪,雨水充沛。傣族居住的地区多与缅甸、老挝、越南等国接壤,并与东南亚的掸人、泰人有渊源关系,是一个典型的跨境民族。傣族有自己的语言和文字,属汉藏语系壮侗语族壮傣语支,主要分德宏和西双版纳两大方言区。[②]

大约在公元14—15世纪,小乘佛教(南传上座部佛教)已经成为大多数地区傣族信仰的宗教。小乘佛教对傣族的社会文化、日常生活产生了重要的影响,诸如政治、经济、文学、文字、天文历法、教

[①] 光明要闻:《宁夏燕宝慈善基金会2019年继续实施助学项目》(https://baijiahao.baidu.com/s?id=1635246274285534510&wfr=spider&for=pc)。

[②] 杨圣敏、丁宏:《中国民族志》,中央民族大学出版社2003年版,第316页。

育、寺塔建筑、绘画、节日、生老病死、婚娶等，无一不与佛教联系在一起。①而傣族的慈善也与其佛教的信仰密切相关，这一方面表现在围绕宗教信仰和节日仪式而进行的各项慈善活动；另一方面表现在佛教信仰内化于个体的超越民族宗教活动的慈善思想和行为。

在西双版纳等傣族聚居的村落，几乎每个社区都有一个或者几个寺庙，这些寺庙是傣族人民精神世界的体现，是傣族传统文化活动和教育中心，也是他们宗教活动的中心，而在宗教活动中，往往伴随着频繁的慈善活动。傣族人的很多人生礼仪，比如出生、结婚、死亡等都需要找寺庙念经，寺庙在傣族的日常生活中扮演着重要的角色，而几乎整个寺庙的运作都是由慈善活动在支撑。

在过去，封建领主会把土地捐赠给佛寺，并在经济方面给予支持；而现在很多傣族的信徒也会在寺庙的消费、建设、宗教活动和僧侣的开支等方面给予捐赠和支持，可以说整个以佛寺为中心开展的社会活动都是慈善行为持续运作的结果。中国社科院的郑筱筠教授认为：由世俗社会来承担神圣世界的所有经济开支，而不是由神圣世界内部自行管理是傣族社会南传上座部佛教寺院经济的特色，也是中国南传上座部佛教供养体制和寺院经济不同于汉传佛教和藏传佛教之处，这不仅是世俗社会组织制度从世俗社会的角度对神圣世界进行着经济支持的表现，还是中国南传上座部佛教得以发展的最根本的世俗社会保障。②由此可知，在傣族社区中，慈善直接支持了寺庙经济的运转，维持了当地人生活和信仰的正常运作，是一股重要社会力量。

傣族人主要信仰的南传上部座佛教不同于大乘佛教的普度众生，而是主张通过自身的修行获得"涅槃"，而傣族地区包含行善和布施的"赕"，就是一种积德和修来世的重要途径。"赕"按规模、内容和时间可以分为不同的类型：按规模可分为大型赕和小型赕，大型赕一般要持续好几天，做赕的家庭一般会消耗大量的食物和钱财，但是

---

① 杨圣敏、丁宏：《中国民族志》，中央民族大学出版社2003年版，第320页。
② 郑筱筠：《当代南传佛教寺院经济现状及其管理探析》，《世界宗教文化》2014年第1期。

也能在这个过程中提高自己的声望,为来世积德;小型赕则发生在信徒的日常生活中,包括平日给寺庙的僧侣提供一定的食物和钱财;按内容,根据傣族民众所布施的经书、粮食、布料等物品或者帮忙修建水井、路和桥等善事,"赕"可分为不同的类型;而按时间,则可分为节日赕和平时的小赕,节日赕主要是指在过傣族重要的节日——如泼水节、入安居等——期间需要进行集体的赕仪式,而平时的日常小赕则比较分散,规模也比较小,不过按照傣历,傣族每个月都有"赕日"。

德宏傣族的赕可分为:一是赕坦(献经书),是将抄写的经书送到佛寺敬献给佛,也是指多出版佛教的书籍,多宣传弘扬佛法的思想;二是赕毫(赕饭或食物),是将食物送到佛寺给僧侣享用,或施舍给贫穷者;三是赕宰赕亮(献心献力),当你没有任何物质去敬献佛或者帮助他人的时候,可以诚心去为他人做好事;四是赕帕,即献袈裟给僧侣。[①] 从傣族民众的这些"赕"文化中,我们可以知道,体现在傣族社会中的"慈善"即是"赕"。虽然"赕"看起来是敬献给佛祖和寺院,但赕背后的思想体系以及一些现实的赕行为,已经超越了宗教的领域,对傣族的世俗生活起到了重要的作用——傣族人因宗教而培养的乐善好施精神,在日常生活中不断延续。

傣语中有一句话叫作"登奔登醒",意为"帮助别人也就是帮助自己",这是傣族社会公德的重要方面,即乐于助人者,被视为有道德的人而受社会尊敬;不乐于助人者,则被视为缺乏道德的人而受到社会的鄙视和谴责。傣族的互助公德内容广泛,涉及生产生活的各个方面,比如互助建房、生产互助和生活中的日常互助等行为。[②] 在傣族社会中,围绕佛教的"赕文化"是重要的慈善思想来源和慈善活动的体现,而社区中的互助公德也是塑造傣民族个人慈善修养的重要因素。

傣族地区主要信仰的是小乘佛教,但是也保留有佛教传入之前的一些原始信仰,比如生物崇拜、石头崇拜、稻田崇拜、亡灵崇拜、水

[①] 白云、何少林:《中国傣族》,宁夏人民出版社2012年版,第216页。
[②] 同上书,第254页。

崇拜等。与藏族的山神崇拜一样，傣族的水神崇拜也体现了傣族与大自然的和谐共处，以及"保护和改善生态环境"的慈善理念。傣族生活的地理区域水资源丰富，河流湖泊不计其数，还有各种人工开凿的小河沟渠，天然与"水"生活在一起的傣族，形成了崇拜水神、爱护水资源和管理水的一系列水文化。傣族认为"水诞生，世形成"、"水创世，世靠水"，水是孕育万物的乳汁，是生命的源泉，傣家人认为水是圣洁、吉祥、美好的象征，傣家人从生至死，都要接受水的洗礼，爱水、敬水的情结已深深熔铸在整个民族文化中。① 所以，傣族人非常注重水资源的保护，在日常生活实践中形成一系列与水相关的道德规范和民俗民约，将保护水资源以及自然环境当作一种道德，而把破坏水资源以及其他自然环境的行为看作是不道德的。不论是藏族对神山的保护，还是傣族对水的爱护，都体现了环保以及与自然为善的慈善精神，这些精神不仅需要在本民族内不断传承，也应该推广和弘扬到更广泛的区域。

事实上，傣族的慈善不仅与其信仰有关，在现代社会的发展中，傣族地区的慈善也在与时俱进，以适应不断发展的时代要求。比如"佛光之家"是西双版纳傣族自治州的一家慈善机构，由联合国儿童基金会提供支持和帮助，以西双版纳州民宗局、西双版纳州卫生局为指导，由西双版纳州艾滋病防治办公室、州卫生局艾滋病防治项目办负责组织协调，并由西双版纳州佛教协会具体实施，其宗旨为"以佛教的四无量心，施'希望与帮助'予授众"，以开导众生、慈悲济世和扶弱助残为目标。②

这个慈善机构主要是在傣族地区开展工作，利用佛教僧人在少数民族地区特殊的社会影响力和威望，进行慈善资金的筹集和慈善活动的开展，主要做了一些禁毒防艾和助残扶弱等方面的宣传教育，对艾滋病感染者和病人进行关怀与支持，并提供必要的咨询与帮助，同时

---

① 白云、何少林：《中国傣族》，宁夏人民出版社2012年版，第260页。
② 佛光之家（http：//www.daizuwang.com/Photo_ Class.asp？ClassID＝2&page＝6）。

也积极进行宣传以减少社会对患者的歧视。傣族聚居的地区邻近泰国、老挝、缅甸等国家，存在着吸毒问题和艾滋病等社会问题。"佛光之家"的实践恰好就是针对这一重要的社会问题而进行的，对当地社会问题的解决具有一定的作用。而且这个慈善机构的运作模式不同于一定傣族社区或者村落的传统慈善行为，而是采取了当代的慈善机构运营模式，而且更具有问题针对性，覆盖的范围也更广泛，是傣族地区慈善的更新与进步。

四 汉族

汉族是世界上人口最多的民族，也是我国人口最多的主体民族，据 2010 年全国人口普查统计，中国的汉族约有 1220844520 人，占全国总人口的 91.51%。汉族是在中国分布最广的一个民族，几乎在中国的各个角落都有汉族人民辛勤劳动的身影。汉族人民使用的语言汉语是世界上最古老的语言之一，而由于历史上的迁徙、民族的交往、文化的互动及环境多样性等各方面的因素影响，造成了不同地区汉族文化的差异，这种差异表现在语言上即是汉语中存在着大量的方言土语，一般认为现代汉语有七大方言，即北方方言、吴方言、湘方言、赣方言、客家方言、闽方言、粤方言；[1] 表现在其他方面，则主要是由于地理环境差异造成的地域文化、生活习惯等各个方面的差异。汉族是一个在历史中不断融合进其他民族的血统而逐渐形成的民族，因此数量庞大，内部差异性也大。

20 世纪 30 年代，我国著名的历史学家、民族学家及客家学的奠基人罗香林发明了"民系"一词，他所说的"民系"指的是民族里头的种种支派。[2] 作为一个庞大的民族，在历史发展和变迁的过程中，汉族内部形成了具有不同文化特色的支派，目前普遍认为汉族可以粗略划分为八大民系，即：北方民系、晋绥民系、吴越民系、湖湘民

---

[1] 杨圣敏、丁宏：《中国民族志》，中央民族大学出版社 2003 年版，第 36 页。
[2] 罗香林：《客家研究导论（外一种：客家源流考）》，广东人民出版社 2018 年版，第 12 页。

系、江右民系、客家民系、闽海民系、广府民系或粤海民系。罗香林指出,"客家"是"客而家焉"的意思,指的是客家并非中国南部固有的民系,但却是中国南部一种富有新气象、特殊精神、极其活跃有为的民系,也是汉族里一个系统分明的支派。① 自罗香林开启先河之后,涌现出了大量关于客家人的研究。本节主要以汉族内部的客家民系作为案例来介绍汉族的慈善精神和慈善实践。

客家人主要是在历史发展和变迁的过程中为躲避战乱,从黄河流域逐渐迁徙到南方的汉人。客家人的主体是南迁的中原汉人,但在南迁和定居之后,客家人不断与南方的各民族及族群交流融合,吸收当地的文化,经过长时期的发展,逐渐形成独特的客家文化,客家人也逐渐遍布南方各地,成为汉族中自我认同感较强的一支民系。目前,国内的客家人主要分布在广东、福建、江西、广西、湖南、四川、贵州、台湾、海南等省、自治区。其中,又集中聚居在广东的东北部、福建西部和江西南部,即人们常说的闽粤赣交界地区。② 客家人南迁后所处的地理环境是山多田少,且多贫瘠之地。他们多从事农业,但封建剥削沉重,不能完全依靠务农为生,因此很多客家的成年男子大多外出发展,往南洋各地经商谋生的客家人历来就不少。③ 而客家人的乡土观念又比较重,因此很多在外经商成功后的客家人都会把大量的钱财汇回家乡,除了自家买田建房之外,很多客家人还会拿出钱财来支持当地的公益慈善事业。

20世纪初,梅县的客籍华侨张榕轩、张耀轩投资修筑潮(州)汕(头)铁路,为祖国铁路运输事业作出了贡献。④ 直到现代,仍旧有不少客家人延续着客家爱乡爱国的传统,继续为家乡乃至中国的公益慈善事业作出贡献。比如现任金利来集团有限公司董事局主席,有着香港华侨华人总会永远名誉会长、广州中山大学生命科学院荣誉院

---

① 罗香林:《客家研究导论》,上海文艺出版社1992年版,第1页。
② 丘桓兴:《客家人与客家文化》,中国国际广播出版社2011年版,第2页。
③ 刘佐泉:《客家历史与传统文化》,河南大学出版社1991年版,第48页。
④ 同上书,第151—153页。

长、广州中山大学名誉博士、暨南大学副董事长、仲恺农业工程学院校董会名誉董事长等称号的曾宪梓先生,他出生于梅县的普通农村家庭;经商成功之后,他捐赠了大量的资金给梅县以及广东的教育发展事业,成立了惠及全国的教育基金和载人航天基金,在汶川地震中,他也积极捐赠了大量的资金。总之,积极参与公益慈善事业是客家人历来的传统,客家人的慈善不仅促进了当地和祖国的发展,也增强了客家人的自豪感,也使得客家慈善在历史的发展中不断传承和发扬。

图4—2 虎标永安堂大药坊广告(胡文虎胡文豹兄弟)[1]

由孔子创立的儒家思想是影响中国乃至整个东亚最重要的思想之一,它也在几千年的发展历程中对汉族的各方面产生了深远的影响,其中就包括慈善意识的养成。关于人的品行和道德,儒家提出了"五常",即:仁、义、礼、智、信。其中,孔子特别强调"仁"。有个学生问孔子什么是"仁",孔子回答"爱人",我们可以把"仁"理解为对别人心怀善意和慈心,这也是儒家思想与慈善最为贴合的主张之一。虽然,在历史中,客家人不断南迁并吸收了不同民族和地域的文化,但是他们仍旧继承了中原儒家的文化,崇尚忠孝,崇文重

---

[1] 私人收藏,武洹宇提供。

教，追宗念祖等道德礼俗，世代相传。① 而且，在南迁的过程中，客家人的宗族观念也得到了传承和发展，只有宗族内部团结互助、齐心协力才可以克服各种艰难险阻，南迁安家，而这一系列的过程也反过来强化了客家人的宗族观念。客家人到南方之后也大多聚族而居，这从很多客家的典型建筑中就可以直观地看到，比如福建客家人建造的巨大土楼、围屋，等等。弗里德曼认为宗族是汉人传统社会最基层的单位之一，其实对于汉族来说，宗族不仅是一种社会单位和社会结构，也是汉民族精神的重要载体之一。客家人聚居在巨大的围屋里，宗族内互助精神的发展和传承，有助于培养宗族成员的社会责任和集体利益的意识，是慈善精神养成的摇篮。

客家宗族普遍设有族产，主要是俗称的"公尝田"的族田，山区还有"公尝山"，城镇则置有宗族的店铺等。族产的收入用于族内的各种事业和活动的开支。一些族田多的大宗族，还按不同用途将族田分为祭田（祭祠堂、祭祖坟）、儒资田（办学）、桥田（修架桥梁）、渡田（开设渡口、渡船）等。② 宗族还用族产收入，孝敬老人，给60岁以上的老人分发祭肉和粮食补助；扶助族中鳏寡孤独和残疾者。此外，还用族产收入帮助族中贫困者结婚成家、料理丧葬等。宗族组织还联络村内村外其他姓氏宗族，共同组织村民实施修桥、铺路、建学校、设凉亭和挖水渠、筑水坝等乡村公益事业。③ 客家人利用族产在宗族内部以及宗族所在的地区兴办了很多公益慈善事业，帮助宗族成员的发展，这种以宗族为单位的慈善实践，充分发挥了宗族的社会功能，有利于客家人的团结，也能促进当地社会经济文化的整体发展。

客家人的宗族观念很重，也注重修族谱。族谱是记录宗族世系及重要成员事迹的谱表文书。内容涉及宗族的迁移历史、全族的户口、婚配和血缘关系、全族的坟墓和族田族产、家规家法等。客家族谱的

---

① 丘桓兴：《客家人与客家文化》，中国国际广播出版社2011年版，第17页。
② 同上书，第23页。
③ 同上书，第28页。

家规家训较为集中地反映了客家传统文化的精神内涵。① 修谱的目的，除了记录宗族世系的发展之外，意在激励子孙后代奋发进取，光宗耀祖。因而，修谱既要求翔实准确，也要"隐恶扬善"，"为亲者讳"。于是，族谱记述的多是官宦之士和名人显贵的业绩以及他们的善行义举。修谱费用，过去由族产的收入来支付，如今多为族中热心人士捐助，或按户按丁收取。② 客家修族谱的修谱费用要么依靠捐赠，要么按户按丁收取，这说明修族谱这一行为本身就带有公益慈善的意涵。另外，族谱注重"扬善"，也会记录很多善行义举，这对于后辈是一种教育的方式，有利于鼓励族人做公益慈善，发扬族内的慈善精神。

总之，作为汉族内部支系的客家人，有着典型的宗族观念，也传承了传统儒释道等精神思想，在南迁定居的过程中，客家人积极在宗族内部或者所在的地区实践着公益慈善，促进了客家人的团结和发展，也通过各种方式把这种公益慈善的精神代代相传。客家人中还有不少近现代的著名慈善家，他们的慈善行为不仅促进了家乡的发展，其意义也远远超过某一宗族、民族或是地区，而是辐射到了更多的人群和更大的区域，推动了更广地区经济、文化、教育等各个方面的发展。

本章小结

通过以上的论述，我们可以知道民族慈善与民族文化一样都是多姿多彩的，有些民族慈善在宗教信仰和传统节日仪式的作用下得到保存和发扬；有的民族慈善在本民族的社区中代代相传、生生不息，成为当地民风民俗的一部分；也有的民族慈善在当代则发展出了新的形态。这些多元的民族慈善对于促进民族团结和发展具有重要的作用，因此，在提倡慈善文化的当今时代，民族慈善的发展和弘扬是十分有

---

① 李小燕：《从族谱的家规家训看客家人的价值观念》，《广西民族学院学报》（哲学社会科学版）2006 年第 3 期。

② 丘桓兴：《客家人与客家文化》，中国国际广播出版社 2011 年版，第 26 页。

必要的。

费孝通先生提出了中华民族的多元一体格局，认为我国各个民族是多元的，中华民族是一体的，其实这个说法也可以用来理解民族慈善，即加快慈善事业的发展，促进社会的公平和谐是中华民族的共同追求，而在这个共同的目标之下，我们应该看到达成目标的不同路径，尤其是作为一个文化多样的泱泱大国，56个民族在历史发展的过程中都形成了各有特色的慈善传统，我们应该重视这些不同的慈善文化，取其精华，不断扩展中国慈善的思路，让各个民族都参与到中华民族的慈善事业。简而言之，慈善的社会效应是中华民族共同的追求，但是慈善的思想和实践是多元的，民族慈善研究不可忽视，民族慈善事业需要深入研究和大力发展。

【延伸阅读】

1. 孙运来主编：《中国民族》，吉林文史出版社2014年版。

2. 杨圣敏、丁宏：《中国民族志》，中央民族大学出版社2003年版。

3. 丹珠昂奔：《藏族》，辽宁民族出版社2015年版。

4. 许宪隆、张龙：《回族》，辽宁民族出版社2014年版。

5. 邱树森主编：《中国回族史》，宁夏人民出版社1996年版。

6. 周秋光、曾桂林：《中国慈善简史》，人民出版社2006年版。

7. 岩峰等：《傣族文化大观》，云南民族出版社1999年版。

8. 费孝通主编：《中华民族多元一体格局》，中央民族大学出版社1999年版。

9. 刘佐泉：《客家历史与传统文化》，河南大学出版社1991年版。

10. 丘桓兴：《客家人与客家文化》，中国国际广播出版社2011年版。

第五章 地方社会与慈善

地缘是华人社会重要的文化纽带，基于地缘认同的华人慈善由于根植于地方社会，其实践逻辑、组织形态、慈善观念等还显现出了明显的地方特质。不仅如此，地方慈善的发展也在不断形塑着地方社会的权力格局、风俗习惯、道德伦理、关系网络等，正因如此，透过地方社会发现地方慈善的生存逻辑，对于了解地方慈善及其根植于其中的地方社会具有重要意义。

第一节 定义特征

在华人语境中，地方是一个特殊的存在，与现代生活的流动、开放、快速、不断被复制相对应，地方被人们想象成为稳定、封闭、静止、充满故事、趣味的空间，成为了人们对抗和逃离现代性冲击，所渴望与怀念的对象。[1] 在学界，地方社会也已然成为探讨的热点，无论是对异域他乡的追逐，还是对身边乡土社会的孜孜探求，归根到底始于人们对地方的关注。那么地方究竟具有何种吸引力引起了人们的广泛关注？作为根植于其中的地方慈善又是怎样的存在？这些问题都有待进一步的探究。

论及地方，首先想到的是其独特性。对于地方社会来说，其本身

---

[1] Merrifield A., "Place and Space: A Lefebvrian Reconciliation", *Tran-saction of the Institute of British Geographers*, NS, 1993, 18 (4): 516–531.

总是具有这样或那样的特质,这种特质体现于权力格局、宗教信仰、风俗习惯、道德伦理、关系网络等社会生活的方方面面,不仅如此,在具体的实践中这些方面相互勾连,形成了特有的地方逻辑。无论是身处地方的组织还是个体,无一不受地方逻辑的影响,在社会生活中表现出了明显的地方特色。

即使在宣称"地方终结"的全球一体化时代,越来越多的事实表明,全球化未必造成地方的解体,相反,地方文化以极为强劲的自主性对现代性进行着本土化改造,在全球与地方、现代与传统相遇时,"文化不在消失",反而在原有的对于地方的想象下不断被加强。地方的这种独特性仍然存在,只是被重新构建。[1] 展现出了新的地方特质和逻辑。

当然全球化对于地方的影响不止如此。地方不仅是一个地理概念,同时它还是蕴含着集体记忆、地方认同以及社会关系的社会性空间,它具有自然与社会两个边界。在传统社会,地方的自然边界与社会边界基本是重合的,但是随着全球化时代的到来,这两者之间不再一致。虽然地方的自然边界相对稳定,较少发生变化,但是物理意义上的地方却存在着不同的尺度,也就是说所谓的地方是相对的,村庄是一个地方,乡土社会是一个地方,中国也是一个地方……每一个地方都是相对而言的,所以说地方的自然边界是清晰的但却是相对的。与自然边界不同,地方的社会边界是流动的。全球化打破了以往地方社会的封闭性,地方社会随之发生了深刻的变化,一方面随着全球化的冲击,地方社会不再是内生性的,其与外部世界相互嵌套,共融共生;另一方面在全球化的冲击下地方的集体记忆、社会认同、社会关系不断发生变动延展,地方的社会边界也由此发生流动,这就造成了地方的模糊性。

地方慈善的运作模式、基本理念、慈善实践等深受存在其中的地

---

[1] 钱俊希、钱丽芸、朱竑:《"全球的地方感"理论述评与广州案例解读》,《人文地理》2011年第6期;彭兆荣、吴兴帜:《作为认知图式的"地方"》,《北方民族大学学报》(哲学社会科学版)2009年第2期。

方社会的影响，具有了明显的地方特质。需要指出的是，在这里所谓的地方慈善是根植于地方社会文化环境中，并受其影响，表现出了明显的地方特色的慈善活动，那些虽然根植于地方社会，但是没有受地方社会影响或影响很小的慈善实践并不能称为地方慈善。地方慈善表现出了如下特征：

第一，存在于地方空间，受地方社会文化影响。地方慈善首先要根植于其生存发展的地方社会，并在这个过程中受到地方社会文化的影响，这是地方慈善存在的基础。有些慈善活动在脱离地方社会之后，由于某些特殊原因（基于共同地缘认同群体的形成）仍然具有当地的特质，但是由于脱离了生存发展场所，这些慈善活动不能再称为地方慈善。

第二，地方社会与地方慈善的互动是双向的。地方慈善并不是只受地方社会文化单方面的影响那么简单，它在发展过程中还基于地方社会文化形成了自身的慈善逻辑，并且反过来也在影响着地方社会，可以说地方社会与地方慈善的互动是双向的，地方社会影响着地方慈善的同时，地方慈善也在形塑着地方的社会形态、权力格局和思想观念。

第三，地方慈善的影响往往突破了其存在地域。虽然只有立足于地方社会的慈善活动才能成为地方慈善，但是地方慈善的影响并不只是局限于地方社会，很多地方慈善实际上在华人社会产生了广泛的影响。

第四，地方慈善也是地方社会的一种社会文化现象。由于吸纳了地方特色，地方慈善除了开展慈善活动，解决地方社会的各种社会现实问题外，也在发展过程中成为了地方社会一种独特的社会文化现象。

第五，华人社会的地方慈善往往涉及地方社会民众的群体利益、政治诉求。地方慈善团体往往是为了所在群体的利益聚集到一起，而且在发展过程中为了维护所属群体的利益，也会积极谋求自身的政治诉求。

第六，地方精英往往成为地方慈善的组织者和管理者。华人社会的地方慈善实践往往是由地方精英发起并组织起来的，一方面这些地方精英自身具有广泛的社会关系网络，因而开展华人慈善时能借助自身的资源优势；另一方面地方精英参与地方慈善可以更好地表达自身的利益诉求，参与社会事务，提升自身的社会地位。

论及地方慈善往往会涉及宗族观念与宗教信仰等华人社会的文化要素，需要指出的是地方慈善与宗族观念、宗教信仰既有联系又有区别。宗族慈善、宗教慈善、地方慈善三者处于并列关系，均是当前华人慈善体系下的不同慈善模式，地方慈善与这两者的交叉重叠在于，那些存在于地方社会的宗族观念、宗教信仰是影响其生存发展的地方因素之一。对于地方慈善来说，除这两者外，还有诸多影响地方慈善的因素，如地方风俗习惯、经济力量、社会关系等，而对于宗族慈善与宗教慈善来说，前者主要依托宗族观念形成的慈善体系，后者主要依托宗教信仰形成的慈善体系，所以它们与地方慈善存在重叠，但是又完全不同。

在华人慈善中，受地方社会影响，地方慈善展现出了自身的发展逻辑，那么作为华人慈善的组成部分，地方慈善的动力过程是怎样的，其对地方和国家产生了何种影响，内在局限性有哪些？下一节将会进行讨论。

第二节　历史逻辑

受扎根于其中的地方社会的影响，地方慈善在发展过程中具有明显的地方特质，因此更易获得地方认同，从而有利于其不断发展。而地方慈善的发展反过来可以更好地服务地方社会，获得地方认同，实现了发展的良性循环。

地方慈善最为重要的特质在于立足地方社会，发展深受地方社会权力格局、风俗习惯、道德伦理、关系网络等的影响。从慈善理念来看，受地方社会文化的影响，地方慈善的慈善理念往往具有明显的地方特色，许多地方慈善仍然是以传统的救济为主，人们较少具有现代公益理念，而对于当地人来说慈善思想具有明显的现实功用性，救赎和积福思维是影响基层民众进行慈善实践的主要原因；从组织模式来看，虽然现代组织模式已经被华人慈善所普遍采用，但是地方慈善仍然受地方组织模式所影响，如潮汕地区的善堂仍然保留着堂庙结合的组织模式。地方慈善在具体的实践过程往往将地方的实践模式融入其中，展现出了明显的地域特色，如香港的东华医院慈善实践兼具东西文化特色以及殖民特征，血缘、地缘、业缘关系网络仍然影响着其组织发展。除了上述方面，地方慈善的运作机制、发展布局、慈善文化等诸多方面也仍然保留着地方特色，这些地方特色成为了地方慈善融入当地社区，获得地缘认同的关键所在。

所谓地缘认同，是一种对居住地区以及这一地区人文景观的归属意识。[①] 对于地方慈善来说，地缘认同是其生存发展的动力源泉，基于共同的地缘认同，地方慈善获得了生存发展的诸多优势：如更易获得社区民众的认可和支持，对于地方民众来说，相较于其他慈善组织和慈善实践，生于斯，长于斯的地方慈善显然更易获得他们的认可和支持，尤其是在当前慈善失信事件频发，整个慈善行业公信力不足的情况下，基于地缘认同基础上的地方慈善具有得天独厚的优势；更易获得地方资源，由于扎根于地方社区，地方慈善与生存于其中的地方网络有着密切的联系，无论是基层民众，还是地方权力机构，对地方慈善往往会表现出更多的倾向性，因而更利于地方慈善机构获得资源；地方慈善的领导者往往是有名望的地方人士，由于熟识地方社会的运作逻辑，因此在慈善的运作管理上更为顺畅，在资源获取方面，也均具有明显的优势。作为一种慈善力量，地方慈善立足于所在社区，积极为社区民众谋求福利，其开展的慈善活动往往旨在解决地方社会存在的各种现实问题或满足地方社会的需求，从而有利于增加地方社会对其的认可。

---

① 肖文燕：《地缘认同：客家华侨与侨乡社会的心理共识——以清末和民国时期广东梅州为例》，《江西社会科学》2012 年第 11 期。

此外，地方慈善的发展往往还兼具历史性与现代性。从历史性来看，地方实践继承了传统华人慈善活动的乐善好施、扶危济困等救济理念，并将其付诸实践行动，随着时代的变迁，这些慈善理念与实践并未遗失，反而封存于地方民众的集体记忆中，被地方民众所怀念，在时代的历练中这一地方慈善实践逐渐演化为传统惯习，一定程度上激励着未来地方慈善实践的开展；从现代性来看，近代以来，随着东西慈善理念和实践的交融、碰撞，学习现代公益理念一直是华人社会孜孜以求的奋斗目标，在这个过程中地方慈善组织也一直在谋求组织建设、公益思想的现代化，这在一定程度上促进了地方慈善的不断发展。作为华人慈善的一种存在形式，地方慈善对地方社会和国家均产生了深远影响。

从地方层面来看，由于扎根于地方社区，地方慈善具有其他慈善模式所不具备的社区优势，所以相较于一般的华人慈善来说，不存在所谓的适应性和本土性过程，能够更好地解决地方社区的各种问题，改善地方社区关系，促进地方社区的和谐稳定；同时地方慈善的开展还有利于挖掘地方民众的潜能，培养地方民众的慈善意识和社区参与意识，强化地缘认同，增强地方凝聚力；此外地方慈善在发展过程中还重塑着地方社会的权力脉络、社会关系、民众认知等，影响着地方社会的发展。

从国家层面来看，作为国家慈善的一部分，地方慈善的发展有利于整个国家公益慈善事业的发展和成长。一方面地方慈善的发展塑造了多样性的国家慈善模式，在丰富现有慈善组织模式的同时，也为当前国内慈善事业的发展提供了经验借鉴；另一方面，地方慈善的发展解决了地方的社会问题，符合国家对地方政府的促进社会稳定发展的期待和要求，是国家与地方社会的润滑剂。

当然地方慈善也具有自身的局限与不足。由于立足于地方社区，地方慈善往往很难突破地方限制，获得广泛发展，对于地方慈善来说，其生存发展的基础在于地缘认同，脱离了地缘优势地方社区就失去了赖以生存发展的基础，也就是说地方慈善离开了滋养其成长的地方社区很难获得广泛发展；同时地方慈善主要在地方社会发挥作用，一定程度上限制了地方慈善影响范围，一旦超出其生存发展的社区，相应的社会功能就会减弱；此外，地方慈善的局限性还表现在其生存发展往往固守于地方传统，对于现代的慈善理念、组织模式等接纳度相对有限，这在一定程度上也影响其发展。

第三节 典型个案

在华人社会，受根植于其中的社会文化的影响，地方慈善展现出了自身的发展逻辑，本部分主要以香港的东华三院、潮汕地区的善堂为例来探讨地方慈善的生存逻辑。

一 东华三院

东华三院源于1870年开办的为香港贫苦市民提供免费中医药服务的华人医院——东华医院，其后随着香港人口的不断增加，医疗服务需求日增，广华医院（1911年）与东华东院（1929年）又先后成立，1931年东华医院为加强三间医院的行政管理及资源分配，决定由一个董事局统一管理三间医院，合称"东华三院"。自创院伊始，东华三院不断拓展福利服务，在医疗、教育、救济、赈灾等方面，作出了积极的贡献，经过一百多年的发展，东华三院已经成为香港最具规模的慈善机构。

（一）东华医院诞生的历史背景

香港开埠初期，在港英政府的殖民统治之下，华人社会政治地位低下，几乎享受不到政府提供的任何福利服务。19世纪五六十年代，随着经济实力的增长，华人开始谋求自身的社会利益，其中建立一个服务华人社会自身的医疗机构成为当时社会的迫切需求。

自19世纪40年代初英国占领香港后，香港经历了两次移民潮，导致当地华人激增。1841年，英国以武力强行占领香港，其后港英政府在香港开路、筑堤、兴建码头、货仓等各类公共设施，开始了对香港的殖民开发，由此吸引大量的华人来港谋生，导致香港的华人逐年增长。香港开埠前，岛上中国居民仅有5000余人，而到1845年6月，港岛的华人达到22860人，约占全岛总人口的96%；至1851年末，又增至31463人，约占总人口的95.4%。[①] 19世纪50年代，中国大陆战乱频繁，社会动荡不安，尤其是太平天国运动导致华南地区战乱频发，为躲避战乱，大量的移民涌入香港，与前述不同的，这些移民多为绅商富士。此外，19世纪40年代末，美澳发现金矿，急需劳动力，香港还一度成为了华工出洋的集散地，一些商人由此发展起了相关商业吸引了大批华人。在这种背景下，19世纪50年代的香港迎来开埠后的又一个移民潮，华人人口迅速增加，至1861年，香港人口已达116335人。[②]

为了更好地管理和控制华人，当时的港英政府还实施种族隔离政策，将华人与洋人的聚居区分离，导致了华人自身社会空间的形成。华人移民至香港后便开始聚居，经当时的港英政府许可在港岛北岸新开发市镇上的山和海边开设市场，分称为"上市集"与"下市集"。[③] 1843年，《南京条约》签订后，港英政府继续推行种族隔离政策，将中环维多利亚城中心作为洋人专属居住区，同时将在上市集定居的华人迁至太平山一带，到1860年，华人和洋人各自的社区已然形成，其中华人主要聚集在上环及港岛以西地区（太平山则成为著名的华人贫民区，上环则成为华人商业区），而洋人则居住在中环及半山区。[④] 其后洋人一直实行种族隔离，造成了华人与洋人两个截然不同的社会空间的形成。

区别于洋人社区良好的医疗卫生条件，华人社区医疗卫生条件比较恶劣。香港开埠后大部分来港的华人是处于社会底层的劳动人士，

[①] 余绳武、刘存宽主编：《19世纪的香港》，中华书局1994年版，第338页。

[②] 兰静：《近代香港外来移民与香港城市社会发展（1841—1941）》，博士学位论文，暨南大学，2011年。

[③] 孙智雯、陈伟明：《香港华商慈善组织的形成及其功能与空间扩展（1840—1940）——以东华三院为例》，《安徽师范大学学报》（人文社会科学版）2017年第1期。

[④] 周子峰：《图解香港史》，香港中华书局出版社2012年版，第32页。

而此时来港的洋人则主要是商人、公务员等，在港的华人和洋人之间存在着严重的贫富分化。由于处于社会底层，华人社区的医疗卫生条件较差，生活条件恶劣。而此时的港英政府，很少对华人社区投入资源，以改善当地的恶劣条件。东华医院成立前，香港岛上只有公立国家医院、一所教会医院、海员医院和海军医院等少数几所西医医院。[1] 由于华人崇信中医中药，对"西医的治疗方法缺乏信心，病危者更担心死后被剖尸，而不愿前往西式医院治疗"，所以很多华人生病后宁愿前往义祠也不愿去西式医院医治。[2] 此外，西医收费昂贵，"即小康之家亦难负担，故华人就医者寥寥可数"，根据1869年港府报告统计，当时的西医医院——国家医院入院人数西方人与印度人为934名，而占人口总数95%的华人仅为223人。[3] 面对这种情况，一些华商随着经济实力的提升，越来越希望参与到当地的社会事务中来，这成为了东华医院建立的重要动因。

（二）东华医院的诞生与发展

东华医院建立之前，由于华人对西医持怀疑态度，且负担不起，一些病重垂危的华人往往前往华商集资所建的"广福义祠"，广福义祠原本是为了寄放在港华人的神主牌位，后来一些流离失所、贫病垂死之人也长驻于此，卫生条件恶劣。[4] 1969年，署理总登记官李思达巡视义祠时发现义祠"尿迹处处，没有任何窗口，只靠义祠入口的一道门作通风。入住义祠的病人大多衣衫褴褛，而且长期没有衣衫可以替换"[5]，"义祠丑闻"遭媒体报道后引起了巨大轰动。1869年香港总督麦当奴下令解散义祠，由于这一措施治标不治本，贫民的医疗服务问题仍然未能解决。

---

[1] 孙智雯、陈伟明：《香港华商慈善组织的形成及其功能与空间扩展（1840—1940）——以东华三院为例》，《安徽师范大学学报》（人文社会科学版）2017年第1期。
[2] 何佩然编：《源与流——东华医院的创立与演进》（东华三院档案资料汇编系列之一），香港三联书店2009年版，第18页。
[3] 李东海：《香港东华三院一百二十五年史略》，中国文史出版社1998年版，第1页。
[4] 同上书，第2页。
[5] 蔡思行：《香港史100件大事》（上），香港中华书局2012年版，第116页。

鉴于此，考虑到华人崇尚中医中药，忌惮西医，且无力承担医药费用，当时的华商向政府提议建立一所中医院，为华人免费提供中医服务，获得了港英政府的同意，为示支持还特意拨款、拨地，并委任华人进行管理。在华商的呼吁下，华人纷纷解囊，捐助了大量款项，由此建立了东华医院。1870年3月，香港立法局又制定了《华人医院则例》，即《倡建东华医院总则》，规定东华医院以免费治疗贫病华人为宗旨，医院设总局处理该院日常事务，且受港英政府的监督管理。东华医院于1870年开始修建，至1872正式启用。[①] 东华医院自成立之后，秉承其创院宗旨，为广大在港华人提供了免费医疗服务，可以说19世纪后期，东华医院基本承担了香港华人的医疗卫生服务。

19世纪末20世纪初，港英政府接管新界，由于中国大陆政局不稳，内地向香港的移民增多，华人对医疗服务的需求也与日俱增。为满足广大华人的需求，东华医院不断扩大规模，在添建疫所、痘局、普仁街新院及栖流所的同时，还倡建广华医院（1911年）和东华东院（1929年），与东华医院并称为东华三院。[②] 东华医院创立伊始，旨在为香港贫苦华人提供免费医疗服务，但是随着时代的发展，为了适应不断变化的社会需求，东华三院不断拓展慈善服务，除赠医施药外，还施棺殡殓、赈灾恤难、兴办义学、安置难民等，逐渐发展成为一家综合性慈善组织。[③]

（三）东华三院的地方特质

作为香港地区最具规模和历史最久远的华人慈善组织，东华三院见证了香港如何在东西文化碰撞过程中由一座名不见经传的小岛发展成为现代化大都市，而其自身亦是香港社会发展变迁的缩影，所以在东华三院的发展过程中，能看到东西力量的角逐，正是在这种角逐下

[①] 李东海：《香港东华三院一百二十五年史略》，中国文史出版社1998年版，第2—4页。

[②] 同上书，第7—54页。

[③] 何佩然编：《施与受——从济急到定期服务》（东华三院档案资料汇编系列之二），香港三联书店2009年版。

东华三院实现了自身的成长与发展。

1. 中西医之争[①]

香港开埠后，东西文化出现碰撞交融，所以开埠后的香港兼具东西文化的特色，这一点在东华医院身上亦有体现。

东华三院自创立之初就是一家以中医为唯一治疗方法的中医院，但是中医在发展过程中受到了西医的不断冲击，生存空间被严重挤压，最后甚至消失，在这个过程中作为医疗空间的东华医院成为了中西医角逐与竞技的场所。

由于以华人熟悉的中医作为治疗手段，东华医院很快受到了在港华人的欢迎。但是，尽管如此，东华三院的中医服务却遭受到了殖民政府医官以及洋人社会的批评，他们认为中医治疗是封建迷信，怀疑中医治疗的成效，认为中医"对于启蒙中国人的心智来说是一个巨大的障碍"，为此当时的殖民政府希望东华医院引进西医，但是一直未能实施。[②] 1894年香港鼠疫的爆发，殖民政府再次要求东华医院引进西医。尽管鼠疫爆发之前，殖民政府对于东华医院早已存在诸多不满，但是由于当时并未威胁到公共安全因而并未给东华医院带来太大冲击，但是此次鼠疫却让东华医院处于不利的境地。

鼠疫爆发后，东华医院所在的华人聚居区出现了大量的鼠疫患者，殖民政府将原因归结为东华医院中医没有采取恰当的措施，导致鼠疫大量传播。东华医院被视作鼠疫的发源地，严重威胁到了殖民地的公共安全，由此受到了殖民政府医院的大量批评，为此殖民政府也在谋求东华医院的改革。针对东华医院面对的诸多批评和争议，1895年，殖民政府计划成立调查委员会对东华医院进行调查，其后又提议委派华人西医报告东华医院病人疾病和死亡的原因，遭到了东华医院董事局的反对。为了更好地解决这一问题，殖民政府任命东华医院调

[①] 本部分主要参考杨祥银《殖民权力与医疗空间：香港东华三院中西医服务变迁（1894—1945）》，《历史研究》2016年第2期。

[②] 杨祥银：《殖民权力与医疗空间：香港东华三院中西医服务变迁（1894—1945）》，《历史研究》2016年第2期。

查委员会调查医院的运作与组织情况，经过一系列调查以及协商，东华医院最终同意引入一名西医与一名洋人巡院医官，1897年随着二人的任职，东华医院中西医共存时代正式开始。① 自1897年引进西医后的四十余年里东华医院一直处于东西医共存的状态。

东华医院引入西医后越来越多的华人接触或认可西医，随着西医在医院中治疗角色的加强，在医院董事局的支持下，西医获得了迅速发展。1905年东华医院西医留医人数首次超过中医留医人数（西医留医比率达到50.57%），1931年东华医院、广华医院、东华东院三院统一管理时，三院西医留医比率已经达到68%左右，说明西医已被华人所接受。② 出现这一转变除了制度性的强行推动③和西医治疗效果显著外，还有一个原因在于东华三院董事局的支持和积极推动。尽管如此，虽然从留医人数来看西医逐渐超过中医，但是当时东华三院的门诊治疗仍然以中医为主，如在1903—1938年间，东华医院西医门诊比率除个别年份外，大部分年份都保持在20%以下，说明当时人们生病仍然会首选中医。④

20世纪30年代，一方面受世界经济危机以及抗日战争的影响，医院收入减少；另一方面医院不断拓展医疗、慈善服务，医院支出有增无减。虽然东华三院通过认捐、临时筹募、向政府申请津贴以及开源节流等一系列措施，缓解了财务压力。⑤ 但是1937年后，东华三院财务危机愈益凸显，为了应对这一危机，东华三院向殖民政府申请补助。但是针对东华三院的申请，殖民政府提出东华三院需要接受政府

---

① 杨祥银：《殖民权力与医疗空间：香港东华三院中西医服务变迁（1894—1945）》，《历史研究》2016年第2期。
② 同上。
③ 医院强制规定所有入院患者必须首先由西医医生诊断，然后才能由病人自主选择中西医治疗方法。
④ 杨祥银：《殖民权力与医疗空间：香港东华三院中西医服务变迁（1894—1945）》，《历史研究》2016年第2期。
⑤ 同上。

提出的一系列条件才能获得补助，如下①：

（1）贵总理应造具每年正确预算，以为依据；并将每年之数目，请政府特准之核数员核过，然后呈报。

（2）每年预算，应由永远顾问总理批准。

（3）医院中之医务慈善工作，应分清楚，其详细如下：（甲）每一部分应分别造具预算；（乙）用作医院及医务上之屋宇，应与用作慈善工作之屋宇分开，如周济无告贫民及老年人等。

（4）医务工作应设医务值理以管理之，该值理内包括东华医院总理代表（其数目现建议三名）、医务局代表二名（如医务监督愿做，则包括医务监督）及三院院长，由政府代表两位中之先进者为主席。

（5）用中药医治之留医病人，应以逐渐废除为宗旨，其详细如下：（甲）中药之设备，只限于东华医院及广华医院内有限数之病房；（乙）中药治疗，只限于自动求用中药医治之留医病人。

（6）此后如将东华医院公款投资，必须认真稳妥方可，不可再造按揭及置产等事业。

（7）当政府以为合宜，随时有全权以调查任何经济上或医务上之事项。

虽然条例极为苛刻，但是经过不断交涉和妥协，东华三院最终作出了让步，其中董事局虽然坚持反对废除中医但也作出了一定妥协，"同意维持东华三院现有中医病床数目不变，中医留医服务只适用于那些自动求诊中医的患者"，"如果一定要废除中医，东华三院表示必须召集街坊会议，留待坊众决定"。② 此外，东华三院同意成立医务委员会，医务委员会成立后，全面干预医院事务。经过这一事件，东华三院董事局的自主权遭受挑战，其后东华三院在特定疾病中西医治疗权之争、义务中医聘任问题都相继妥协，中医留医服务、门诊服

---

① 香港东华三院癸卯年董事局编辑：《东华三院医务委员会之成立经过及所属文件》，香港东华三院1964年版。
② 杨祥银：《殖民权力与医疗空间：香港东华三院中西医服务变迁（1894—1945）》，《历史研究》2016年第2期。

务逐步萎缩。① 在此影响下，第二次世界大战结束不久从留医服务来看，东华三院俨然成为以西医药为唯一治疗方法的西医医院。

东华三院由一家中医医院逐渐演变为中西医共存，到最后成为了以西医药为唯一治疗方法的西医医院。这种转变的背后，反映着地方权力博弈，是香港社会华人力量与殖民力量之间角逐的缩影。

当然作为一家见证了香港成长发展的华人慈善机构，东华三院所展现出的东西文化碰撞交融不止于此。如东华医院成立后，管理医院的总理渗入了很强的传统道德观念："着重看重员工的操守，如不准吸烟、赌博、打架；强调下属必须服从和尊敬上师"；对收留病人也显示了强烈的道德标准："不接纳妓女、花柳病患者，认为这类病人咎由自取，并不值得同情"。医院的另一传统特色是保留了义祠敬拜神祇的习俗，医院常年敬奉通晓药理的神农氏，而每年的清明、重阳医院也会举行祭拜仪式，初一、十五医院也会按照习俗祭拜神祇。每年年尾，董事局还会向上天汇报医院情况，并在神像面前焚烧是年工作报告以向神明证明。②

东华三院的组织模式也具有明显的东西交融的特色。东华医院借鉴了西方民间组织的选举模式，其总理通过推选而出，一般一年一任，多于次年退任协理，很少连任，从1872年到1934年五十年时间内，东华三院650多名总理中，多次出任总理的只有40位，这就避免了总理通过职位扩张自身的势力。③ 尽管如此，通过血缘、地缘、业缘等方式来影响甚至主导东华医院发展的现象却颇多。

从血缘关系来看，东华医院的领导阶层很多是具有血缘关系，如邓志昂（1905年）与邓肇坚（1924年与1928年总理）为父子关系，何氏家族的何晓生（1898年总理）、何棣生（1906年首总理）、何泽

---

① 杨祥银：《殖民权力与医疗空间：香港东华三院中西医服务变迁（1894—1945）》，《历史研究》2016年第2期。

② 何佩然编：《源与流——东华医院的创立与演进》（东华三院档案资料汇编系列之一），香港三联书店2009年版，第21页。

③ 同上书，第21—22页。

生（1906年首总理）三人为兄弟，何泽生的儿子何世光1919年出任首总理，何晓生的姻亲罗长肇1915年出任首总理，其子罗文锦（何晓生女婿）1929年出任总理。这种情况在东华医院非常普遍，正因如此"世家大族以家族成员、理念、产业、社会网络等主导医院的运作"[①]。

从业缘方面来看，19世纪下半期，东华医院总理中具有经济实力的行商代表包括：南北行、米业、金山庄、鸦片、绸缎、地产、出入口贸易、银行、当押、洋行的买办及办报商人，到20世纪上半期经营地产、证券的股商以及专业人员逐渐发展起来，从事不同行业的商人，价值观念、经营模式非常不同，如与19世纪下半期，行会行头在治理东华医院时较为保守、稳健不同，到20世纪20年代，具有较新思维的洋行行商在管理东华医院时显现了较新的思维模式。

在东华三院的管理中业缘关系网络与地缘关系网络存在着密切的联系，在港的行业一般由一些相同地域的人控制，这就一方面使总理可以借助个人的业缘和地缘关系网络筹集资源，另一方面通过筹集资源总理可以显示自身所属团体的经济实力。如当时的倡建银行总理潮籍人士高满华是南北行代表，而南北行又以潮籍总理居多，基于共同的地缘认同使得他们与中国潮汕地区和泰国华侨关系密切。[②]

2. 华人政治空间的生成

19世纪50年代后，香港华商阶层逐渐崛起。太平天国起义期间，来自珠三角一带的绅商等，利用香港的货物转运基地和城市兴建期的条件大力发展商业。此外随着大陆反侵略运动的兴起，广州地区的一些洋行、外资商馆前往香港，带动了华人买办阶层的发展壮大。随着华商经济实力的日益雄厚，原有的泾渭分明的华洋界限受到冲击，一些实力较强的华商逐渐控制原属洋人的物业和货栈，商业贸易也向洋

[①] 何佩然编：《源与流——东华医院的创立与演进》（东华三院档案资料汇编系列之一），香港三联书店2009年版，第23页。

[②] 同上书，第23—24页。

人专属居住区和商业区渗透，"华人也成为香港的主要纳税者、经济建设的主力军"①。为了维护自身利益，提升自身的社会地位，这些华商积极参与社会事务，在谋求经济利益的同时，也参与了大量的慈善公益事业，逐渐成为了华人社会的领袖。而当时港英政府为拉拢这些有实力的华人阶层，利用他们维持华人社会的稳定，默认了他们的很多行为和权力。在这些有实力的华人阶层的带领下，在港的华人群体社会意识不断提升，并逐渐形成了超越地缘与血缘关系的公共事务中心——街坊公所和寺庙委员会。其中位于香港荷李活道的文武庙是当时香港最重要、最有影响力的华人组织，一度成为了华人社会半官方的"法庭"，其"建成后的八年时间里，英国法庭没有受理过一宗纯粹的华人案件"②。而东华建成之后则取代了其他华人组织成为新的华人议事中心。

自东华医院成立伊始，其历届领导阶层成员便聚集了香港华人社会的精英，其中尤以商人、买办所占比例最多，如在东华医院13位创建总理中，有五位买办，七位行业殷商；东华医院倡建首总理李昇是省港澳轮船公司董事，香港安泰保险公司和香港置地公司的大股东③；1903年和1914年出先后两次任东华医院主席的周少岐业务范围遍及金融、保险、运输、地产等领域。④ 这些华商多在自己的行业内成绩斐然，具有极高的社会声望和社会影响，是华人社会的领袖。

所以东华医院建成后逐渐取代了之前华人社会的议事中心，几乎主导了所有的华人事务，这其中就包括仲裁诉讼、向政府争取华人权益、商业纠纷等，而一些例如家庭纠纷、代为讨债等生活小事也要求

---

① 孙智雯、陈伟明：《香港华商慈善组织的形成及其功能与空间扩展（1840—1940）——以东华三院为例》，《安徽师范大学学报》（人文社会科学版）2017年第1期。

② ［英］弗兰克·韦尔什：《香港史》，王皖强、黄亚红译，中央编译出版社2007年版，第285—286页。

③ 张晓辉：《香港华商史》，明报出版社1998年版，第21页。

④ 刘智鹏：《香港华人精英的冒起》，香港中华书局2013年版，第95—96页。

助东华医院[1]，可见东华医院在华人社会中的地位。1870年，殖民政府要求在港华人制定法例要求所有在港华人外出时必须携带灯笼，引起了华人社会的强烈不满，东华医院代表广大华人就此与殖民政府进行交涉，因在港洋人的坚持，法令最终没有被废除，但是从中也能反映出东华医院在华人社会的重要地位。[2]

由此可见，除了具有慈善能力外，东华三院还逐渐成为了华人社会重要的政治空间，在处理华人社会内部事务的同时，也成为了华人社会对抗殖民政府的重要力量。

3. 超越地方的慈善实践

作为香港地区的华人慈善组织，东华三院除了在香港地区开展慈善活动外，还对广大华人社区产生了深远的影响。自清末成立以来，东华三院除了积极参与华人社区的赈济活动外，还帮助大量客死异乡的华人华侨落叶归根。

东华三院曾多次赈济内地。据不完全统计，1877年至1949年间，东华医院仅参与内地自然灾害赈济就达40余次。[3] 如1908年6月，广东西北江水暴涨，致广肇基围崩决二十余处，饥民百万。为此广州九善堂来电，请求与东华医院合办筹赈。东华医院知悉后，先汇一万元办理急赈，同时"联集同志广为劝捐，将捐款托省善堂，递往灾区散赈"[4]。

东华三院还积极救助滞港难民。作为内地居民出洋和华侨返乡的必经之地，长期以香港来往的华人华侨众多，但是由于各种原因，很多在港滞留，沦为难民，为此东华三院开展了大量的救济工作。总体来看，东华三院救助的滞港难民主要分为返乡华工、被拐妇孺及战争

---

[1] 孙智雯、陈伟明：《香港华商慈善组织的形成及其功能与空间扩展（1840—1940）——以东华三院为例》，《安徽师范大学学报》（人文社会科学版）2017年第1期。

[2] 同上。

[3] 胡水玉：《近代香港东华医院内地慈善活动研究（1870—1949）》，湖南师范大学出版社2017年版，第29页。

[4] 何佩然编：《施与受——从济急到定期服务》（东华三院档案资料汇编系列之二），香港三联书店2009年版，第53页。

难民三种。针对这些不同类型的难民采取了不同的救助措施,如针对渴望返乡的华工,东华三院一般会遣送回籍;对于被拐妇孺,东华三院一方面采取措施打击拐卖行为,另一方面积极收容那些被拐卖的妇孺,对于那些无法遣送的妇女,东华三院会待其到适嫁年龄公开择婿;而对战争难民,东华三院则为其设立专门的栖流所,提供衣食,积极开展救济工作。[①]

东华三院还是全球华人原籍归葬的枢纽。自香港开埠以来,随着商业贸易的发展,逐渐成为了重要的海上交通枢纽,越来越多的人在此转港,此外由于毗邻内地,与内地联系方便,香港一度成为全球华人原籍归葬的中转站。

华人社会一直有着死后落叶归根的传统。早期出海谋生的中国人,在生前侨居地遭受欺凌,生后亦得不到公平的对待,或找不到合适的墓穴,或坟地时遭破坏,或不能安葬在公共墓地,或被拨给劣地,又因为墓地太小,需要腾出空间给新来者,需定期掘棺挖骨运回中国,此外,出于风俗习惯、民间信仰、对故乡的深厚感情以及在侨居地的生活经历的影响,华侨普遍希望死后能够归葬故乡。[②] 实际上东华义庄建立之前已经存在为华人等待归葬故乡的先人棺骨提供厝所的地方,而在东华义庄建成后,除了为本地人提供寄放棺柩外,更为重要的是成为了全球华人原籍归葬的枢纽。东华义庄成立前,华人慈善团体捡运华侨先骨回乡主要依靠其在香港的联系组织,由这些联系组织对经港返回内地付运作出安排。而东华义庄建成后这些联系组织或先侨家人可直接到义庄认领棺骨,或由义庄运往原籍,由省城、善堂,侨乡的地方组织负责接受,以方便家属就近领取。而为了满足华人归葬原籍的需要,东华义庄的增建、扩建、增加配套设施、修葺工

---

① 胡水玉:《近代香港东华医院内地慈善活动研究(1870—1949)》,湖南师范大学出版社 2017 年版,第 36—42 页。
② 叶汉明编:《东华义庄与环球慈善网络——档案文献资料的印证与启示》(东华三院档案资料汇编系列之三),香港三联书店 2009 年版,第 19 页。

程一直不断。① 抗日战争爆发后，香港与广州的内河中断，华侨归葬故乡暂时中断，二战后原籍安葬服务恢复，后因内战爆发延迟，直到新中国成立后，原籍安葬因政局和交通禁运问题难以继续，这样长达半个世纪的原籍安葬逐渐停止。②

虽然位于香港地区，但是东华义庄的慈善实践却超越了地方社会，在广大华人社区产生了深远影响，无论是赈济灾民，还是帮助先侨落叶归根，东华三院均体现出了一家地方慈善组织的广泛影响力。

二 潮汕善堂③

善会、善堂诞生于明末清初，除某些由官方创办或参与外，大多数善会、善堂为地方绅衿、商人等集资、管理的专门性慈善机构。④ 区别于传统意义上的善堂组织，潮汕善堂主要指由潮汕当地民众自发组织的民间慈善团体，最明显的特征在于与潮汕当地的民间信仰相结合，形成了庙堂结合的组织形式，同时不同于传统善堂组织，新中国成立后在中国大陆地区的销声匿迹，改革开放后潮汕善堂又再度兴起。此外潮汕善堂还伴随着历史上潮人的迁徙在海外地区扎根发芽，蓬勃发展。鉴于潮汕善堂的特殊性，在分析潮汕善堂生存逻辑之前，有必要对潮汕善堂的发展脉络和现实状况进行分析，了解潮汕善堂的发展状况。

（一）潮汕善堂的发展历史

明朝末年，由于官方的社会救济政策缺乏有效的作为，而经济发展所带来的人口压力和身份等级分化造成的贫困问题受到越来越多的

---

① 叶汉明编：《东华义庄与环球慈善网络——档案文献资料的印证与启示》（东华三院档案资料汇编系列之三），香港三联书店2009年版，第23—26页。
② 同上书，第26—28页。
③ 文中关于潮汕善堂的部分资料来自笔者2014年10月至2015年9月在潮汕地区的田野调查。
④ ［日］夫马进：《中国善会善堂史研究》，伍跃等译，商务印书馆2005年版；梁其姿：《施善与教化——明清的慈善组织》，河北人民教育出版社2001年版。

关注，在这种境况下地方精英开始介入，善会的出现就是地方精英介入的结果。① 在地方精英的努力下，明末出现了恤嫠会、施棺会、掩骼会、一命浮图会、保婴会、惜字会、救生船等大量的善会组织，解决了很多当时的社会问题。② 清初的善堂与明末的善会一脉相承，但是发展更为成熟，不仅有专门的场所和正式的工作人员，而且财务日趋正规，管理制度日益完善。1724 年，雍正下达了褒奖和鼓励善堂的诏令，极大地促进了善堂在全国范围内的推广。根据林悟殊的统计，仅清朝一朝就有清节类善堂 216 个、育婴组织 973 个、施棺类善会善堂 589 个、普济堂 399 个、综合性善堂 338 个，还有无法分类的善堂组织 743 个，并且这一数字还是低估。这些善堂遍布全国大多数省份，其中又以江苏省、浙江省和广东省在内的长江三角洲、珠江三角洲最为密集。③

虽然清朝末年伴随着全国性公共慈善组织的广泛兴起，潮汕善堂才逐渐发展起来，但其发展源头最早可以追溯到宋朝。宋政和六年（1116 年），一位名为大峰祖师的僧人由闽入粤至潮阳和平里，因感于当地居民被练江所隔，生活不便，遂募资建桥，桥未竟而逝，当地乡人感其恩，建报德堂以纪念之。④ 报德堂后来被视作潮汕善堂发展的滥觞，报德堂建成之后的数百年间潮汕地区鲜有善堂问世，直到清朝末年这一情况才得到改善。

清末民初，潮汕地区诞生了大量的善堂。以潮州市为例，20 世纪三四十年代已有了 30 多家善堂（善社），充分说明了善堂在当时潮汕地区已十分普及。⑤ 到新中国成立前潮汕地区的善堂数量已十分可

---

① 梁其姿：《施善与教化——明清的慈善组织》，河北人民教育出版社 2001 年版，第 26—48 页。

② [日] 夫马进：《中国善会善堂史研究》，伍跃等译，商务印书馆 2005 年版，第 78—179 页。

③ 梁其姿：《施善与教化——明清的慈善组织》，河北人民教育出版社 2001 年版，第 2—3 页。

④ 中国人民政治协商会议升平区委员会文史委员会：《升平文史第 1 辑潮汕善堂专辑 1》，汕头市新闻出版办公室 1996 年版，第 106—107 页。

⑤ 同上书，第 6—15 页。

观,遍布潮汕各地,如在潮阳县棉城镇有济德、仁济、建德、存仁、仁德、存德、棉安、仁峰等善堂;在汕头市有同庆、同济、存心、延寿、诚敬、合敬、诚心、慈爱善堂(善社);在潮阳县和平镇、峡山镇、司马浦镇和成田镇一带,有以和平报德堂为核心的"报德堂十三社"的地方善堂(社);在汕头市以北的潮安县的庵埠镇,有广济、太和、同奉、遂心、衣德"五大善堂",等等。①

随着潮汕善堂的迅速普及和日益发展壮大,它们越来越积极地参与社会事务,涉及济贫、施医、救灾、消防、办学、收殓等多个方面。新中国成立前由于政府的力量有限,以潮汕善堂为代表的民间慈善团体就成为了解决社会问题的重要力量。当时善堂开展了大量的慈善活动,如施医赠药、修桥铺路、消防救护、广兴义学等。每逢天灾人祸,善堂更是成为了当时社会救赈的重要力量,如1928年"八二风灾"发生后,潮汕善堂就积极参与了救灾工作②;1944年汕头遭遇特大风灾,存心、延寿等汕头五善堂(善社)成立了汕头五善堂联合办事处,开展调查、施粥、收容、善后等救灾工作③;抗战胜利后,华侨运往潮汕地区的救灾物资,一般就委托善堂散赈。④ 不仅如此,为了更好地开展慈善事业,很多善堂还设立了分支机构,如汕头的同济善堂还设有同济医院,存心善堂设有存心医院、存心小学、儿童教养院、消防队,诚敬善堂设有诚敬医院、诚敬小学、儿童教养院、灭火局等。⑤

---

① 徐苑:《大峰祖师、善堂及其仪式:作为潮汕地区文化体系的潮汕善堂综述》,硕士学位论文,厦门大学,2006年。
② 中国人民政治协商会议升平区委员会文史委员会:《升平文史第1辑潮汕善堂专辑1》,汕头市新闻出版办公室1996年版,第1—5页。
③ 汕头存心善堂文书股编:《汕头存心善堂民国三十二、三十三年度堂务报告》,汕头岭东玉记印务局1944年版,第40、42、426—430页。
④ 严名芳:《暹罗华侨赈米潮汕放赈委员会报告书》,华侨赈米潮汕放赈委员会1947年,第3—5页。
⑤ 中国人民政治协商会议升平区委员会文史委员会:《升平文史第1辑潮汕善堂专辑1》,汕头市新闻出版办公室1996年版,第3—5页。

图 5—1　汕头沦陷期间存心善堂赈灾场①

图 5—2　汕头沦陷期间施粥场面②

新中国成立后，同国内其他善堂相似，潮汕善堂也未能逃脱被政府取缔的命运，善堂及其附属机构由政府接管，从此近 30 年善堂在中国大陆销声匿迹，改革开放后，随着社会政策的放开潮汕善堂才陆续恢复。这一时期善堂的复建是社会政策的放开、海外华侨的支持、社会发展的需求、保存善堂历史记忆的社区成员的推动等多种因素共同作用的结果。20 世纪八九十年代，潮汕地区已有大量的善堂恢复，根据徐苑统计，在 1989 年和平报德古堂董事会成立之前，潮汕地区已经出现 250 余座善堂。③

这些恢复的善堂在后期的发展存在较大的差异，如汕头的存心善堂自 2003 年正式恢复后，获得快速发展，目前善堂有会员五万余名，每年收集的善款有两千余万元，工作人员二百多名，下设十余个分支机构，并设有多个驻外办事处。而作为潮汕善堂滥觞的和平报德古堂也在海外华侨的推动下不仅很早获得了恢复，而且还修建了闻名海内外的大峰祖师风景区。与之形成鲜明对比的是大量的小善堂，这些善堂规模较小，开展的活动多为较为简单的救济活动和宗教活动，如汕头的延寿善堂，善堂近似于小庙道观，平常香客前来烧香拜佛，只在逢年过节善堂会发放一些油米等给贫困户。

不仅如此，潮汕善堂随着潮人的迁徙也传播到海外地区，广泛分

---

①　存心善堂提供资料。
②　同上。
③　徐苑：《大峰祖师、善堂及其仪式：作为潮汕地区文化体系的潮汕善堂综述》，硕士学位论文，厦门大学，2006 年。

布在新加坡、泰国、马来西亚以及中国香港等国家和地区。鸦片战争爆发后，中国经历了长期的政治、经济和社会动荡，人们生活艰难，而东南亚等地区由于经济发展的需要急需劳动力，在这种背景下，大量潮人漂洋过海外出谋生。这些身居异域的潮人面对陌生的环境、艰苦的生存条件以及对家乡的怀念，特别需要潮人善堂这种能够满足他们现实需求与文化认同的华人慈善组织。① 因此自清末开始，海外的潮人从原乡将善堂崇祀的神明金身带至栖居地，逐渐发展成为了海外潮人善堂，如泰国华侨报德善堂，新加坡的同奉、南安、普救、修德、同敬善堂等。②

（二）潮汕善堂的地方特质

潮汕位于中国大陆的东南部，广东省的最东部，临海靠山，是一个相对独立的地域范围，主要包括汕头、揭阳和潮州三个地级市。③这一地区不仅指代地理上的划分，还是一个文化地域概念。与周边的广府文化、客家文化相区别，该地区在长期的发展过程中，形成了具有自身特色的潮汕文化体系，如多元的民间信仰，广泛分布的海外华侨，关注死亡仪式，等等，无不凸显了潮汕这一地方社会的特质。

1. 海外关系网络的生成与发展

潮汕是著名的华侨故乡，长期以来大量的潮人因为躲避战乱、商业贸易或者谋生移居海外。饶宗颐在《潮州志·户口志》中就记载有："吾州当明清之际，抱义负奇之士不少，向海外拓殖，近百余年来又以人口繁滋迫于生计，相率移民至南洋群岛。"④ 反映了潮汕海外移民的情况。实际上从唐朝开始，潮人因躲避战乱和商业贸易已经陆续移居海外。清乾隆年间，由于潮汕地区粮食短缺，政府准许商民前往暹罗采购大米，随着两地商贸往来的日益频繁，大量潮人向东南

---

① 李志贤：《新加坡潮人善堂溯源：兼论其在早期移民社会的建构基础》，载于潮汕历史文化研究中心《潮学研究》第11辑，汕头大学出版社2004年版，第251—262页。

② 苏庆华：《新马潮人的宋大峰崇拜与善堂》，载李志贤《海外潮人的移民经验》，潮州八邑会馆2003年版，第11页。

③ 黄挺：《潮汕文化源流》，广东高等教育出版社1997年版，第2页。

④ 饶宗颐：《潮州志·户口志》，潮州修志馆，1949年，第1页。

亚移民,这是潮汕移民史上第一次大规模的移民。第二次鸦片战争后,由于潮汕地区自然灾害不断、战乱频繁,迫于生存压力大量潮人出海谋生,出现了潮人的第二次移民高潮,这一次移民中除了正常的自由移民外,还出现了"契约劳工"即俗称的"卖猪仔"。其后由于政治、经济原因,潮人的海外移民已经大大减少,新中国成立后基本中断。

尽管如此,在长期的海外移民过程中,潮人早已遍及世界各地,形成了今天"海内一个潮汕,海外一个潮汕"的壮观景象。潮人善于经商,素有"东方犹太人"的称谓,而海外华侨尤甚。《清稗类钞》记载:"潮人善经商,窭空之子,只身出洋,皮枕毡衾以外无长物。受雇数年,稍稍谋独立之业,再越数年,几无不作海外巨商矣。尤不可及者,为商业之冒险进行之精神。其赢而入,一遇眼光所达之点,辄悉投其资于其中,万一失败,尤足自立;一旦胜利,倍蓰其赢,而商业之挥斥乃益。"[1] 正因如此,移居海外的潮人在事业上多有所成就,诞生了一批享誉海内外的潮籍商人。潮人重利但不轻义,海外潮人在事业成功以后往往会回馈家乡。新中国成立前,自然灾害不断,战乱频繁,海外华人华侨的侨汇是家乡亲人生存下去的重要保障。不仅如此,在潮汕发生重大灾害期间,香港、泰国、新加坡、马来西亚等国家和地区的海外潮人组织起来积极捐款捐物,开展了声势浩大的救援活动。改革开放后,随着政策的放开,海外潮人又掀起了新一轮支援家乡的热潮。

在海外潮人对家乡的救助过程中善堂发挥了重要的作用。新中国成立前,善堂是海外华侨救济家乡的重要窗口。汕头沦陷后,由于常年战乱和频发的自然灾害,民生艰难,日益加剧。尤其是1943年,潮汕地区爆发春旱,青黄不接,发生大规模饥荒。[2] 1939年,南洋华侨及慈善团体组织"潮汕慈善团救济联合会",赴香港办米到汕,委

---

[1] 饶宗颐:《潮州志·商业志》,潮州修志馆,1949年,第27页。
[2] 王琳乾:《潮汕自然灾害纪略(714—1990)》,广东人民出版社1994年版,第110—111页。

托存心善堂施赈，从1939年11月到1940年五月期间，在海外华侨的支持下共有六批大米（共11290包，每包20斤）运达汕头，由存心善堂协助发往潮汕各灾区。① 1943年6月，潮汕地区发生大规模的饥荒，在家乡人士的奔走呼吁下，东南亚华侨筹集了大量救灾大米，第一批由越南华侨筹集的大米运达汕头后（共500包，每包120斤），由存心善堂等善堂负责发放。其后由于战事加剧，后续华侨运米无果。② 1945年抗日战争胜利后，由于多年的战乱和频发的自然灾害，潮汕当地满目疮痍，民生凋敝，1945年至1948年，潮汕又连续四年发生旱灾③，旱灾导致粮食减产，大量人口受灾。由于地狭人稠，潮汕向来是缺粮之区，粮食供应长期依赖外界输入，每逢旱灾减产，粮价极易受到外界影响发生波动。从1945年开始连续四年灾害导致该地米价腾飞，米贵如珠。在这种情况下，海外华人华侨开展了规模浩大的跨国救援活动，适时暹罗、安南、新加坡、马来西亚以及中国香港等国家和地区的华侨及慈善团体纷纷向潮汕地区展开支援，善堂成为海外华侨救乡运动的窗口。如1945年11月，在暹罗华侨的推动下，暹罗华侨救助祖国粮荒委员会成立，著名华人侨领郑午楼为理事长。从1945年11月开始活动，到1948年6月解散，暹罗救荒会动员了泰国数万名华人，筹集近2000万铢捐款，34000吨大米，前后15次运达中国，鉴于此次活动中广大暹罗华侨多为潮汕人，其中13次运达潮汕地区。④

改革开放后，随着政策的放开，海外潮人又掀起了新一轮支援家乡的热潮，这其中就包括大量潮汕善堂。这期间海外华侨为了支持家

---

① 蔡木通：《存心堂务》，汕头存心慈善会，第130页。
② 汕头存心善堂文书股编：《汕头存心善堂三十二、三十三年度堂务报告》，汕头岭东玉记印局1945年版，第80页。
③ 自1945年10月到次年4月，大旱7个月之久，米价上涨43倍；1947年，潮汕又发生春旱，普宁受灾严重，减产70%以上的农田32亩，受灾人口22.4万；1948年，春夏连旱，潮阳受灾31.5万亩，减产6—8成，普宁受灾27万亩，减产8成左右。
④ 〔日〕玉置充子、乔云：《二战后泰国华人的救济祖国运动——以暹罗华侨救济祖国粮荒委员会（1945—1948年）为中心》，《南洋资料译丛》2012年第4期。

乡善堂的发展投入了大量的资源，如潮汕著名的大峰祖师风景区就是由海外华侨支持修建的。不仅如此，为了促进善堂的恢复，海外华侨在善堂恢复初的敏感时期，积极声援，呼吁政府恢复善堂，如汕头存心善堂，改革开放后社会政策逐步放开，原存心善堂老舍友奔走相告，希望恢复存心善堂，在这个过程中善堂老舍友还积极向海外华侨寻求支持。由于当时的社会背景对善堂这种具有民间信仰色彩的组织仍然较为敏感，因此这一时期海外华侨纷纷以保护文物古迹，减轻政府财政负担的名义，提出由海外华人华侨出资修复善堂旧址，用于存心善堂开展慈善活动。

除了积极声援，广大海外华侨还通过实际行动支持存心善堂的发展。1996年，在海内外人士的支持下，重修的祖师圣殿竣工，几经波折最终定于当年4月23日、24日、25日连续三天举办开光典礼。为此存心善堂呼吁广大海外华侨前往参加，当时泰国各大报纸刊登了这一消息，呼吁"年幼时受大峰祖师之惠，为存心善堂所收养过的海外人士归省报恩"文章发出之后，海外潮人的热烈响应，泰华善信组团观礼。当时的东亚机构董事长、泰国中华总商会常务会董事、亚洲日报董事副主席原准备河南淮阳寻根谒祖，为了参加存心善堂的开光大典更改航班，放弃了之前较快捷的回程路线，不惜多次辗转。[①] 而作为存心善堂曾交往密切的泰国华侨报德善堂不仅专门派人前来参加存心善堂的开光大典，还捐助了一百万泰币，这些援助存心善堂的海外华侨，很多早年曾得到过善堂的帮助，对存心善堂有着深厚的感情，因此在得知善堂恢复的消息后纷纷慷慨解囊。如当时在泰国经商的华人徐维伦得知存心善堂开光大典后，为感谢存心善堂五十余年前"为父收骨"，特意致函郑午楼、胡玉麟，请求其代转十万铢泰币捐赠给存心善堂，以报答当年为父收殓之恩。

基于共同的发展源头、信仰和组织模式，近年来海外善堂与潮汕本土善堂之间的互动往来日益频繁。历史上很多潮汕人迫于生计压

---

① 《亚洲日报》1996年4月19日第2版。

力，漂洋过海，过番谋生，并将潮汕本土的善堂文化也带到了栖居国，由于潮汕地区是海外善堂的发源地，改革开放后随着华侨往来的日益增多，很多善堂来潮汕地区寻根，希望与更多的潮汕善堂加强联系，俗称"壮香火"。作为宋大峰祖师的发源地——潮阳和平报德古堂和宋大峰祖师墓，每年都会迎来众多的海内外善堂前来参观访问，尤其是每年的农历十一月份，宋大峰祖师忌日前后，海内外善堂会前来扫墓，为彼此间的交流提供了契机，而作为潮汕地区最具规模和影响力的善堂，存心善堂更是受到了海内外善堂的关注。2012年11月18日，印度尼西亚同心善社社长黄绍福带领二十多位社友访问存心善堂期间就曾表示："汕头存心善堂在海内外潮人中有着重要的地位，存心善堂以务实为宗旨，做了很多善事，因此，本次潮汕之旅，一定要来拜访存心善堂。"[1] 正因如此，近年来存心善堂与海外的交流日益增多，目前存心善堂与印度尼西亚、新加坡、马来西等多个东南亚国家的善堂均保持往来。随着双方交流的增多，存心善堂开始学习和借鉴海外善堂一些成熟的发展模式。

早期的潮汕华侨尽管很多在栖居地落叶生根并且融入了当地的生活，但是由于对原生社区有着较高的认同感，因而乐于为家乡提供支持。所以20世纪90年代，在存心善堂的恢复过程中，善堂呼吁海外华侨的支持为自身的恢复和发展助力，获得了海外华侨的广泛认同。

2. 关注死亡仪式

潮汕人敬畏神，但惧怕鬼。在当地人看来神明总是与光明正义相联系，而鬼则是阴暗危险的，他们潜伏在某处，很可能会对人们的生活产生不利的影响。当然并不是所有死去的人都是鬼，对于鬼当地人也进行了划分，在当地人看来鬼是非祖先的亡者，而在鬼中那些不能得到祭祀的孤魂野鬼最为危险，他们不能投胎转世，飘荡在世间，很有可能危害人的生存。鬼虽然很危险，但也很可怜，尤其是一些孤魂野鬼没有人祭拜，所以需要世人的布施。在潮汕地区很多寺庙门口会

---

[1] 《存心公报》2012年第10期。

有一个专门的孤魂臼子的牌位,用于给这些孤魂野鬼布施,而每年的盂兰盆会当地人还会举办法会为孤魂野鬼布施超度。此外在日常生活中当地人还会通过一些私人仪式来布施,如做火供和烟供。正因如此潮汕人十分重视对亡者的关注,并将其也视作一种"善",所以在潮汕地区关于死亡的仪式非常多。

潮汕善堂成立之初很多就是以收尸埋骨为己任。1898年(光绪二十四年)开始,潮汕地区爆发了大规模的鼠疫,伴随着持续不断的旱灾,这场鼠疫在潮汕地区迅速传播,前后持续多年。① 鼠疫爆发后,一些善堂组织收尸埋骨,发挥了积极的作用,如汕头存心善堂。鼠疫爆发后,大量的外来流民进入汕头,因饥寒贫病倒毙街头,潮阳棉安善堂社友有感于汕头街头遗尸颇多无人收埋,在汕头设坛,后成立存心善堂,虽然日后存心善堂堂务活动日益多元,但一直保留着收尸埋骨的传统。② 汕头沦陷后,由于常年战乱和频发的自然灾害,民生艰难,日益加剧,尤其是1943年,潮汕地区爆发春旱,青黄不接,发生大规模饥荒,其间存心善堂开展了大规模的收葬工作,其中1943年春夏之交,"旱魃为灾,虎疫洊至,饥疫死亡,路途毙尸日以数百计",善堂当时每日收葬之数字,竟超过以前每月之总计。③ 随着收葬工作的开展,善堂修义冢,收骸骨,事业逐步发展成规模,建立了柩厝专门负责管理。到20世纪40年代末,善堂在汕头市郊的金砂、华坞两乡的义山有约25处,数百余亩。而根据存心善堂现存的1911年到1950年的收殓记录,善堂收殓的尸体有上百万之多。而这种像存心善堂一样以收尸为己任的现象在潮汕善堂中十分普遍。

与收尸埋骨相对应,潮汕善堂还形成了修骸骨仪式,即通过修筑

---

① 王琳乾:《潮汕自然灾害纪略(714—1990)》,广东人民出版社1994年版,第109页。
② 中国人民政治协商会议升平区委员会文史委员会:《升平文史第1辑潮汕善堂专辑1》,汕头市新闻出版办公室1996年版,第110页。
③ 汕头存心善堂文书股编:《汕头存心善堂民国三十四年度堂务报告》,汕头岭东玉记印务局1946年版,第23页。

公共墓穴来悼念和安抚那些无家可归的亡灵。这一仪式在当地十分普遍，如从清朝末年开始，以和平报德善堂为核心，在潮阳地区出现了一个被称为报德堂十三社的地方善堂网络，这一地方善堂网络的重要标志之一就是20世纪40年代开展了集体性的"南山修骷"仪式。20世纪五六十年代，为配合地方政府的开发建设，潮汕各地曾掀起过数次修骨骸的浪潮，其中有不少修骨骸的任务是由善堂协助完成的。如1950年为拓宽护堤公路，在潮安县政府安排潮安县彩德善堂清理公路两侧的无主坟墓，其间彩德善堂共迁移坟墓1800多穴，收埋骨骸2700多具。[①] 改革开放后，随着善堂的复兴，一些善堂恢复了这一传统，如云澳的协议善堂每年农历的十二月初一为收骷日。而20世纪80年代中后期以来，惠来县西北部以及海陆丰地区，通过收尸殓骨涌现了大量善堂，如陆丰市甲子镇道德善堂、惠来县隆江镇岗前村的峰德林善堂均是通过收骨骸建立起来的。[②]

图5—3　存心善堂收客登记部[③]

---

① 徐苑：《大峰祖师、善堂及其仪式：作为潮汕地区文化体系的潮汕善堂综述》，硕士学位论文，厦门大学，2006年。
② 同上书，第68页。
③ 陈晓平提供。

由于社会环境的变化，修骷骨仪式在潮汕很多地区已经失去了存在的条件，很多善堂已经不再举行这一仪式。但是对于亡者的关注仍然是潮汕善堂的一大传统，如很多善堂在每年的中元节会举行盂兰盆会祭奠亡灵，这已成为了潮汕善堂的一年之中重要的宗教活动。除了修骷骨仪式外，潮汕人还十分重视孝悌文化，并将其沿用到祖先的死亡仪式中，其中潮汕地区最为著名的是做功德。

做功德又称做亡斋，是一种为死者诵经超度保佑其安宁，早日投胎转世的一种宗教仪式。旧时，潮汕人去世后会请僧尼至家中或去寺庵念经超度，后因民间功德帮经济实惠且通俗易懂，遂在民间兴起，并普遍流传开来。在潮汕地区做功德是非常受当地人重视的仪式活动，人们认为通过做功德可以使亡者消减罪孽，在另一个世界得到圆满，体现了子孙对祖先的孝义。

潮汕的功德仪式主要是宣扬孝道和轮回思想，但地区之间又存在着一些差异，如汕头、澄海、揭阳、潮州的功德仪式有池塔和还库，没有过桥，而潮阳只有过桥；又如澄海、揭阳、庵埠、潮州地区做功德时会做礼血盆，而汕头不做。此外，做功德的时间也不同。过去一般家庭做功德只有七天，因为潮汕地区认为人死后在前六天意识是缥缈的，到第七天魂魄才能聚集，因此人死后至少要做七天功德。一些比较殷实的家族甚至会做更久，如二十一天、四十九天。现在潮汕地区很多家庭是七天之后做功德，而且只做一日，仪式过程已大大精减。

在潮汕地区，很多善堂保留着做功德的传统，如汕头存心善堂。自2003年恢复以来，功德仪式一直是存心善堂的堂务活动。为了开展功德仪式，2010年存心善堂成立了存心陵园，陵园占地面积七千多平方米，内有法事厅六间，设有专门的骨灰楼，还有近三十名专职的工作人员负责日常工作，如接待家属、安排经师、调节场地等。不仅如此，存心善堂还有四十余名常驻经师用于日常开展功德仪式。

功德仪式确实宣扬了中国传统的孝悌观念，一些仪式主要歌颂父母一生的不易，教导子女要恪守孝道。以功德仪式中的礼血盆为例，礼血盆为女性所做的功德仪式,据说女性因为怀胎、经期等染过血的白布在江水中洗涤,导致下游的水被污染,人们拿着这些水敬奉神明时亵渎了神明。因此当地的女性去世后,通过念经超度帮其去除这些罪孽,以免因此受苦。礼血盆经师会诵唱大量的潮汕曲目,如《二十四孝歌》《十月怀胎》《目连救母歌》等,追忆母亲一生辛苦不易,教导子女孝敬父母,演唱时经师常常声泪俱下,惹人怜哭,十分感人。

图5—4 存心善堂堂庙①

功德仪式的最核心价值观念是孝道。孝道是中国历来重视的传统价值观念,在中国人的行孝观念中,孝不仅是父母在生时的侍奉,更延伸至父母死后的追思与祭拜,在潮汕地区为去世的父母做功德就是子女践行孝道的最直接体现,通过做功德为父母超度,使父母能够消减生前的罪孽,死后得以安息,在另一个世界获得圆满。而功德仪式中一些曲目的诵唱,则有利于孝悌观念的宣扬和子女的感化教育。

此外每年的春分、秋分、农历的七月份或祖先忌日,潮汕人就会祭拜祖先,很多人在家中祭拜,也有人选择在家族祠堂内集体祭祖,而存心善堂的祭祖活动均与上述不同。存心善堂成立后,在存心陵园

---

① 郭淑蓉摄于2013年11月。

内建立了骨灰楼,骨灰楼内可以寄放骨灰和祖先牌位,因此每年的春秋分和农历七月份,那些祖先牌位供奉在存心善堂的家庭就会带着水果、点心、肉、香烛、宝帛等来存心陵园祭拜祖先。为恢复华夏礼仪,弘扬传统孝道,从2014年开始,存心善堂每年春秋分固定举行祭祖大典。

3. 与民间信仰的结合

以潮汕地区丰富的民间信仰资源为基础,潮汕善堂形成多神共祀、一神主祀的现象,即在善堂中除了供祀一个主要神明,同时还供祀着其他多个神明。根据徐苑的统计,潮汕地区善堂所供祀的主神,以数量多少统计依次为:宋大峰祖师、吕祖、玄天上帝、圣母娘娘,此外还有:关公(海门镇)、妙庄圣王(陆丰市)、宋禅(惠来县)、齐天大圣(揭阳市)等。而以这些不同的主祀神明为依据潮汕善堂可以划分为多个信仰体系,其中最具影响力的,是以大峰祖师为崇拜对象的善堂系统。目前在和平报德古堂登记备案的属大峰祖师神明系统的善堂共有200多座,其中比较重要的如下:[①]

• 练江平原上以历史上和平"报德堂十三社"为母核的村社善堂丛;

• 以原潮阳棉城镇棉安善堂和汕头存心善堂为母核的"潮汕念佛社",以及在其基础上分衍出来的以城镇善堂为主的善堂丛,其分布地域包括了汕头、潮阳、海门和惠来中部,但并不密集;

• 潮州市潮安县以庵埠镇上的"五大善堂"为核心的一个"主堂—分社"的等级体系;

• 以潮安县浮洋镇大吴修德善堂和揭阳市炮台镇东岭陆乡觉世善堂为核心,除主祀宋大峰祖师外,另外还祀奉据称是宋大峰祖师弟子的张运杰菩萨的一个善堂丛,它们主要分布在潮州市和揭阳市的交界地带;

[①] 徐苑:《大峰祖师、善堂及其仪式:作为潮汕地区文化体系的潮汕善堂综述》,硕士学位论文,厦门大学,2006年。

- 惠来县中部与东部的小村庄善堂；
- 惠来西部与海陆丰地区的与修骸骨仪式密切相关的善堂丛。

作为潮汕众多善堂的崇祀神明，大峰祖师对于当地善堂具有重要的意义。改革开放后，这些以大峰祖师为崇祀对象的善堂组织起来形成了统一的扫墓仪式。从20世纪80年代开始，报德古堂于每年的农历十一月某日（自2001年始掷筊所得十一月初九为固定扫墓日期）通知潮汕各崇祀大峰祖师的善堂前来扫墓，此后成为了一种传统，现在每年的扫墓日几乎所有潮汕地区大峰祖师系统的善堂都会派其代表前来墓祭。而除了统一的扫墓仪式外，每年的农历十月二十九被视为宋大峰祖师的诞辰，这一天潮汕地区举凡崇祀大峰祖师的善堂皆会举行重大的仪式庆祝活动，这是一年当中善堂最为重要的仪式活动之一。

善堂与民间信仰是密不可分的，庙堂结合更是成为了潮汕善堂的特色。早期的潮汕善堂很多是依托寺庙发展起来的，郭志超在考察泰国华侨报德善堂与民间信仰的关系中就曾指出，善堂的发展很多起源于大峰祖师庙，而善堂一旦从庙宇衍生，庙宇就成为了善堂的一部分，并在其中发挥着重要作用。[①] 即使今时今日，潮汕地区很多善堂仍然与当地的民间寺庙十分相似，可以说寺庵已经成为了潮汕善堂的象征，正因如此，很多善堂会花费巨资来修建寺庙。以汕头存心善堂为例，存心善堂目前有四座庙宇，分别是位于外马路的大峰祖师庙、南海观音庙以及位于乌桥的存心念佛社和北海神庙，自2007年存心善堂获得旧址使用权后，先后对堂庙进行了修葺，耗费了数千万元。

4. 慈善服务的现代转型

虽然在潮汕地区很多善堂仍然坚持着已有传统，但是仍然有一些善堂在谋求转型，以更好地适应社会环境的变化，最为典型的就是汕头的存心善堂。实际上早在民国时期存心善堂就已经开始了慈善活动

---

① 郭志超：《泰国报德善堂的大峰祖师信仰和社会实践》，谱牒研究与华侨华人研讨会，中国福建晋江市，2005年。

的现代转型，开设了孤儿院、小学等专业化机构，努力实现教养兼施，不再依循传统华人慈善只注重济弱。而改革开放后，随着存心善堂的不断发展壮大，也一直在努力实现从传统救济向现代公益的转变。考虑到近年来社会问题日益增多，如看病难、看病贵；人口老龄化加快，但是养老资源匮乏；缺乏对残障人士的关注，等等，存心善堂建立了大量的实体服务机构，不同于传统的慈善救济，这些实体服务机构更加注重个人的培育和发展。目前存心善堂设有养老院、庇护安养院、儿童教养院、特殊教育学校、文武学校等十多个实体服务机构（如表5—1），涉及养老、医疗、教育、助残、济困、救孤等多个方面。实体服务机构是存心善堂开展慈善活动的重要组成部分，也是善堂从传统救济向专业化服务转变的一个重要体现。

  以特教学校为例。特教学校源自民国时期的存心小学，新中国成立后被政府接管。2003年存心善堂正式恢复后，存心善堂与政府在之前存心学校的基础上联合开办了一所专门针对智障儿童教育的学校——存心特殊教育学校。随着学校步入正轨，越来越多的家长带孩子前来求学。特教学校规定，凡是拥有金平区户口，年龄在6—16岁之间，轻度智力障碍（3—4级）的学龄儿童，均可持相关证件到学校就读。但是汕头六区一县，只有金平区有特教学校，所以在金平区学生优先录取的前提下，学校也招收了一些其他地区的学生。为了更好地照顾这些孩子，特教学校聘请了专门的护工，24小时照看这些学生，学生上课、课外玩耍、吃饭、睡觉、甚至上厕所等都有护工照看。而除了日常的生活照顾之外，特教学校还通过专门的课程学习来促进这些孩子的成长与发展。此外为了更好地适应教学对象，学校还因材施教，改变了课程设置，在教学内容上设置了一些劳动技能、生活技能等注重培养学生实际动手能力的课程；缩短了上课时间，考虑到学生智力有限，注意力容易不集中，学校将上课时间由45分钟改为30分钟；在分班上也不再根据以往按年龄进行，而是根据学生的智力水平，将学生分为三个层次。学校还着力培养学生的一些特长，如唱歌、跳舞、画画等，并挑选学生参加特奥比赛，挖掘学生多方面的潜能。

第五章　地方社会与慈善　　159

图 5—5　汕头乌桥岛存心会馆①　　　汕头乌桥岛存心临终关怀院②

考虑到孩子们毕业后的去向问题，存心善堂又成立了残疾人工疗站，学校的毕业生可以到存心善堂工疗站工作，这样就为这些学生解除了后顾之忧，仅 2013 年特教学校就有 7 个毕业生去了工疗站，目前学校已经有 30 个毕业生在存心善堂工疗站就业。

表 5—1　　　　　　　　存心善堂实体服务机构情况

机构名称	服务对象	服务内容
养老院	孤寡老人以及一些子女不能照顾的老人	生活照料、医疗护理
庇护安养院	三无人员、残疾人等	生活照料、医疗护理
特教学校	轻度智障儿童	学习、生活照料
残疾人工疗站	残疾人，以智障人士居多	工作、生活照料
存心诊所	贫困人士	基本的医疗治理
文武学校	困难家庭子女、会员子女	武术以及文化学习
儿童教养院	残障孤儿	生活照料、工作
慈善超市	困难群体	提供救助物资和享受低价商品

不仅如此，为了使慈善活动惠及更广泛的群体，与潮汕众多的善堂相同，存心善堂也实施会员制，目前善堂已经拥有 5 万多名会员。

---

① 武洹宇摄于 2017 年 4 月。
② 同上。

存心善堂规定，善堂会员只要每年缴纳一定的会员会费，就可以享受善堂的会员福利。在存心善堂众多的会员福利中，会员保险赔付可以说是善堂的创举。2012年3月存心善堂拿出100万元与太平洋保险公司合作，为善堂的全体会员购买保险，凡是加入存心善堂的会员只要符合条件均可享受会员保险。与一般的社会保险只能是指定的医院不同，善堂的会员保险即使是门诊只要具有相关证明也可以报销。会员保险为广大的会员提供了保障，仅2013年一年存心善堂就为会员报销了100万元的保险金。截至2015年1月，存心善堂已经为1716人次提供了保险理赔，涉及金额360多万元。

本章小结

由以上的案例可以看出，华人社会的地方慈善与存在于其中的地方社会秩序有着直接联系。香港曾是著名的开埠城市，英国的殖民地，东西方文化交会于此，大量的华人精英聚集于发展贸易，所以才有了东华三院东西医之争，超越香港这一地方社会的慈善实践以及成为华人社会的政治空间；潮汕地区是著名的华侨故乡，有着浓厚的民间信仰传统，正因如此在潮汕善堂这一地方性的民间慈善组织中，频繁的海外互动，与民间信仰紧密结合，注重死亡仪式以及现代公益慈善理念的融入等均能在潮汕善堂身上发现。

实际上，像潮汕善堂、东华三院这样具有华人文化特质的地方性慈善组织有很多，如澳门的同善会、镜湖医院、云泉仙馆及其慈善会[1]，香港的保良局等[2]，作为地方性的慈善机构，这些慈善机构的建立与发展也在积极谋求与地方社会的契合。它深刻地受到地方社会的权力格局、风俗习惯、道德伦理、关系网络等多种因素的形塑，同

---

[1] 游子安：《近代澳门地区的慈善事业与教化——以同善堂等为例》，中国社会科学院近代史研究所社会史研究中心《近代中国社会与民间文化——首届中国近代社会史国际学术研讨会论文集》，中国社会科学院近代史研究所社会史研究中心，2005年，第11页。

[2] 文菲：《香港的慈善机构：东华三院和保良局》，《港澳经济》1998年第2期。

时也生产着地方社会的秩序。因此,对于地方慈善组织来说,不能简单地将其视作只是具有社会服务功能的地方组织,还应该发现其作为地方力量一部分是如何在不断的发展过程中,被地方形塑以及同时不断形塑着地方的种种方面。这对于理解华人慈善文化内部的差序格局以及其中个人、国家与地方错综复杂的动态关系将有深刻启示。

【延伸阅读】

1. 孙智雯、陈伟明:《香港华商慈善组织的形成及其功能与空间扩展(1840—1940)——以东华三院为例》,《安徽师范大学学报》(人文社会科学版)2017年第1期。

2. 杨祥银:《殖民权力与医疗空间:香港东华三院中西医服务变迁(1894—1945)》,《历史研究》2016年第2期。

3. 李东海:《香港东华三院一百二十五年史略》,中国文史出版社1998年版。

4. 何佩然编:《源与流——东华医院的创立与演进》(东华三院档案资料汇编系列之一),香港三联书店2009年版。

5. 何佩然编:《施与受——从济急到定期服务》(东华三院档案资料汇编系列之二),香港三联书店2009年版。

6. 叶汉明编:《东华义庄与环球慈善网络——档案文献资料的印证与启示》(东华三院档案资料汇编系列之三),香港三联书店2009年版。

7. 何佩然编:《破与立——东华三院制度的演变》(东华三院档案资料汇编系列之四),香港三联书店2010年版。

8. 何佩然编:《传与承——慈善服务融入社区》(东华三院档案资料汇编系列之五),香港三联书店2010年版。

9. 东华三院:《东华三院一百三十年》,香港东华三院2000年版。

10. 丁新豹:《善与人同——与香港同步成长的东华三院(1870—1997)》,香港三联书店2010年版。

11. 梁其姿：《施善与教化——明清的慈善组织》，河北人民教育出版社2001年版。

12. ［日］夫马进：《中国善会善堂史研究》，伍跃等译，商务印书馆2005年版。

13. 徐苑：《大峰祖师、善堂及其仪式：作为潮汕地区文化体系的潮汕善堂综述》，硕士学位论文，厦门大学，2006年。

14. 中国人民政治协商会议升平区委员会文史委员会：《升平文史第1辑潮汕善堂专辑1》，汕头市新闻出版办公室，1996年。

15. 严名芳：《暹罗华侨赈米潮汕放赈委员会报告书》，华侨赈米潮汕放赈委员会，1947年。

第六章　移民与慈善

海外华人华侨慈善是讨论中华慈善文化经常被忽略但是其实又极其重要的一部分。孔飞力指出，"至少从16世纪以来，中国史就不能不包括海外华人史"①。这些海外华人华侨实质上就是寓居海外的华人移民。海外的华人移民可以说是中国近现代史不可分离的组成部分，尤其是在东南沿海地区，人口沿着海岸线向外流散的历史甚至可以追溯到唐代。移民"回报"家乡，改善当地的公共利益和推动社会发展的实践行为，我们将之称之为"移民慈善"。

本章力图从移民慈善的理论视角来介绍海外华人华侨的慈善行为与文化。第一节讨论何为海外华人华侨，介绍华侨的历史，然后介绍何为广义的华侨慈善以及相关的特征；第二节描述海外华人华侨慈善的历史进程，分析其慈善的动力过程和实践逻辑，进而讨论侨乡慈善与侨乡的现代化进程，并阐释华侨慈善对海外华人的家国认同的影响以及内在的局限和张力；第三节将提供来自广东顺德、云南和顺、浙江青田三个侨乡的移民慈善的案例，让我们更具体地理解海外华人华侨慈善在中国的实践。

第一节　定义特征

华人海外移民的历史早已有之，但是对于这些寓居海外的华人群

---

① 孔飞力：《他者中的华人：中国近现代移民史》，江苏人民出版社2016年版，第5页。

体,历史上一直未有明确的官方称谓。不仅如此,随着香港和澳门经由自由贸易港口转而成为殖民地,加上台湾尚未统一这一政治现实的存在,这三个地方居住的华人与中国本土居民的身份认同也发生微妙的差别。因而,我们用海外华人来指称居住在中国大陆以外的华人。

而"华侨"一词被广泛使用其实只有近百年的历史。根据庄国土、蔡苏龙等人的考据,大约是郑观应在1883年最早使用"华侨"一词[1],在19世纪90年代末,"华侨"一词被大量使用,大多都与当时兴起的推翻帝制、建立共和的革命运动有关。1903年5月与邹容的《革命军》几乎同时问世的《革命歌》就直接号召"华侨"献身于反清的事业。1905年同盟会在日本成立后,革命党人在东京所创办的刊物上大量使用"华侨"这一新名词,鼓动华侨投身革命。[2] 1911年辛亥革命之后"华侨"更被广泛地用来称呼所有的海外华人,"华侨"更被孙中山称为"革命之母"。王赓武指出这是"华侨"一词带有强烈政治含义的重要来源。[3]

"华侨"被用来泛指在国外居住的具有中国血统的人,与清末民国时期的国籍法有关。自清政府《大清国籍条例》(1909)颁布之后,整个民国时期的国籍法都承认双重国籍,因而旅居海外数世未归以及那些凡是具有华人血统的,都被视为华侨。[4] 承认双重国籍的政策一直持续到中华人民共和国成立之后。

为了争取亚非拉第三世界国家对新中国的信任和支持,在1955年万隆会议期间,中国政府正式宣布不再承认双重国籍。1980《中华人民共和国国籍法》规定:"中华人民共和国不承认中国公民具有双重国籍"(第三条),"定居外国的中国公民,自愿加入或取得外国国

---

[1] 参见庄国土《"华侨"名称考》,载郑民等编《华侨华人研究论文集》,海洋出版社1989年版;蔡苏龙、牛秋实:《"华侨""华人"的概念与定义:话语的变迁》,《云梦学刊》2002年11月,第23卷第6期。
[2] 黄小坚:《"华侨是革命之母"考辨》,《八桂侨刊》2011年6月第2期。
[3] 王赓武:《天下华人》,广东人民出版社2016年版,第2—13页。
[4] "华侨华人提法的由来",《人民政协报》2015年3月8日第26版(摘自中央统战部研究室《统一战线100个由来》,华文出版社2010年版)。

籍的，即自动丧失中国国籍"（第九条）。① 由于国家不再承认双重国籍，这样一来，根据目前中国通行的关于"华侨"的法律规定，"华侨"已经从最初的对寓居海外的华人的泛称，演化为特指在国外定居且仍具有中国国籍的公民。中国的国务院侨务办公室2005年11月8日颁布的《关于对华侨定义中'定居'的解释（试行）》中规定："（1）定居是指中国公民已取得住在国长期或者永久居留权；（2）中国公民未取得住在国长期或者永久居留权，但已取得住在国连续5年（含5年）以上合法居留资格，并在国外居住，视同定居。"也就是说，"华侨"是取得住在国长期或永久居住权的中国公民，或者指那些虽然没有取得长期居留权但取得在住在国连续5年以上合法居留资格并在国外居住的中国公民。② 至此，从法律层面来看，"华侨"概念的所指范围已经极大地缩小。据目前统计，华侨仅占海外华人总数的7.7%，拥有他国国籍的海外华人占到92.3%。③ 这种变化也导致了海外华人社会发生重大变革。

然而，如果我们从文化的角度上去看华侨，由于自辛亥革命及至改革开放，"华侨"概念深入人心，以至于在当代中国的地方社会之中，人们在日常生活中习惯于把寓居海外的华人华侨、港澳台同胞都称为"华侨"。侨乡的人们使用"华侨"一词的时候，往往是与"乡亲"有同等程度的含义，重点在于强调这些移民是从大陆离开的，地方政府也仍然把这些人统一作为"侨"来礼遇。因此，实际上存在着两种"华侨"观念：一种是符合官方定义的法律意义上的华侨，这类人群不多；另一种是基于地缘认同和家乡情感连接的华侨，这样的人群却很多。在本章中我们也因此把海外华人和华侨的慈善行为都统合起来，称为海外华人华侨慈善。

---

① 《中华人民共和国国籍法》（http：//www.gov.cn/banshi/2005 - 05/25/content_843.htm），访问日期：2017年6月1日。
② 《国务院侨务办公室关于印发〈关于对华侨定义中"定居"的解释（试行）的通知〉》，侨政发［2005］203号，2005年11月8日。
③ 华人华侨提法的由来。《人民政协报》2015年3月8日第26版。

我们将海外华人华侨慈善看作是寓居境外/海外的华人华侨向祖籍地作出的旨在改善当下或潜在的社会问题和公共利益的志愿捐赠行为（以下简称：海外华人慈善）。这个定义强调捐赠主体是出于对家乡/祖国的某种认同而为公共利益作出的捐赠。[①] 海外华人慈善包括三个特征：①捐款人对家乡保有某种认同，②捐赠对象在祖籍国，③这些捐赠都是为了公共利益的捐赠。

海外华人华侨慈善今天已经成为海外华人与家乡保持联系的常见方式。这种捐赠的慈善资源包含两种：一种是金钱，包括个人的、通过基金会或者中介组织的捐款，具有慈善性质的投资等；另外一种是非现金形式的捐赠，包括人力资源、经验、专家以及直接的志愿服务等。[②] 海外华人慈善可以看作移民慈善的中国版本，它的发生与其实践主体的居住国的情况、全球慈善的趋势及其祖籍地的情况等都密切相关。

第二节　历史逻辑

一　华侨慈善的历史和趋势

海外华人慈善有着悠久的历史，早在一个世纪之前移居海外的华商、华工以及难民就已经通过侨汇、投资、兴建铁路等方式接济家乡的亲人、支持家乡公共事业的发展。寓居海外的华人移民长期以来一直参与面向其祖籍地的慈善捐赠，为中国的公益事业、社会慈善事业和救灾等方面提供了资金支持。这种现象一直持续到当代，即使中国已经成为当今世界第二大经济体的情况下，依然在持续发展。随着华侨身份认同的出现，海外华人华侨慈善大致分为以下几个阶段。

[①] Johnson, Paula. Diaspora Philanthropy: Influences, Initiatives, and Issues. Boston, MA: The Philanthropic Initiative, Inc. And The Global Equity Initiative, Harvard University, 2007, May. https://www.cbd.int/financial/charity/usa-diasporaphilanthropy.pdf

[②] Newland, Kathleen, Aaron Terrazas, and Roberto Munster. 2010. Diaspora Philanthrophy: Private Giving and Public Policy. Washington, DC: Migration Policy Institute

(一) 清末民国：回乡投资和捐赠

20世纪以来，伴随着移民外流，海外华人的移民慈善经历着起起伏伏。早期海外移民往往在移居地建立会馆，例如马来西亚的槟城顺德会馆、泰国的报德善堂等。这些社团大多是以地缘、血缘关系等为天然纽带，并且以同乡、同宗之间的互助、祈神庇护、恤死送终作为团体组织活动的主要内容。这是最早的海外华人慈善的主要形式。

海外华人华侨以侨汇、投资家乡公益事业等方式开展各种公益慈善实践。根据林家劲、罗汝材等的研究，侨汇按照用途和去向大致可分为三类，而以公益、慈善和捐助为目的的侨汇即为这三类中之一。[①] 来自域外的汇款不但为家乡提供了重要的社会支持和救助，也被用于推动地方经济社会的总体性发展，有的时候甚至还使得侨乡可以超前发展。例如在19世纪90年代后期，中国几乎完全使用煤油灯作为人造光源的时代，珠三角地区梅溪的村民却已经开始使用电力照明，而照明所用的电力来源则全靠夏威夷的中国富商陈芳（C. Afong）出钱从海外买回的发电机。这样的事例在中国东南沿海的侨乡随处可见。徐元音关于陈宜禧在台山兴修铁路造福桑梓的故事也是一个非常典型的例子。她在书中写道："他（陈宜禧）带着财富与技术专长回到台山，努力造福其他台山人。对家乡的忠诚引导他实施雄心勃勃的建设铁路的工程，他希望这条铁路可以快速带动奄奄一息的台山农业经济进入繁盛的工业经济，从而使后来的台山人不再需要移民海外。"[②]

(二) 1949—1960年：政策变化与移民实践

在新中国成立初期，华侨仍然保持着对家乡和祖国的慈善捐赠。中国政府对海外华人及其相关政策的变动对海外华人华侨面向家乡的慈善实践活动产生着重要的影响。在50年代，政府还是鼓励华侨捐

[①] 林家劲、罗汝材、陈树森、潘一宁、何安举：《近代广东侨汇研究》，中山大学出版社1998年版，第27—40页。

[②] Madeline Yuan-yin Hsu, *Dreaming of God, Dreaming of Home: Transnationalism and Migration between United States and South China, 1882—1943*, Stanford: Stanford University Press, 2000.

赠。例如顺德的归国华侨联合会于1957年成立，主要任务就是配合经济部门开展"穿针引线"工作，扶持各乡镇兴办企业，发动华侨、港澳乡亲回乡捐资兴办福利事业。[①] 例如1957年5月，南非归侨何国柱带头回广东捐款并且动员归侨、侨眷及华侨共同募集资金，在乐从同仁善堂的基础上进行重建和修复，命名为华侨医院，这是中华人民共和国成立后广东第一个华侨捐赠的项目。[②] 不过60年代以后，随着国内政策进一步收紧，海外关系被看作潜在的敌对关系，海外华人慈善基本停滞。海外华人华侨与家乡之间民间的联系互助只能以私人和私下交往的方式潜藏蛰行。

（三）改革开放以来：华侨捐赠及海外社团的复兴

大量的华人华侨回乡和捐赠发生在"文化大革命"结束、对华人华侨政策回暖的1978年以后。这些移民慈善的活动，一方面是对于早在"文化大革命"之前已经建成的侨捐项目进行追加捐赠和扩建修缮。例如1978年，旅居香港而获得商业成功的李兆基、郑裕彤就各捐资180万元，扩建华侨中学的校舍。此外也有一批在境外、海外完成资本积累的华人开始面向家乡进行大规模的新的捐赠项目，例如香港十大慈善家之一的梁球锯，就为家乡捐赠修建了大量的医院、学校和幼儿园等机构，仅仅为顺德一地，捐资就达4000万港币。

不仅是这些大慈善家和富商在捐赠，大量的海外华人华侨在侨联工作体系的动员下，在"爱国爱乡"、支持家乡建设等话语的动员以及家乡亲人朋友的游说之下，也都参与了捐赠。除此之外，在侨乡还有大量的海外华人华侨的小额捐赠，类似于乡间的随份子、送利是随处可见。这部分的捐赠并未进入政府的统计数据，但却在民间流传甚广。

根据中民慈善捐助信息中心的数据，2013年度海外华人华侨面

[①] 关于顺德县侨联会的重大事件资料来源于1985年5月20日顺德县归国华侨联合会上报县委统战部的汇报材料。

[②] 何国柱在当年7月召开的顺德侨联第一次会议上当选为侨联会主席，这是唯一一任由归国华侨担任的侨联主席，此后这一职位都由政府官员担任。

向中国的慈善捐赠总额为71.72亿元，占中国捐赠总额的7.25%。研究发现，目前海外华人华侨面向中国的慈善捐赠包含直接捐赠方式与间接捐赠方式两种，直接捐赠方式主要以个人模式和民间组织模式为主，间接捐赠方式主要以政府模式为主。① 华人移民如此大规模和长时期的资金捐赠对中国社会产生了深刻的影响，尤其是对福建、广东这样具有悠久的移民历史和大量海外移民人口的省份。因而关于华人慈善历史与文化的研究，海外华人华侨慈善是其中一个重要的课题。

二 海外华人华侨慈善研究的主要问题

有关海外华人华侨慈善的研究才刚刚起步，主要集中在以下三个问题：海外华人华侨慈善的动力问题、侨乡慈善以及海外华人华侨慈善对于祖籍地和海外华人居住地的影响的问题。

（一）海外华人华侨慈善的动力过程

究竟是什么原因推动着海外华人华侨对自己的祖国和家乡持续地捐赠？可以说，不同的族裔主体的移民慈善都有着复杂而多样的动因动力。华人移民的历史、在居住国的政治经济地位及国际关系、族裔文化与认同、祖籍国的慈善历史与文化及在当代全球经济中的处境等都对海外华人华侨的慈善行为产生深刻的影响。

学者一般认为当代全球移民捐赠增长迅速的主要动力在于：其一，在扶贫发展领域中，非政府组织、公益慈善家等新的行动者主体的出现；其二，全球公益慈善的新趋势；其三，互联网的发展为海外移民群体创造了参与祖籍地公共事务的新方向。② 不过这样的观点还是有些太关注于当代西方，对于研究具有悠久历史的华人移民慈善还似乎不足。Nidhi Raj Kapoor 对金砖五国在美国的移民的比较研究则表达了主流性的西方学者对华人移民慈善内在动因的理论观点：海外华

---

① 黄晓瑞：《华侨华人对中国慈善捐赠的现状及其模式研究》，载《华侨华人蓝皮书（2015）》，第105—133页。

② Newland, Kathleen, Aaron Terrazas, and Roberto Munster, Diaspora Philanthrophy: Private Giving and Public Policy, Washington, D. C.: Migration Policy Institute, 2010.

人对祖国的捐赠广泛地受到祖国慈善传统的影响，他们以信仰和家庭为基础，捐赠出于情感基础而非策略，大多数海外华人只捐赠给信任的人；而且年轻一代的移民捐赠者的慈善观念受到美国/西方慈善模式影响比较深；由于海外华人对本国的公益慈善组织了解不多，移民慈善也缺乏多元化的捐赠途径和平台，同时中国的捐赠友好的政策框架和环境尚未形成，这也制约着境外/海外华人对家乡的捐赠。① 这一研究对于华人世界移民慈善的动力机制有所揭示，但是这类研究仍然太基于西方思维模式来理解中国的复杂的历史逻辑，立足于中国国内，我们往往会发现，情况并非尽然如此。

从20世纪90年代开始，不断有华人学者关注海外/境外移民在侨乡的慈善实践的微观动力过程。柯群英借用"道义经济"概念解释新加坡华人移民为什么感到有责任回馈家乡。② 而黎相宜和周敏从社会地位补偿的角度，视华人在家乡的慈善行为为"文化馈赠"，认为这种文化馈赠作为一种策略使境外/海外华人得到社会地位的补偿③；张继焦的研究把海外华人的善举与侨汇、投资行为共同归纳为"寻根经济"④。此类研究都在试图回答海外华人华侨慈善为何乐此不疲地面向家乡进行捐赠，也部分地回答了这样的问题。而景燕春对顺德海外华人华侨慈善的案例研究则说明，和Kappor的想法不同，80年代开放的侨务政策和地方政府非但不是移民慈善的阻力，反而是移民慈善重要的动力。而当代华人移民慈善并非只是基于华人传统，依赖于捐赠者的情感和个人关系，而是一种长期的组织化和策略化的历史过程。在这其中，海外华人社团和侨乡地方政府起着关键性的推动

---

① Nidhi Raj Kapoor, Making a World of Difference: How BRICS Diaspora Give, The Resource Alliance, 2014.
② 柯群英：《人类学与散居人口研究：侨乡研究中的一些注意事项》，《广西民族大学学报》2005年第7期。
③ 黎相宜、周敏：《跨国实践中的社会地位补偿——华南侨乡两个移民群体文化馈赠的比较研究》，《社会学研究》2012年第3期。
④ 张继焦：《海外华人对侨乡的侨汇、善举与投资行为：从人类学角度看侨商的寻根经济》，载陈志明、丁毓玲、王连茂主编《跨国网络与华南侨乡：文化、认同和社会变迁》，香港亚太研究所（香港中文大学），2006年，第185—220页。

和牵拉作用。这种制度化的推拉过程构成了当代华人移民慈善的基本的动力机制。[①]

(二) 侨乡慈善

海外华人华侨不断地通过捐赠、汇款和投资改善其祖籍地家乡的经济社会发展状况，从而带动了其祖籍地的全球化和工业化的进程，这一过程在某种程度上也重塑了移民祖籍地的地方社会，从而衍生出所谓的"侨乡"。从字面来看，"侨"是人口移动的结果，"乡"则是乡土社会。它既可能是实体的乡村，也可能是观念中的家乡，即使乡村已经被快速地城镇化，其乡土观念也可能依然保留。根据赵灿鹏的梳理，"侨乡"一词以书面的形式出现大概是在1948年前后。这一年上海《求是》月刊及《上海洪声》等杂志开始出现以"侨乡简讯"、"侨乡通讯"命名的栏目，刊载来自侨乡的消息；直到1956年以后，"侨乡"一词在报刊书面媒体中才开始较多出现。[②] 在"文化大革命"期间，由于"侨"的污名化及相应的政治运动使得人们谈"侨"色变，"侨乡"一词的公开使用减少；改革开放后，随着中国政府重新将"侨"视为资源进行动员使之服务于国家的经济建设，"侨乡"又重新变为一个流行的术语使用至今。这里很大的一部分原因还是在于国家战略试图用侨乡概念来吸引更多的海外华人建立对祖籍地的认同和回馈。[③]

实际上，比"侨乡"一词更早出现的概念是"华侨社区"。陈达在《南洋华侨与闽粤社会》（1937）一书中用"华侨社区"一词来指代南洋华侨在闽粤地区的家乡，他通过受南洋华侨影响程度不同的三种类型的华侨社区，即"非侨区"与"半侨区"、"侨区"的对比来考察南洋华侨对闽粤侨乡社会变迁的影响。他被学术界普遍认为是研

[①] 景燕春：《移民、慈善与侨乡：以广东顺德侨乡为例》，博士学位论文，中山大学，2017年。

[②] 赵灿鹏：《"目光向外"：中国现代华侨研究的一个倾向暨"侨乡"称谓的考察》，《华侨华人历史研究》2008年第1期。

[③] 潮龙起、邓玉柱：《广东侨乡研究三十年：1978—2008》，《华侨华人历史研究》2009年第2期。

究侨乡社会的开拓者。① 在陈达看来，华侨社区是深受外来文化影响的特殊区域。它在经济、教育、公共事业等各方面明显优于非华侨社区，而华侨社区人们的观念、社会价值等也表现出对地方传统的超越。他概括"华侨小区"的特征是"迁民人数较多，历史较长，迁民对于家乡有较明显的影响"，成为后来"侨乡"界定的基础。② 方雄普更进一步将侨乡形成的标志概括为："华侨侨眷众多、海内外联系紧密、侨汇多商品经济发达、文化教育水平高"四个方面。③ 李明欢基于福建侨乡的研究指出，真正意义上的侨乡，是一种深具社会文化潜质的地理空间和学术话语，是建构于中国边缘地域、源于乡间底层的跨国文化、游刃于正统与非正统之间的特定社会构成。侨乡具有四个特征：海洋性、边缘性、底层性和跨界性。李并指出超越国境的亲缘、乡缘网络是"侨乡"的总体特征。就严格意义而言，侨乡应当是华侨概念形成之后的衍生物。某些乡村因"华侨"人数众多，"华侨"与家乡保持比较密切的联系，并对家乡的日常生活产生影响，于是就具有了"既与自身此前之传统不同、也与其他非移民地区风貌有差异"的侨乡的特殊标识。④ 从不同时期的学者对侨乡特质的提炼和概括不难发现，侨乡特质主要是基于移民历史在其祖籍地引发的社会变迁的烙印。

在1949年之前，华侨的力量内在于侨乡的地方社会和乡村的权力结构之中，华侨虽然远在他乡，但却又是社区中不可或缺的一部分，可以方便地以社区成员的身份，参与地方社区的治理。1949年之后，随着中国的国家转型以及全球政治格局的变化，新的政治议程的设置改变了地方社会的结构。"华侨"被从地方社会的内部推向外部，与此同时，也将"侨"的参与从地方治理中排挤出去。1978年

---

① 陈达：《南洋华侨与闽粤社会》，商务印书馆2011年版。
② 同上。
③ 转引自张国雄《侨乡文化研究之路》，载广东侨乡文化研究中心主编《中国侨乡研究》，中国华侨出版社2014年版，第1—12页。
④ 李明欢主编：《福建侨乡调查——侨乡认同、侨乡网络与侨乡文化》，厦门大学出版社2005年版，第365页。

经济改革实行后，发展战略又推动当地政府希望吸引海外成员参与地方建设。① 直到今天，这样的侨乡社会吸纳海外移民参与的传统与中国国家治理体系对海外移民排斥之间的张力依然存在。"侨乡"作为一种政策性的建构以及国家、地方社会和华人移民的跨国网络共同形塑之地，呈现出超越地方社会的特质。

华人移民对侨乡社会转型的影响也成为侨乡及海外华人研究的一个重要的关注点，并且出现了一批关于海外华人与侨乡的研究专著，聚焦在海外移民与侨乡社会变迁与转型等议题。② 这些研究大都集中在国家和社会如何动员海外华人华侨的力量去实现侨乡的经济及社会发展等方面的目标。虽然海外力量对侨乡的影响得到了较多的关注和深入的研究，但是国家力量对侨乡社会的塑造却被严重低估了。格伦·D. 彼得森（Glen D. Peterson）关于广东侨乡在社会主义过渡时期的政策及其执行的相关研究，充分显示出国家在侨乡社会经济变迁中具有的决定性作用，这在一定程度上弥补了以往的研究中对国家力量的低估。③ 张国雄基于在五邑侨乡的研究实践指出，侨乡虽然是华人移民历史的产物，但它也有自己的发展轨迹、丰富内容和基本特

---

① Douw, Leo, Cen Huang, and Michael R. Godley (eds.). Qiaoxiang Ties: Interdisciplinary Approaches to "Cultural Capitalism" in South China. London: Kegan Paul International, 1999; 庄国土：《华侨华人与中国的关系》，广东高等教育出版社2001年版；Yow, Cheun Hoe, Guangdong and Chinese Diaspora: The Changing Landscape of Qiaoxiang. London and New York: Routledge, 2013。

② 相关的研究主要有：Woon, Yuen-Fong. International Links and the Socioeconomic Development of Rural China: An Emigrant Community in Guangdong, Modern China, 1990, 16 (2): 139 – 172; Lever-Tracy, Constance, David Ip and Noel Tracy. 1996. The Chinese Diaspora and Mainland China: An Emerging Economic Synergy. Basingstoke: Macmillan Press; Huang, Cen, Guotu Zhuang and Kyoko Tanaka (eds) . 2000. New Studies on Chinese Overseas and China. Leiden: International Institute for Asian Studies; Kuah, Khun Eng. 2000. Rebuilding the ancestral village: Singaporeans in China. Aldershot: Ashgate; Ong, Aihwa and Donald M. Nonini (eds.). 1997. Ungrounded Empires: The Cultural Politic of Modern Chinese Transnationalism. New York: Routledge.

③ Glen D. Peterson, Socialist China and the Huaqiao: The Transition to Socialism in the Overseas Chinese Areas of Rural Guangdong, 1949—1956, Modern China, Vol. 14, No. 3, July 1988.

征，他指出侨乡是一个发展中的文化形态，具有跨区域性和国际性，在全球化的进程中具有极大的资源潜力和优势。[①] 海外华人所携带的资源能够改变侨乡面貌，关键在于海外华人及其家乡之间能否形成紧密的关系网络。相较之下，侨乡作为乡土中国地方社会的一种类型，因海外移民的历史及当代海外/境外移民以各种方式的重新回归，使得全球化成为影响侨乡社会的一种结构性的外力，这是使得侨乡与其他的地方社会有明显差异的关键因素。

随着移民历史的远去，尤其随着珠三角地区经济的迅速发展，出外谋生的移民浪潮已然远去，人们在珠三角已经可以觅得可观的生活。那些早期的移民，其子女及后代也与家乡逐渐疏离。基于此，学界开始有一种观点认为，随着移民的落地生根，与祖籍地家乡之间的联系日渐疏离，依赖于与移民联系的侨乡注定会日渐式微，从而发出"侨乡不再"的感叹。然而，在国家的现代化和社会建设的大背景之下，小城镇要不断地寻找自己的社区特色，早期的移民历史所生产出的资源就在这样的情境之下被当地的地方社会动员起来。这样的动员，又绝非单向的政府行为，也包含着海外华人网络的推动以及当地的历史传统的再造，这使得新一轮侨乡建构的过程得以再次启动。

正是在这样的侨乡变迁的背景下，侨乡慈善也成为一个重要的研究课题。景燕春对顺德的研究发现，20世纪80年代以来海外华人华侨的慈善观念体系和行为实践经历了一个重新嵌入侨乡地方社会的过程。这种嵌入过程取决于三种力量的共同作用。第一是来自侨乡地域文化的催化力，海外移民慈善深深地根植于华人社会的文化传统之中。第二是来自海外华人华侨社团的推力，主要来自于三种海外社团：作为海外华人社会枢纽的早期寓居华人社团、近年来兴起的受到中国政府支持的红色社团，以及寓居华人中拥有财富的家族基金，它们共同形塑了海外华人华侨慈善的推力。第三是来自国家侨务政策与

---

① 张国雄：《侨乡文化研究之路》，载广东侨乡文化研究中心主编《中国侨乡研究》，中国华侨出版社2014年版，第1—12页。

侨乡政府的拉力。一方面是国家的政策创新为海外/境外移民重新参与到家乡的经济和社会建设提供合法性并释放出政策空间；另一方面，地方政府的侨务工作者借助深入人心的"爱国华侨"观念以及寓居华人对家乡的认同，恢复和重建与海外乡亲之间的联系与互动。正是在这三种力量的共同作用之下，海外华人华侨慈善通过重塑地方社会的权力体系，使得侨乡成为重整华人跨国网络的重要节点。[①]

更进一步，也有一些研究发现，海外移民对侨务空间的参与也使得侨乡的治理可以超越本地社会，而与全球治理得以连接；使得侨乡的乡治可以跳出"国家与社会"的讨论框架，进入到区域和全球的视野之中。全球化正作为一种结构性的外力，与地方的文化传统结合在一起，通过与国家力量进行协商，从而重整地方社会秩序。

（三）海外华人华侨慈善对侨乡的影响与张力

学者们注意到：移民慈善不仅改变着移居国的公益慈善实践的格局，同时也对于其祖籍地的经济社会发展和价值观产生着潜在的影响。不过就这种影响，学者们主要有两种争论，一种认为移民的慈善行为加强了祖籍地对于移民资源的依赖，使之丧失了独立发展的机会；另一种积极的观点则强调移民慈善对于祖籍地的赋权式的发展。[②] 它提供了一种将财富、智力、经营之道、技术、新态度以及新思维方式进行整合的途径，虽然其影响极为有限，但移民慈善确实拓展了个人及公民社会在发展领域的参与。[③]

海外华人华侨慈善在侨乡地方社会中蓬勃发展的一个直接的后果，就是推动了以慈善为核心的华人跨国网络的建构和重整。公益慈善并不只是跨境华人网络的润滑剂，而是在 80 年代以后的跨境华人网络建构和重整过程中发挥着关键性的连接作用，不过这种以慈善建

[①] 景燕春：《移民、慈善与侨乡：以广东顺德侨乡为例》，博士学位论文，中山大学，2017 年。

[②] 同上。

[③] Geithner, Peter F., Johnson, Paula D. and Lincoln Chen, Diaspora philanthropy and equitable development in China and India, Cambridge, MA: Global Equity Initiative, Asia Center, Harvard University, 2004.

构和凝结的网络不是单独存在，而是在各种实在网络的间隙中发挥作用，对侨乡政治有着一定的依附性和保守性。

综观上述，对海外华人华侨的慈善研究有助于增进对华人社会及慈善文化转型的理解。海外华人华侨慈善不只是货币或金融资本向移民家乡的流动，它还是更为广泛的社会汇款（social remitence）的一部分，包括价值、观念以及实践行为等的转移。[1] 海外华人社团以及那些华人慈善家对于激发移民慈善有着重要的影响。而侨乡政府的政策牵引，以及全球公益慈善的社会创投趋势也为海外华人华侨慈善创造了参与祖籍地公共事务的新方向。[2]

第三节　典型个案

一　广东顺德：旅港顺德绵远堂

（一）概况

旅港顺德绵远堂创立于1876年（清光绪二年），1930年正式注册成为香港可豁免缴税的慈善机构，是顺德人在香港建立的历史最为悠久的地缘性社团，也是香港现存为数不多的具有百年历史的慈善机构之一。绵远堂建立之初主要服务于海外及旅港的顺德邑人的原籍归葬的需求，随着海外华人逐渐在移居地定居以及香港社会环境的改善，原籍归葬和义葬逐渐成为历史，绵远堂的服务宗旨也逐渐转变，发展为以关爱社群、造福桑梓为核心，慈善服务领域主要集中在医疗、教育和敬老三个方面，在香港和顺德两地开展其慈善活动。绵远堂的会址设在香港，在香港和顺德大良分别有物业和公墓，每年会组织会员在清明和重阳前后在香港和顺德两地分别举

---

[1] Levitt, Peggy. 1996. Social Remittances: A Conceptual Tool for Understanding Migration and Development. Harvard Center for Population and Development Studies Working Paper Series 96 (4). Retrieved from: http://www.hsph.harvard.edu/hcpds/wpweb/96_04.pdf.

[2] Newland, Kathleen, Aaron Terrazas, and Roberto Munster, Diaspora Philanthrophy: Private Giving and Public Policy, Washington, D.C.: Migration Policy Institute, 2010.

行春秋二祭，而在顺德的慈善活动主要在此期间进行。该会迄今已有 142 年历史，目前有会员 100 人左右。绵远堂最初的经费来源主要是同乡的捐赠和集资的 2780 两白银。此外，20 世纪初顺德水灾，绵远堂组织募款支援家乡救灾，当时救灾的善款没有用完，连同剩余的会本一起，购买了香港电灯公司的股票，后来成为绵远堂发展的一笔重要本金。此后绵远堂物业的置办也都是通过将电灯公司的股票变现之后的投资。而这个投资置业形成的绵远堂的公产一直延续到现在，成为绵远堂在当代持续运作和开展慈善活动的主要资金来源。

从建立之初到现在，绵远堂的慈善事业从服务于华人移民的原籍归葬逐渐扩展到教育、医疗、养老等方面，改革开放之后，积极参与到顺德的公共事业和公共政策之中，同时还积极建立顺德家乡与香港及海外的联系，借助自己的会员在香港及海外的协助为顺德家乡的招商引资、地方经济建设、医疗文化及教育方面发挥着作用。20 世纪 80 年代以来，绵远堂及其会员先后在大良捐资及筹资建了凤城敬老院、大良医院、锦岩公园、吴宗伟托儿所（社区活动中心）、清凉法苑幼儿园；并且参与了顺德政府发起的所有大型公共事业的募捐活动，诸如顺德教育基金百万行、顺德体育中心、顺德职业技术学院的筹建。2000 年以来，绵远堂与大良医院合作建设了健康管理中心及口腔中心并进行持续的捐赠和医生的培训，促成顺德职业技术学院与香港理工大学合作培养人才，在大良慈善会设立贫困大学生助学金。

(二) 绵远堂的主要慈善活动

在华人传统之中，助葬是"至大之善"。绵远堂从早期的发起成立迄今 140 多年，其主要的慈善活动从早期客居他乡的顺德同乡之间的助葬、义葬、跨境运棺逐渐发展出助学、医疗、敬老、社群服务等内容，经历了几次转型。但作为一个顺德商人在移居地建立起来的慈善团体，绵远堂始终以慈善活动凝聚社群、与家乡之间保持紧密关系。

1. 祭墓与运棺：以香港为中心的网络建构

1876年，梁云汉和一群顺德商人发起成立了旅港顺德绵远堂。梁云汉，又名梁安，字鹤巢，广东顺德人，是1860年代香港华人社会中重要的华人领袖。他是当时香港仁记洋行的买办，同时也是由清政府首肯成立的跨国公司"肇兴公司"的合伙人之一，是"肇兴公司"在香港的主要负责人；参与推荐伍廷芳成为香港的首位华人议员，推动了华人在香港社会治理中的参与和地位的提升。在发起绵远堂之前，梁鹤巢在1869年参与创办了香港东华医院并担任主席、于1871年参与创立广州爱育善堂；1880年又参与创办了香港保良局并在其中担任重要职务。除了梁鹤巢之外，参与发起的顺德商人还有李泽庭、梁侣楷、刘荫泉、梁炳南等，"联经商各行各业，有金山行曾荣珍、岑月泉，当押行黄宗晓、梁侣楷，银业界李阜声，杉木行谈振男，油漆行霍熙亭，搭棚行何信，街市肉行梁昌茂，省陈渡黄文耀，杂行陈瑞生、苏澄溪、李凤山等多个行业，共同组合，乐捐巨款为堂基金，筹得银币共达2780余两。群策群力，集腋成裘，奠定绵远堂今日基础。"[①]

梁鹤巢及各行各业的顺德商人们最初集资成立旅港顺德绵远堂，主要是为了定期管理和祭拜香港西环义坟。基于华人传统的鬼神信仰，人们相信通过定期祭拜的方式，可以避免客死他乡的孤魂野鬼为害居于附近的人们，以维持社会秩序。这也成为了绵远堂成立之初的主要职责，每年春秋二祭，绵远堂都要招贴长红或者登报公告邀约同乡前来参加祭祀义冢的事宜，拜祭义坟时，除了要准备香烛纸帛金猪之外，还要由当年的值理诵祷祭墓祝文，集体致礼之后，祝文要连同香烛纸帛烧掉。

成立之初的绵远堂，其最初的发起人中除了梁云汉之外，还有一些顺德商人同时也担任东华医院的董事职位，这种社团之间的交叉任职，使得他们彼此之间具有比较深的信任关系，在业务上产生盘根错

[①] 绵远堂130周年特刊。

节的联系。东华医院在其成立之后的七十余年时间里，立足香港主要从事海外华人落叶归根的全球运棺事业。绵远堂从成立之后便加入东华三院的全球运棺网络，服务于海外移民的原籍归葬事务，成为海外移民与顺德家乡之间的枢纽。

为了能够更加方便地将客死海外的同乡棺柩运回家乡、让他们能够了却"落叶归根"的夙愿，绵远堂与顺德地方士绅合作于1895年在顺德大良兴建了"怀远义庄"。大良怀远义庄的兴建，发起人主要是刘荫泉和顾煜炜两位绵远堂的代表港商，同时在顺德的绅商也参与了义庄的筹建。绵远堂负责在香港和海外筹款，顺德绅商则在本地劝捐，大良龙氏家族的龙光捐出了龙福耕堂的一块地用来作为兴建义庄所需要的土地：

自光绪丙子年绵远堂成立至光绪乙未年吴干卿偕同刘荫泉、顾耀堂倡议创建大良怀远义庄得捐款2300余元，由龙福耕堂送出桑基地一段，坐落佩岗乡龙窝社坐西南向东北，西北深九丈五尺六，东南深六丈，共横十四丈九尺三寸。龙福耕堂收回利是签书银100两整，批明永归怀远义庄管业，建筑怀远义庄工料用银1900余元整。[①]

在怀远义庄建成之后，绵远堂就完成了在香港和顺德两地之间运棺的两个网络节点的建设。义庄主要是接收和停放运回来的棺柩，根据名录通知死者家属认领下葬，无人认领的棺柩则由义庄负责安葬在义庄的义地中。根据记载，绵远堂在大良共有义坟、义地5处。

根据现有资料初步估计，在从1876到1950的七十年间，通过绵远堂的网络运抵顺德家乡进行原籍归葬的旅外乡亲大概有数千人。绵远堂140周年纪念特刊中记录了两次运棺回乡的情况：

光绪二十九年（1903年），有在外埠客死他乡的邑人骨骸一百余具，运到香港东华医院代收，就是由绵远堂雇佣船只运回大良，将死者名字登载在顺德《复兴报》，并标贴广告，有地址的，则通知亲属认领掩埋，没有人认领的，就由怀远义庄埋葬，并立碑留记。

---

① 旅港顺德绵远堂1939年《征信录》，"补录怀远义庄义坟地址方向所在"。

180　华人慈善：历史与文化

图6—1　大良怀远义庄及运棺情景画像①

1929年建"怀远义庄北山申江众先友义坟"。到1929年，在海外运回来的骨骸遗留在义庄的有三百八十多具无人认领。在这一年冬天义庄就将这批骨骸转载入金塔，记录其姓名、性别并编号，葬在大岭土名为鱼箔撒网的义冢，男女分别安葬，左边葬男性骨骸二百七十余具，右边葬女性一百一十具，无法辨清者还有一少部分合葬在一起。立碑纪念，碑文为"怀远义庄北山申江众先友义坟"。

到1937年，因为停在义庄的棺柩过多，棺满为患，由海外运回来的骨骸无法存放。绵远堂计划再筹建一间"邑中海外先友停厝所"。但正在策划这件事的时候，抗日战争爆发，时局动荡，于是整个计划就搁置。1949年之后，华人在海外移居地逐渐转向定居，原籍归葬和运棺网络终结，绵远堂的慈善活动逐渐由运棺和义葬开始转向教育和面向顺德家乡的赈灾济贫。

2. 公墓与怀远纪念馆：以顺德为中心的网络重建

1949年之后，绵远堂与顺德及怀远义庄之间的联系中断，所有的运棺和管理骨殖、祭拜义坟的活动都中断了。直到1976年春，绵远堂的会员回乡探亲，了解到怀远义庄原址尚存，只是已被大良水上子弟学校借用，原来停在义庄里面的骨殖和棺柩都被迁移到后山停

---

① 旅港顺德绵远堂提供，亦刊载于《旅港顺德绵远堂140周年会刊》。

放。乡人罗鑑澄仗义为怀，代表绵远堂向当局反映，请求拨地营葬骨灰。第二年，绵远堂当时的会员刘小吾、李锐志、李君勉等为这件事情，专门回乡拜访顺德当局，陈述大良义庄历史，力争领回义庄。

经过与地方政府主管部门的协商和沟通，最终于1977年由地方政府在原址背后的猪仔岗拨出一段山地，把积存在后山的101件棺柩骨骸火化，安葬骨灰，并立"怀远海外先友公墓"石碑。从此之后，绵远堂每年清明、重阳的春秋二祭都会组织会员回乡扫墓，称为"公祭"，以表达对先友慎终追远之意。至此，在中断联系数十年之后，绵远堂重新恢复了与家乡顺德之间的联系。此后每年清明和重阳，绵远堂都会组织会员携家眷亲友回乡祭墓。每次回乡期间都伴随着在地方上的慈善捐赠活动。

图6—2 怀远纪念堂正门[1]

突破性的进展发生在1990年，绵远堂借助当时大陆刚刚开始推行殡葬改革、提倡火葬的政策，提出在大良兴建"怀远纪念堂"（骨灰楼）的设想，得到了地方政府的首肯。大良镇政府拨出临近怀远义庄旧址和"怀远海外先友公墓"的一块大约800平方米山地，绵远堂投入大约100万元人民币的工程及配套设施的费用，兴建"大良怀远

---

[1] 武洹宇摄于2017年4月。

纪念堂",委托大良镇的侨联会具体协助兴建工程和工程监理。兴建工程从 1990 年启动,到 1992 年完成。

新建的怀远纪念堂为庭院式布局,建筑面积 572 平方米,两座二层主楼分别位于东西两侧,中间有一条连廊贯通两座主楼。纪念堂内总共有骨灰(牌)位 1438 个,供海外华侨、港、澳、台胞落叶归根及当地民众有偿使用,售价在 2700—3600 元之间,并一次性收取 200 元/位的管理费。怀远纪念堂的主要收入就是来自于售卖这些骨灰(牌)位,所得收益除维持怀远纪念堂长久性的日常运作管理开支和庭院修缮保养之外,还适当捐献当地社会的公益福利事业。

右边主楼上下两层为公共的灵骨堂,提供给本地乡亲及绵远堂会员的亲戚朋友等安放金塔,收取很低的价格。当时绵远堂在建这座纪念堂的时候,就提出一方面是追念先人的善举,而另一方面则是配合地方政府的殡葬改革,在 90 年代初的时候率先建造存放骨灰的纪念堂。另一栋楼的一楼作为接待室,楼上则作为绵远堂会董及会员和家属存放金塔的独立空间,绵远堂的会董和亲属如果愿意在去世后将骨灰送回家乡,可以使用这些专属的位置。从而解决了绵远堂成员自身落叶归根、原籍归葬的内在需求。

每年的清明,是安放在此的亡灵的亲人们前来祭扫的日子,也是怀远纪念堂一年中最为热闹的一段时间。春秋二祭作为绵远堂的古老的传统和信仰,是绵远堂每年两次最重要的例行公事。公墓和纪念堂的建成,使得绵远堂领袖们的祖先的骨灰得以回乡停厝、实现落叶归根的夙愿。从而也便形成一种稳定的文化动力,使得每年绵远堂都会组织两次回乡公祭,香港及从香港移民海外的绵远堂会员携家眷从世界各地赶赴顺德来参加这样的活动。而借公祭的机会,绵远堂也可以顺理成章地走访考察相关的慈善项目、开展慈善活动。与此同时,利用在香港进行春秋二祭的机会,绵远堂也会邀请顺德本地的各级政府官员到香港进行短期的参访,了解香港的公共设施和服务、绵远堂在香港的捐赠项目。虽然参加春秋二祭的会员以年长的会员为主,但也有年轻一代的会员参与其中。

图6—3　怀远海外先友公墓①

笔者在香港访问前任的会长潘生，他说："春秋二祭这样的事情，从我个人来讲是丝毫没有兴趣的，但因为有一班老人家在，有会的规矩在，就有一个基本盘，我也就得跟着去。"恰恰是这种文化的动力借由社团的传统，形成了一种制度性的力量，驱使这些华人移民保持与家乡之间稳定的联系，由此也凸显出这座纪念堂的非凡意义。用大良老侨干黄姨的话说，公墓和纪念堂的建成，彻底地把绵远堂的根留在了顺德。"只要有公墓在、有绵远堂的会董们的先人骨灰停厝在此，绵远堂的人就一定会回来，不管到多少代，都是一样的。"

正如华如碧对香港新界的宗族的祭墓的研究，像绵远堂这样的非拜神善堂，是将华人宗族礼仪和对祖先的信仰以及海外移民的经历结合在一起，从而使得善堂具有持续运作的文化动力。可以说绵远堂正是杂糅了祖先崇拜的华人文化和现代非营利机构特征，使得它可以在140多年发展历程之中，成为推动在港顺德人移民慈善的组织化力量，而以顺德家乡为核心的慈善活动和慈善网络也为其持续发展拓展了空间。

---

① 景燕春摄于2017年4月。

二 和顺侨乡：崇新会与益群中学

海外华人华侨大多热衷于以己之力发展家乡的教育，以变革地方风气。因而，在大部分的侨乡社会，由华侨资助的教育事业随处可见。云南腾冲和顺侨乡为我们提供了一个来自西南边陲侨乡的华侨慈善案例。

和顺位于腾冲县西南4公里处，全镇总面积17.4平方公里，下辖3个社区，全镇常住人口11860人，有海外华侨3万多人，主要分布在缅甸、泰国、日本、美国、加拿大等13个国家和地区，是云南省的著名侨乡。和顺古镇创建于明代，曾经是马帮重镇、古"西南丝绸之路"必经之地，也是多种文化交汇之处。和顺素有"书香名里"、"文化之津"、"商贾重地"之美誉，有丰富的地方文化底蕴。

和顺崇新会是20世纪20年代由和顺乡旅居缅甸的华侨与和顺士绅、教师为主发起成立的华侨社团，以"誓除旧染，崇尚新生"，促进和顺文化教育、公共卫生和大众娱乐等诸多公益事业发展为主旨，体现了五四运动在和顺的地方实践。

（一）概况

1. 和顺咸新社：崇新会的前身

王薇、刘金富梳理了和顺崇新会的前身——咸新社的历史。[①] 清朝晚期，在和顺浓厚文化底蕴的影响之下，在缅甸经商的和顺乡华侨已经自发成立了"丝花公会"、"家族会"等半商会半同乡会的组织。直至清末，和顺在国内外的知识分子文化水平较高，受到全国性维新思潮的影响，1906年同盟会会员、日本留学回乡的寸馥清和著名教育家李景山、张砺等一批地方缙绅在和顺发起成立了"咸新社"。"咸新社"兼具同乡会和读书会之功，为开启民智、宣扬近代科学购置了大量进步读物，例如《天演论》《卖花女轶事》《革命军》《猛回头》

---

① 王薇、刘金富：《和顺崇新会刊——云南首个乡村刊物》，《云南经济日报》2015年1月9日C3。

《警世钟》等。随着咸新社活动范围不断扩大,就将"和顺咸新社"改组为"旅缅和顺联谊会"。由于联谊会会员不断增加,1924年"旅缅和顺联谊会"成立了"和顺青年会",并创办了"书报社",其宗旨是发展家乡文化。"和顺青年会"书报社成立,让和顺民众开阔眼界、增长见识,开启和顺乡民近代思想文化的启蒙。

图6—4　保存在和顺图书馆内的"咸新社"牌匾[①]

2. 和顺崇新会的建立

徐东、马小龙梳理了崇新会的创办过程。[②] 1921年,由于家乡风气败坏急需改善、缅人排华而需团结自卫,和顺旅居缅甸的华侨纷纷在缅甸各地组织促进会,在曼德勒一带组织青年会,团结乡里以求改良和发展家乡社会。后来两会合并为"青年促进会",1925年11月在缅甸贺奔召开联络大会,正式成立"旅缅和顺崇新会",成为国内国外统一的组织。崇新会总部设在缅甸瓦城(即曼德勒),定名为"崇新会",意在"誓除旧染,崇尚新生"。其领袖人物主要有寸仲猷、李秋农、尹以忠三人,核心人物二十多人,骨干上百人。由于会

[①] 武洹宇摄于2018年8月。
[②] 徐东、马晓龙:《民国时期旅缅华侨社团对侨乡地方教育的影响——以云南腾冲和顺崇新会为例》,《保山学院学报》2012年第4期。

员不分年龄性别，只要和顺籍且能遵守会章者均可加入，因而到1938年，有名录可查的会员有673人，而据估计实际会员达千人以上。

为了加强在缅甸各地会员的联系，商讨和顺地方社会的发展，崇新会每年在缅甸举行一次周年大会，采用"轮值主办"的方式。为了规范和巩固组织，崇新会制定章程。到1938年，崇新会的总章程共九章七十六条，明确组织的宗旨为力求通过"教育之革新与普及"、"风俗之改良"、"社会事业之建设"等服务社会的措施，使"家乡达于现代社会化之域"。

崇新会具有完整的组织机构设置，总体分为内外两部分，在和顺家乡的是内部，在国外的作为外部。内外两部又根据人数的多少和所属的地理位置情况另设分部、区部、区分部等机构。总部、分部、区部、区分部均设有相应的代表大会和执行委员会（后改为理事会）。至1930年，崇新会在缅甸已有3个分部和6个总部直属区分部，其中三个分部之下又设有14个区部和9个区分部。在和顺乡的内部，设立乡政执行委员会，下设农业科，经济科，统计科，法制科，教育科和卫生科。总部下设专门的监事会，并根据会务需要，设立宣传科、组织科、会计科和妇女科。崇新会的所有改良家乡的措施，大多是由外部提倡、内部施行，总部的决议交由身在家乡的会员或准会员来代为执行。

崇新会的经济收入主要有三方面来源。第一，会费收入。根据会章规定，在国内的会员缴纳会费2盾（相当于3—4块银元），在国外的会员缴纳会费印币5元。第二，会员捐款。包括特别事项的捐款和一些会员固定的年捐。第三，其他收入。主要是"放出生息"，主要是把募捐到的基金委托侨商商行保管，把资金盘活。在经费开支方面，外部区域的支出主要是基金放出、开办会务、印刷和邮电费用，在和顺家乡内部的开支则主要有平民学校办学经费、学生考试奖金、资助学生外出留学费用、捐赠书报社经费及部分人员津贴。

崇新会及其在家乡和顺开展的"崇新"运动大约进行了16年，

太平洋战争爆发，滇缅沦陷之后，崇新会的活动受到巨大的冲击，尤其是在1942年，"崇新会的灵魂"寸仲猷在缅甸遇害，随身携带的崇新会基金簿记全部损失，崇新会的活动终止。2000年前后，经由旅缅瓦城和顺联谊总会及各地分会又开始恢复崇新会所从事的事业。

（二）和顺崇新会对侨乡文教事业的贡献

1. 启智化愚，创建和顺图书馆

1924年，崇新会的前身"青年会"在家乡成立的时候，以从缅甸回乡的寸仲猷、李清园、李秋农等一批先进知识分子将家乡的咸新社扩大为"阅书报社"，并将馆址迁到"咸新社"内。

图6—5　和顺图书馆①

本乡举人张砺书写"和顺图书馆"匾额。由于地处边疆，交通不便，他们将从上海订购的书报经由水路运输到缅甸仰光，再经缅甸八莫沿古老的西南丝道用马帮运至腾冲。1928年在崇新会的推动之下，将阅书报社扩大为和顺图书馆，在中国乡村文化界堪称第一。并在国内外宣传发动，形成一个捐款、捐书、捐物资的高潮。随后，在驻缅甸崇新会支持下，组成了由149位会员参加的和顺图书馆驻缅募捐委

---

① 景燕春摄于2018年8月。

员会，崇新会会员捐助达两千多人次。到1938年建馆十周年之际，又于旧址建新馆，建成一座五开间中西合璧式主馆屋和中门一座，一直沿用至今。

2. 创办现代学校

在创办现代学校方面，崇新会一方面在缅甸各埠开办华文学校，另一方面也积极参与到和顺乡的现代学校的创建过程之中。

在小学教育方面，崇新会接管了和顺中心小学，从人力、财力、物力设备的投入以及教职员的经费等方面给予有力的保证，改善了和顺小学的办学条件。在校内设置滑梯、浪桥、跷跷板等儿童体育器具，增加儿童读物，并在和顺图书馆专设儿童阅览室等。到20世纪40年代，和顺的小学教育迅速发展，最鼎盛时期，和顺小学发展到26个班，学生人数达到千余人，基本普及了全乡小学教育。

图6—6　腾冲和顺乡益群中学现址[1]

在中学教育方面，崇新会在1940年创办了云南最早的侨乡华侨

---

[1] 景燕春摄于2018年8月。

学校——益群中学，为当时的社会输送了一批批高素质人才。当时腾冲仅有一所中学，每年招生名额有限，虽然和顺乡高小毕业的人数不少，但只有极少数能够考入中学并且毕业，绝大多数人都只是到了小学毕业就辍学了。鉴于此，和顺的侨胞倡议在和顺建一所初级中学，让更多的和顺子弟能够接受初中教育，定校名为"益群，盖取有益于群众之意"。

这一倡议得到了旅缅崇新会员的支持，1940—1941年先后两次在华侨中募捐办学基金，正式创立益群中学。益群中学实行中小学一贯制，强调把学生培养成为"在教室里图书馆里是优秀的学习者，而除了教室图书馆又是优秀的生产者的新型人才"。学生来源，除了本乡汉族学生之外，还有邻近南甸、干崖的傣族、佤族、景颇族、回族等各族学生，还有缅甸回来就读的华侨学生。益群中学的学费低廉，在当时全省学校中是最低的，最后目标是实行完全公费，由崇新会校董事会支出。益群中学注重师资建设，选聘良师，教师待遇也高于全省水平。在课程设置方面，除了规定的科目之外，还开设缅文、英语会话、经学等课程。此外还组织全校师生远足、班级旅行、全校读书会等课外活动。

除此以外，崇新会每年都会拿出一定的经费奖励成绩优良及各类活动比赛优胜的学生。同时，崇新会也认识到家乡当时封建落后、愚昧腐化的社会意识禁锢压迫了教员和学生的思想行为，所以在1930年的第五届大会上，达成了"资助留省学生的决议案，以图培植优秀人才，作为本会创办新式学校的基本教员"，并在当年出资500盾资助学生到省立学校就读。

3. 移风易俗，改良社会新风尚

崇新会为和顺侨乡带来了当时一系列新的风尚，其中还包括了创办新式刊物、平民教育、引入文明戏和新科技等，创地方风气之先河。

第一，开启滇西新闻事业之先河。崇新会在20世纪30年代初，动员会员尹大典从缅甸购买一台收音机赠送给和顺图书馆，刊出《电讯三日刊》《每日要讯》等分送县内外机关、单位、商号，成为腾冲乃至滇西新闻事业之窗。此外，崇新会自创会之初起，便编辑出版《和顺崇新会会刊》和《和顺乡》两份刊物，并以此为舆论阵地，倡导科学、文明、革新、进步，鞭挞落后愚昧、浮华奢侈及黄赌毒等丑恶现象，移风易俗。《和顺崇新会会刊》每年正式出版一期，在缅甸主编、出版、印刷，但仍标注为云南腾冲县和顺崇新会编辑发行，主要对家乡的政治、经济、文化提出改革建议，筹款兴办家乡各项建设事业。在乡村中发行刊物，崇新会的会刊也是云南首例。

第二，宣传开展平民教育，在20世纪30年代就创办平民夜校，无偿提供文具、课本，义务教学，不计报酬，为平民服务。

第三，在乡村开展形式多样、内容丰富的群众娱乐活动。包括创立星光音乐社，添置新式西洋乐器，培养音乐人才，还排演大型历史话剧《孔雀胆》进行公演。另外还开辟运动场，组织体育协会等。

第四，在生产、生活和福利方面，崇新会提倡植树造林，试办合作社，限制过度捕鱼；带头改造村中石板路面，改善饮水卫生；建立慈幼协会，施种牛痘，在村乡中安装路灯和防火水龙；在乡间救贫济困，对出道缅甸求生者给予安排工作，对经商无本者，给予微息贷款。

三　浙江青田：从老侨乡到新侨乡的转变

青田位于浙江省东部的温州，是典型的移民社会，温州人素有流动的传统。一直到当代，莫言曾这样描述温州人的流动状态："世界上只有鸟儿飞不到的地方，没有温州人到不了的地方。"追溯温州人移居海外的历史，及北宋真宗景德二年（1005年）永嘉人周伫随商船赴高丽被认为是最早的记录。进入20世纪尤其是改革开放以来，温州人出国呈现规模化现象。目前有近50万温州海外移民遍及世界130多个国家和地区。大量的温州海外移民给温州本土经济带来巨大的影响，使温州经济不断走向温州人经济。

徐华炳的专著《温州海外移民与侨乡慈善公益》一书，梳理了温州海外移民史的演变脉络、温州海外移民群体的特征,温州侨乡慈善公益事业的传承与发展。徐著中提供了丰富的来自温州地区各个县市乡镇的侨乡慈善的案例,其中关于青田县的案例是一个显著的新兴侨乡的案例,与本章前两个案例有所不同。本节案例写作基于徐著中关于《青田籍华侨参与家乡建设的调查》[①]一节内容,并参考了山下清海、小木裕文、张贵民、杜国庆等《侨乡青田县的变迁——从日本老华侨的侨乡到欧洲新华侨的侨乡》[②]等相关研究,展示青田海外移民的基本情况及华侨在侨乡的慈善活动,以此来了解当代侨乡的变化以及新移民在侨乡的公益慈善。

(一)青田侨乡概况

青田人走向世界与青田石关系密切。青田县地处浙南,位于地形起伏的山间地带,农地面积狭小,属于贫困地区,县内出产的青田石远近闻名。早在17、18世纪,为了销售青田石工艺品,不少青田人从陆路经西伯利亚到欧洲经商。到清末,青田华侨已经初具规模。清末光绪年间曾出现了短暂的青田人赴日本的高潮。究其原因,一是因为家乡贫困的推力,二是日本经济崛起对劳动力的需求的拉力,再者则是由于一衣带水的日本距离家乡近且船费便宜。在1875—1908年这短暂的三十年,青田赴日本的人数超过了赴欧洲的人数。但在关东大地震之后,青田劳工受到重创,此后就少有人再赴日务工。

20世纪90年代以后,青田县出现了出国热潮,其主要目的地是以西班牙和意大利为中心的欧洲,之前已经移民欧洲的同乡和亲戚形成的移民关系网络成为青田移民大量抵达欧洲的重要动因,在青田本地则流行"一个带一个"乃至"一个带一家"的方式外出务工。现在侨居海外的青田人约有22.5万人,18万侨眷,分布在全世界120多个国家和地区,而近90%集中在欧洲。这些海外移民之中,改革

---

① 徐华炳:《温州海外移民与侨乡慈善公益》,中国社会科学出版社2016年版,第167—175页。
② 山下清海、小木裕文、张贵民、杜国庆:《侨乡青田县的变迁——从日本老华侨的侨乡到欧洲新华侨的侨乡》,《南洋资料译丛》2013年第1期。

开放后移民的新华侨华人所占比重较高，这个青田新移民群体个性鲜明：他们人数相对集中在欧洲大陆，总体文化水平较低，基本从事中低档类职业，较难融入当地社会。大量的海外移民也为青田侨乡带来了巨大的影响，来自海外的汇款、投资和捐赠给侨乡社会带来了翻天覆地的变化。统计数据显示，目前青田籍华侨返华投资人数已达10万人，投资与贸易资金总规模达2000多亿元（人民币，下同），累计捐赠社会公益事业资金3亿多元。

根据山下清海等提供的案例，在关东大地震前赴日的青田人当中，有一位名叫林三渔（1902—1987）的老华侨，他出生在现青田仁庄镇罗溪，白手起家，靠经营中国餐馆和游艺场等大获成功。自己没能接受充分教育的林三渔极为关心祖国的发展，尤其对学校教育的发展提供了巨额捐款，他不仅向罗溪小学、青田华侨中学、温州华侨中学、青田中学、温州大学等捐款，而且也向家乡的村路、桥梁、发电站、华侨饭店等的建设以及《青田县志》的编辑提供资金援助，各项捐赠总额达200多万元。而改革开放之后出国谋生的青田新华侨们也从各个方面参与到侨乡建设之中。

（二）青田华侨捐助祖籍地的表现

徐华炳主要从经济贡献、文教支持两方面梳理了青田华侨华人在医疗、交通水利、扶贫济困、新农村建设、捐资助学、出资开发旅游文化、捐资保护民俗文化、捐建体育设施等各方面对侨乡建设的贡献：

1. 助推医疗卫生事业

青田华侨历来十分关心家乡的医疗卫生事业。民国十八年，青田县油竹乡旅美华侨金美斋资助1000银元，建设青田县立医院；1987年，旅荷兰、德国、巴西等国侨胞集资30余万元建设县人民医院住院部大楼；1994年，季苏梅姐弟等人捐赠10万元建造县中医院急诊楼。除了支持县立医院之外，青田华侨还捐赠自己家乡的乡镇医疗事业，例如1995年方山华侨金东林等捐资30.5万元建造方山医院；1996年旅法侨胞捐资42万元重建东源镇红光卫生院。为了全面支持家乡医疗事业的建设，华侨们还向各类医院捐赠医疗仪器设备，非典期间向家乡的医疗机构捐赠手持体温检测仪等。

2. 捐建交通水利设施

青田是山区县，交通滞后曾经严重制约了侨乡经济发展。1972年旅日老华侨林三渔捐资22万元人民币建造山口至汤洋公路，后又追加资金建造沿途6处凉亭，以供路人歇脚。2000年地方政府为此道路实施改建和硬化工程，沿线两乡一镇的华侨、侨眷捐资650多万元。除了道路之外，青田境内的大小桥梁，大多数是由侨胞捐赠建设的。瓯江大桥修建时，华侨踊跃捐资200多万元。除此之外，青田华侨还捐资兴建了一大批水利工程，促进了青田水利、电力基础设施的建设和发展，为带动青田地区经济发展起到了重要作用。

3. 捐资助学

青田华侨受教育程度普遍偏低，在国外的创业范围受限。在海外艰难打拼的日子使他们认识到教育的重要性，进而促使他们积极地支援家乡的基础教育事业。青田华侨捐资教育不仅人数众多，而且方式多样，包括捐资兴建教学楼宇、捐资设立奖学金、捐赠书籍、捐建图书馆等。

4. 助力新农村建设

近年来，一批在海外事业有成的华侨回乡参与乡村治理，将国外先进的管理理念带入乡村，涌现了一批"华侨村官"，为改变青田农村的面貌做了许多实事。船寮镇朱店前村的村民主任洪树林，放下在柬埔寨的公司，跑回老家当起了华侨村官，带领全村人民发家致富。他还个人捐赠200多万元人民币建新办公楼和文体活动中心大楼。葡萄牙华侨徐顶陆在担任青田温溪镇岗头村村长期间，开通港头到温州的公交车，解决了村里交通不便的问题，开办港头菜市场，解决村民生活问题，并为村里新建小学、支持村教育发展。

5. 发展地方文化

青田华侨借助青田石雕走向世界，同时青田华侨也在不断地将青田的石雕文化推向世界。石雕文化的发展吸引了大量的外国游客前往青田，同时也带动了青田的旅游文化的发展。青田华侨也不遗余力地推动家乡的旅游文化事业的发展。为了弘扬青田华侨文化，展现青田华侨艰苦奋斗、爱国爱乡的史实，青田县的华侨华人、归侨侨眷共捐资260余万元，建立青田华侨历史陈列馆，作为青田地方性的报刊《青田侨刊》从创刊发行开始，一直得到海外华侨的支持和捐助。此外，青田华侨还积极参与家乡历史文化遗产保护的工作，同时把传统文化和旅游开发结合在一起。旅西班牙侨胞吴广平捐款100万元人民币修复吴乾奎旧居，使之与青田的非物质文化遗产"田鱼"文化融合成为龙现村的文化旅游的主题。

6. 捐资保护民俗文化

龙凤灯是青田传统民俗，但已经消失四十余年。旅西班牙华侨吴贵权在仁庄镇冯垟村担任村委会主任期间，再现了龙凤灯的舞蹈和节奏，使濒临失传的龙凤灯重新舞了起来，并计划把龙凤灯带到欧洲，使之走向世界。国家级非遗项目青田鱼灯的表演走向国际，成为欧洲许多国家重要活动的表演项目，这正是青田政府和华侨共同努力的结果。

青田华侨聚合的丰富的华侨资源带来了侨乡青田的繁荣。在侨乡青田，华侨捐资领域涉及城市建设、效益农业、水利、教育、医疗卫生、旅游休闲、公益慈善等领域，极大地改变了侨乡的面貌。近年来，随着大量的青田华侨回乡投资，青田城市面貌和人们的生活方式也发生了变化。最为显著的变化是，青田县城临江路一带的100多家独具欧陆风格的餐厅、咖啡吧和酒吧，反映了青田华侨所理解的欧洲的生活方式和休闲文化，这里的西式饮食店以往大部分是归国华侨消费的地方，但现在也吸引了大量的当地居民。越来越多的青田居民养成了喝咖啡的习惯，而甜点、面包、牛排等西方饮食文化也成为青田县居民的生活方式。

本章小结

本章关注华人慈善实践主题中一个不可或缺的群体——海外华人

华侨——在祖籍地的慈善实践活动,从移民慈善的视角出发对海外华人华侨慈善的定义、历史逻辑、基本原理和研究问题等进行梳理,以此来丰富我们对华人慈善的认知。

海外华人华侨慈善是一个受到移民居住地和祖籍地多重作用的复杂过程,并且与海外华人的观念、情感、利益及权力相互交织,是镶嵌在侨乡的文化传统及社会结构之中的。这一章中,通过来自广东、浙江及云南三个侨乡的移民慈善案例,我们可以发现,当脱嵌的寓居华人拖带着深埋在身体记忆和日常生活惯习中的华人传统和海外社会的生活逻辑,重新回到家乡的时候,他们的观念体系和行为实践其实需要经历一个重新嵌入的过程。这种嵌入过程其实取决于三种力量的共同作用。

第一,来自侨乡地域文化的催化力。海外华人在居住地抑或祖籍地的慈善活动,并非是一种与传统相对立的现代慈善,反而深深地根植于华人社会的文化传统。这种慈善历史和传统通过家族、士绅和地方精英得以延续和转变,其间虽在大陆有所中断,但是在海外却得以保持和传承。与这种具有悠久历史脉络的地方慈善传统整合在一起的还有民间社会悠久的乡治传统以及由此衍生出来的乡邦精神。"侨"在区域社会中的便捷的流动性使得自身成为资源,成为地方政府积极统战和团结的对象,在与国家的合作中将自己的建构地方社会的想象付诸实现,从而构建一个自己的"世界",这是侨乡社会的突出特征,其内涵的核心是跨区域社会流动过程中的对美好家乡的想象,在这个社会空间之中,移民也通过自身的实践,在边缘地带建构一个想象中的国家。正是这种受到广泛认同的地域文化,成为海外华人与祖籍地建立情感联结的纽带,这是海外华人华侨慈善发生的"催化力"。这种催化力为寓居海外的华人慈善实践既提供了历史基础,也为他们在家乡的实践提供了现实基础。从传统慈善脉络切入的移民慈善往往因为其保持了这种实践活动的文化意义,而更加容易获得移民及家乡双边的认同和理解。然而,我们也要看到,这种传统地域文化的催化力在推动移民慈善发生的同时,也强化了移民慈善的保守性。

它们往往远离制度变革，为了获得地方社会的接纳和认可，移民慈善往往选择比较传统和安全的领域，比如养老、教育和医疗以及公共设施的建设等方面进行资助。在与地方、国家及个人生命史的协商和博弈过程中，移民慈善既显示出了慈善的模糊性，同时也展示出地方社会的韧性。

第二，来自海外/境外移民社团的推力。在国际移民及华人跨国实践的相关研究中，一个普遍的共识是，在全球化日益加深的当代，祖籍地国家的实力也影响着移民在海外/境外的生存状况。在移民慈善的实践过程中，由于作为实践主体的海外华人其全球流动的特质，公益慈善被置于一个全球移动及关系建构的政治经济过程之中，在侨乡的地方秩序运行和建构中，全球化作为一种结构性的外部因素，发挥着深刻的影响。这种影响是双向的，它既为地方社会提供了双边的资源，使得侨乡能够获得与国家权力博弈的特殊空间；另一方面，也因为这种外在的结构性力量，使得侨乡的议题更加具有政治敏锐性。正因为如此，随着中国的崛起，与中国各级政府能够建立友好而稳定的关系也成为寓居海外的华人在其居住地社会中提升影响力的重要方面。有三种海外社团是推动移民慈善发生的重要推力：作为海外华人社会枢纽的早期华人社团、近年来兴起的受到中国政府支持的红色社团，以及海外华人中拥有财富的家族基金，它们共同形塑了推动移民慈善发生发展的力量。这种海外华人群体之中的推力在80年代以后的增强与中国经济政治的崛起有着深刻的联系，它既有海外华人自利的部分，也有推动家乡发展的利他部分。但无论其动机如何，最终的结果都使得侨乡成为受益的对象。正是因为这种海外社团和家族的推力使得移民慈善不仅不会因为侨乡的富庶而消失，相反它会和本土的公益慈善一起，可以进一步推动社会治理的转型。海外/境外华人在参与侨乡公益慈善的过程中，已经不再只是停留在爱国爱乡的层面，也开始通过专门议题的选择切入来实现其对地方治理的影响力和个人社会理想的实践。不过在这个过程中，海外社团仍然受到政府严格的管控，这种推力如果稍微用力过猛，越过政府的红线，那么就会被政府紧急叫停。在侨乡，移民慈善既展示出其跨国/跨境运作的优势，同时也具有深刻的局限性。

第三，来自国家侨务政策与侨乡政府的拉力。改革开放初期，为了吸引资金，快速地发展经济，东南沿海一带发挥地域优势，重新将"文化大革命"时期被贬斥为"污点"的海外关系进行发掘，希望将这类社会资本转化成为地方发展经济的优势资源。在这个过程中，政府不再刻意区分海外华人和华侨，而是通过一系列政策和政府官员的推动，积极在海外华人中建构对于"侨乡"的认同，进而鼓励他们回到侨乡投资和从事慈善事业。于是在国家政策和地方基层政府的共同拉动下，伴随着经济改革开放的滚滚洪流，海外华人华侨慈善也在侨乡大地上如火如荼地开展，慈善带来的基础设施建设使得侨乡的社会面貌为之焕然一新。这种拉力，一方面是国家的政策创新，为移民重新参与到家乡的经济和社会建设提供合法性并释放出政策空间；另一方面，地方政府的侨务工作者借助深入人心的"爱国华侨"观念以及海外华人对家乡的认同，恢复和重建与海外乡亲之间的联系与互动。在这一拉动过程中，那些与中国政府及海外华人保持良好信任关系的侨眷侨属及侨务干部扮演着重要的中间人的角色。正是通过这样的中间人的角色，才使得来自国家权力的信号和信息在寓居海外的华人中得到传播和认可。

【延伸阅读】

1. 陈达：《南洋华侨与闽粤社会》，商务印书馆2011年版。
2. 王赓武：《天下华人》，广东人民出版社2016年版。
3. 孔飞力：《他者中的华人：中国近现代移民史》，李明欢译，江苏人民出版社2016年版。
4. 陈志明、丁毓玲、王连茂主编：《跨国网络与华南侨乡：文化、认同和社会变迁》，中文大学香港亚太研究所，2006年。
5. 周大鸣、柯群英：《侨乡移民与地方社会》，民族出版社2003年版。

6. 叶汉明：《东华义庄与环球慈善网络：档案文献资料的印证与启示》，三联书店（香港）有限公司 2009 年版。

7. 徐华炳：《温州海外移民与侨乡公益慈善》，中国社会科学出版社 2016 年版。

8. 柯群英：《重建族乡：新加坡华人在中国》，香港大学出版社 2013 年版。

第七章　公民与慈善

"公民慈善",亦作"公民公益"。一般认为它是改革开放以后,有的甚至认为20世纪90年代中期以后在中国慈善文化中出现的新现象。但研究表明,公民慈善事实上在清末民初时期就已经成为中国慈善精神的重要内涵。[①] 因此,本章集中讨论中国近百年公民慈善的历史逻辑和典型案例。

第一节　定义特征

当前学界与实务界多以"公益慈善"或"公民公益"指称2008年汶川地震所引发的慈善井喷以及2011年"郭美美事件"所导致的官办慈善陷入信任危机之后,越来越多的普通人基于公民认同而"通过志愿行动来实现公共利益或者公共价值"的现象,并认为公民公益具有"志愿性、平等性、公共性、理性与合作性"这五个特点。[②]

第一,志愿性。它强调这类慈善行为是志愿的,而非被迫的。它是普通人自愿地不计报酬地实现自助、互助和他助,志愿者因此而成为这类公益慈善的主体。

[①] 参见朱友渔《中国慈善事业的精神———一项关于互助的研究》,中山大学中国公益慈善研究院翻译组译,商务印书馆2016年版,第五章"改善民生",第81—98页。武洹宇《中国近代"公益"的观念生成:概念谱系与结构过程》,《社会》2018年第6期。

[②] 朱健刚:《2013公益转型年:公益转型带动社会转型》,《中国公益慈善发展报告2013》,北京大学出版社2013年版,第6页。

第二，平等性。它强调这类公益慈善行为不局限于血缘、地缘和信仰群体的限制，而是扩展到所有的非自然关系，其内核乃是施者与受者之间以及救助者和被助者之间的平等。

第三，公共性。它意味着公益慈善将不满足于私人性的施舍行为，而是强调其公共行为的性质，以追求公共利益或者实现公共价值。

第四，理性。虽然公民慈善不排斥道德激情，但更强调对有效性和高效率的理性追求，以及实施慈善行为的各个利益相关方之间的契约精神。

第五，合作性。它强调以多部门合作治理的方式来寻求共识，解决社会问题，化解社会矛盾。

概而言之，公民慈善是依托于对现代国家这一共同体的认同，而发生的公民之间的自发、自愿和自主的慈善实践。它具有鲜明的现代性，但因其常常是自发的、自主的和独立的，缺失自然关系的支撑，所以也容易是散漫的、脆弱的和自生自灭的。基于这样的现实，公民慈善往往需要依赖于现代治理体系和生态系统的建设，才可能得到相对持续的发展。

于是，正是在如此背景之下，公民慈善也推动着社会组织的建设和社会结构的转型。这一系列的变化都意味着计划慈善主导的时代正在过去，取而代之的是一个相对独立成熟的社会空间，使社会与公众的作用得以在国家建设的过程里充分发挥。这是基于当代"公民慈善"的实践逻辑所归纳的基本意涵。从中来看，中国人基于现代国家的公民认同和志愿精神而为实现公共利益所进行的努力其实能够回溯得更为久远，亦即整个中国社会开始发生近代转型并萌生近代国家观念与公民认同的清末民初。

第二节 历史逻辑

从晚清到民国，无数志士仁人与心怀国家民众的知识分子不断尝试建立各种社团和营造基层社区，以期通过组织化的方式来循序渐进地更新个人和社会，从中凝聚一盘散沙状的"中国"，实现公众国家之"公益"。本书"导言"所论朱友渔及其《中国慈善事业的精神》中"公民改善"的概念其实就出自这条漫长传统中较早的一批——清末"开民智、兴民权"的启蒙运动及其背后的群学思潮。

一 群学、公益与变革

1894年，甲午战败，举国震动。如果说鸦片战争的失利只是打碎了天朝帝国的幻梦，那么甲午一役的惨败则是彻底揭开了国力的羸弱实况，即将亡国灭种的悲哀与警觉火速蔓延。陡然刺激之下，国人求变的动机亦从"自强"的愿望转变为"救亡"的急迫。由此至戊戌变法期间，大量新式团体在全国各地不断涌现，形成了中国近代社团的首次高峰，详见下图7—1。

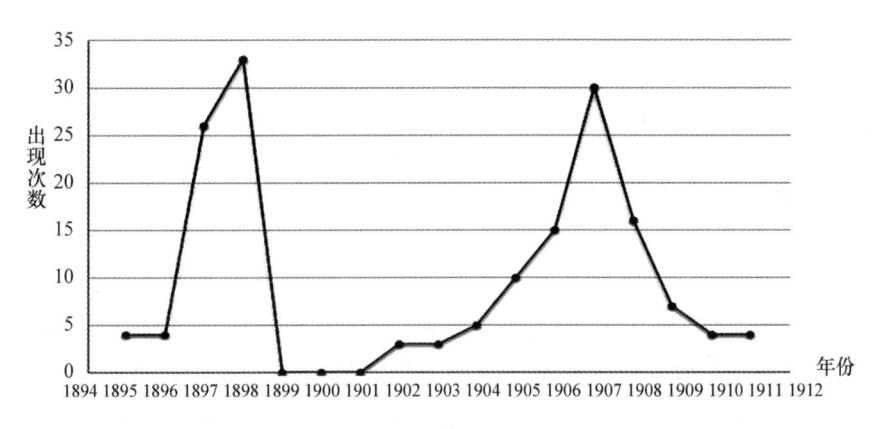

图7—1 清末新式社团分布图（1894—1911）①

对于图中的第一次结社高峰，即与康有为、梁启超、谭嗣同等维新人士提出的"合群立会"的主张有关。1895年春，中日《马关条

---

① 统计资料出自王尔敏《晚清政治思想史论》，台北华世出版社1980年版，第134—165页。表格为作者绘制。

约》的内容引发"公车上书",反对议和,但清廷很快签订《马关条约》。同年夏秋,康有为在京发起"强学会",乃"专为中国自强而立"①。这是维新人士发起的首个学会,一般认为是模仿西方传教士所立"广学会"而发起的。

广学会的前身"同文书会"是清末基督教在华最大的出版机构,1887年成立于上海。1891年10月,英国传教士李提摩太(Timothy Richard,1845–1919)就任其总干事。随后,"同文书会"更名"广学会",旨在"以西国之学,广中国之学,以西国之新学,广中国之旧学"②。为此,广学会不仅增设书局,而且积极经营各种报刊,尤以《万国公报》发行最广,影响最大,被时人誉为"西学新知之总荟"。当时想要了解西方的读书人,几乎一定要看《万国公报》。

而李提摩太的办报目的除了传教,还有推动变革。他曾明确表示:"期刊给我们西方国家带来了革命,我们要将这场革命继续进行下去。"③ 康有为与李氏往来密切,深受其影响,亦欲以学会、报纸的组合推动变法。康有为后来回忆说④:

昔日在京师合士大夫开强学会,英人李提摩太曰:"波斯、土耳其、印度久经凌弱,未知立会。中国甫为日本所挫,即开此会,中国庶几自立矣。"夫以一会之微,而泰西乩国者辄以为关存亡之故,社会之用大矣。

这段记述非常重要,不仅直接点明了李提摩太的关键作用,且明确表达了其影响所生成的政治思维——"立会"与否决定国家强弱。这一思维也贯穿在几乎同时出现的浏阳"算学会"与广州"农学会"之中。前者为谭嗣同所建,后者为孙中山所创。对于办会,谭、孙二

---

① 康有为:《上海强学会章程》(1895年11月),姜义华、张荣华编校:《康有为全集》,中国人民大学出版社2007年版,第93页。
② 古吴困学居士:《广学会大有造于中国说》,《万国公报》第88册,1896年5月。
③ 《广学会年报》,转引自[美]何凯立、陈建明《基督教在华出版事业(1912—1949年)》,王再兴译,四川大学出版社2004年版,第88—89页。
④ 康有为:《日本书目志》,《康有为全集》第3册,上海古籍出版社1992年版,第760—761页。

人也同样指出，泰西诸国兴盛之根基，在于"议院、公会之互相联络，互相贯通"①，无论士庶，"忠君爱国，好义急公，无论一技之能，皆献于朝，而公于众……"，使"智者出其才能，愚者遵其指授，群策群力，精益求精……"②。因此，"合群非开会不可"③。

由这些语句可知，"立会"与否之所以决定国家强弱，是因为"立会"的真正指向，实乃宪政的基础——议会。在当时的士人看来，西方国家强盛的根本原因已不仅仅是坚船利炮，而是能够上通下达且有效实现全民动员的现代政体。在此过程中，谭嗣同、梁启超等人还进行了理论本土化的努力。他们曾将明末黄宗羲、顾炎武等人限制君权的著述进行摘录，秘密印制、散布数万本，尤其强调学校发挥监督与议政功能的思想古已有之，以期增强新兴"学会"兼具学校与政党作用的合法性。学校也由此而被整合进学会、报纸的组合体系。

同一时期，一本全面介绍东瀛小国如何以"立宪政体之胜"而迅速崛起的《日本国志》于1895年秋冬在广州羊城富文斋付梓，世人争相传阅，多家书局竞相再版。该书乃清廷驻日参赞黄遵宪所作，其中详细介绍了明治维新的改革措施及其现实功效，明确指出宪政改革是图强求变的关键所在。其中，卷三十七"礼俗志四"有专门一节题为"社会"，详细介绍日本各种民间结社，并总结道："凡日本人无事不会，无人不入会……"，从而阐明"如束箸然，物小而材弱，然束数十百枝而为一束，虽壮夫拔剑而斫之亦不能遽断"的合力之理。④ 这些内容与思想成为维新思潮的重要来源。

事实上，所谓"三位一体"，也并非是学校、学社和报纸的简单叠加，它本质上是一套实现"求通合群"的操作思维，即通过结社、教育和传播，以实现智识启迪、网络连接和制造舆论，酝酿议会，推

---

① 谭嗣同：《浏阳兴算记》，蔡尚思、方行编：《谭嗣同全集》（增订本），中华书局1998年版，第118页。
② 孙文述，区凤墀执笔：《拟创立农学会书》（1895年10月6日），中国社科院近代史研究所编《孙中山全集》第1卷，中华书局2011年版，第24页。
③ 楼宇烈整理：《康南海自编年谱》，中华书局1992年版，第29页。
④ 黄遵宪：《日本国志》下卷，天津古籍出版社2005年版，第915—916页。

动变革。到戊戌变法前夕,全国各种维新社团已多达七十余个,遍及三十多个城市。其中,谭嗣同与唐长才等人湖南所建"南学会",实"兼学会与地方议会之规模"①。

1898年6月,光绪皇帝颁布《明定国事》诏书,宣布变法。9月,慈禧"训政",变法失败。康、梁流亡日本,"六君子"被诛杀,戊戌党禁开始。②绝大多数维新社团、报馆、学校被停,其主创者流亡海外,故出现图1—7之中的低谷时段。这一低谷从变法失败持续到1901年,其间发生了惊天动地的庚子义和团事件。为挽回人心,清廷宣布实施新政。但"异端"力量的引入致使朝廷失道形象已经铸成,世道大变,曾经拥清改良的一批士人开始倒向反清革命。立宪与革命遂成为两种竞争性的变革出路,贯穿晚清的最后十年。

然而不论哪一种出路,所指向的未来皆是现代的民主政体,而民主的基础是具备参政议政能力的现代国民。中国的国民显然与此相距甚远,多数普通平民尚不识字。当时舆论亦将这一"蒙昧"状态与国民"虚悋"性格作为义和团迷信的重要原因。"开民智"由此而被视为避免重蹈覆辙与实现政治转型的关键所在,成为清末社会最流行的"口头禅"。于是,在1901至1903年间,大量以"开民智"为宗旨的阅报社、宣讲所、演说会乃至画报、白话报以及小说、戏曲、戏剧改良等推动平民启蒙的团体活动以多种多样的形式在全国各地不断涌现,形成图1所示的第二个高峰。与戊戌时期学堂、学社旨在"兴绅权"的意图不同,庚子以后兴起的这批以"开民智"为宗旨的会社、团体主要面向中下层的普通民众,其发起人多为身份各异的"志士",有功名者甚少。据李孝悌的研究,"志士"乃当时流行用语,并无精确含义,指的是"没有士绅身份,而思想、作为前进的平民,乃至一般的商人,甚至还包括了和尚喇嘛等出家人。渐渐地,官府和

---

① 梁启超:《谭嗣同传》,《戊戌变政记》,张品兴主编《梁启超全集》第1册,北京出版社1999年版,第232页。

② 参见张玉法《清季的立宪团体》,台北"中研院"近代史研究所1985年版,第150—154页。

士绅也加入行列"①。

这场由多元主体所践行的志愿运动,在很大程度上构成了当时"公益"的具体内容。更准确地说,应该是"开民智"的运动充实了中国"公益"概念的近代变形。因为中文"公益"一词的语义重心在1900年之后生了根本扭转——从表示参股人经济盈利的金融语汇转变为表达国民参与公众事务的政治语汇,并于清季十年得以普及。而这一过程恰与20世纪初"开民智"的启蒙运动彼此重合。②

当时的报纸刊物即常以"公益"来表述各种志士乃至平民所开展的以"开启民智"为宗旨的活动,尤以设立学堂和阅读书报最为常见。例如,1906年的《时事画报》曾报道两广总督周馥路过江南地区,因见"东西各国报馆林立,虽厮养走卒,无不阅报",故而感到"人人明义务、知公益,而合乎立宪国之资格……"③;又如,三位志士欲在京城会友轩茶馆组织阅报社,1911年的《浅说画报》称他们"热心公益"。④

与此同时,一些启蒙性的学堂及书报社索性以"公益"冠名。比如,1903年"名门闺秀"杜清持在广州逢源西街开办的"公益女学",旨在"以德育智育体育以养成女子,使出可为社会之中坚,入可为家庭之模范。"⑤又如,四川洪雅县的杨氏家族于1907年创立"公益书社",开放家藏古今书籍"任人阅抄,并添购时务书报",以"开通智识"。⑥从中可见,当时"公益"活动的实践主体其实不仅仅是前述"没有士绅身份,而思想、作为前进"的平民、商人和出家人,而且还有闺秀女眷。在国民的意义上,她们与男子

---

① 李孝悌:《清末下层社会的启蒙运动:1901—1911》,河北教育出版社2001年版,第52页。
② 详见武洹宇《中国近代"公益"的观念生成:概念谱系与结构过程》,《社会》2018年第6期。
③ 《周督注重报纸》,《时事画报》1906年第30期。
④ 《热心公益》,《浅说画报》1911年第824期。
⑤ 杜小摈:《公益女子师范学校概要》,公益女子师范学校编印,1918年,广东省立中山图书馆藏。
⑥ 《公益书社》,《广益丛报》1907年第133期。

一样，可以成为"志士"。

如果以中文"公益"的近代使用和普及时间作为理解传统慈善转向近代公益的一个面向，那么清末崛起的这批新型志士可谓近代意义上的第一批公益群体。他们尽管有的拥护立宪，有的力主革命，还有的面目模糊，不断变化，却始终共享着某种以西方作为参照的现代强国之梦，并且坚信只有通过政治变革才可能实现。下文所举"黄花岗之父"潘达微，便是心怀三民主义理想的公益人之一。

二　从政治革命到社会革命

如果说鸦片战争的失利使士人认识到中国与西方有着"坚船利炮"的技术差距，那么甲午海战的惨败与明治维新的成功则直接引发了士人对国体制度的极大不满，政治变革的迫切与日俱增，于是发生了公车上书、光绪新政与辛亥革命。然辛亥鼎革之后，革命党人以巨大的牺牲推翻清廷统治，而引入当时所谓"最先进"的民主政体建立起的"现代国家"，不仅没能使社会民生发生任何实质改变，且因军阀政客间的连年征伐致使新生政权风雨飘摇。尤其民初十年，先是发生了讨袁的"二次革命"和反袁称帝的"护国运动"，紧接着是黎元洪与段祺瑞的"府院之争"以及由此引发的张勋复辟和"护法运动"，多种势力反复拉锯，各路军阀与地方势力趁乱兴起，战事起跌、民不聊生。孙中山本人即曾对当时的国事如此描述[①]：

> ……民国十年间，徒有共和之名，并无民治之实。一般官僚军阀，日以争权夺利为务，事事倒行逆施，压抑人民，摧残教育，倒卖国产，种种不良政治，弥漫国中……

于是，越来越多的有识之士开始认识到顶层的政治变革并不足以

---

① 孙中山：《在梧州群众欢迎会的训词》，载《孙中山全集》第5卷，中华书局1985年版，第618页。

从根本上改变中国，还应从更加深入和多维的方面——入手，逐步地转变与建设，比如基层民智的养成、教育事业的建设、实业与科技的发展、发展工农的联盟，等等。一时间各种思潮起伏涌动，百家争鸣（详见下表7—1），最终出现了"新文化运动"。

表7—1　　　　　　　新文化运动时期各种思想流派[①]

名称	主要主张
三民主义	以"民族"、"民权"、"民生"三大主义为指导，建立资产阶级共和国
实用主义	认为"有用即真理"、"真理就是工具"
基尔特（行会）社会主义	恢复中世纪的基尔特精神和方法，和平地用行会主义替代资本主义
无政府（安那其）主义	个人绝对自由，反对一切强权和国家，反对无产阶级专政，建立无政府共产主义社会，绝对平均主义
复古主义	尊孔复古，复辟帝制，对抗新思想、新文化，阻止新制度的建立
国家主义	以"国家至上"、"民族至上"为旗号，对内实行高压统治，强调秩序，对外鼓动民族独立
教育救国	教育是救国的根本方法，应培养资产阶级共和国合格的"新型国民"和一大批科技人才
科学救国	科学是改天换地的至上法宝，是富国强民的灵丹妙药，应培养高级科学人才
实业救国	把实业救国作为重要手段，力主经济立法，发展金融，发达国家资本，保护民族工业，引进外资
工团主义	认为工人阶级不必建立自己的政党，工会（或工团）是团结和领导工人的唯一组织形式。鼓吹工会高于一切，各地工会在经济上联合来代替国家机构，否认无产阶级革命和无产阶级专政的必要性
社会民主主义	主张阶级合作和议会道路，放弃以暴力革命方式建立社会主义社会，提倡按照现行的政治秩序实现从资本主义到社会主义的和平渐进的转变
新村主义	一种空想社会改造思潮，提倡人的生活以协力与自由、互助与独立为根本，各人先尽了人生必要的劳动义务，再将其余的时间，做个人自己的事

---

① 资料来自广州农民运动讲习所旧址陈列馆以及广州辛亥革命纪念馆。

续表

名称	主要主张
泛劳动主义	认为劳动是满足精神和肉体要求的自然现象,是"人类的本务"和快乐。提倡无论什么人,没有利用他人劳动、掠夺他们储积和生产物之权力。强调劳动是人生的需要,强调自劳而食
空想社会主义	主张对全部社会进行根本改造,立即解放全人类,建立一个理性和永恒正义的王国。反对政治斗争和暴力革命,幻想和平地过渡到理想社会
马克思主义	以辩证唯物主义与历史唯物主义为理论基础,通过无产阶级革命,建立社会主义制度,逐步过渡到共产主义社会

由上可见,当时的理念与方法缤纷多样,故民国初年的"公益"实践也呈现出十分多元的景观。在此之中,无政府主义(anarchism)一度占据主流,不仅与工团主义、新村主义、泛劳动主义、空想社会主义等流派有着千丝万缕的关系,而且在一定程度上为后来马克思共产主义的传播与普及奠定了基础,是清末民初一种甚为重要的过渡性思潮,亦是当时公益实践所资依赖的一种极重要的思想资源。长久以来有关中国公益慈善史的研究对其鲜有关注,故本节将进行重点介绍。

无政府主义的基本立场是消除一切包括宗教、家族、政府在内的强权,认为强权是造成一切冲突与灾难的根源,提倡绝对平均主义与个人最充分的自由。这一思潮包含了人类历史上众多的哲学流派与社会运动,其起源可追溯的线索亦纷繁复杂。但作为一种社会政治的思潮,则起源于19世纪的法国政论家蒲鲁东(Proudhon 1809—1856)。继他之后,著名的无政府主义人物还有俄国的巴枯宁(Bakaume 1814—1876)与克鲁泡特金(Kropotkin 1842—1921)等。当时西方无政府主义也由此而分成三个流派:以蒲鲁东等为代表的无政府个人主义、以巴枯宁为领袖的无政府工团主义,以及以克鲁泡特金的思想为中心的无政府共产主义。

图 7—2　克鲁泡特金像①　　　　图 7—3　刘师复先生②

其中，对中国影响最大的是克鲁泡特金及其所著《互助论》中阐发的无政府共产主义。克氏生于莫斯科贵族世家，1902 年出版《互助论：进化的一种要素》，指出互助是人类进化的核心动力，而非一味地残忍竞争，同时指出一个群体的互助程度越高，则愈加繁荣兴盛。在《互助论》出版的第二年，即出现关于无政府主义思想的中文译介，最早由一些留日和旅欧的知识分子及同盟会会员在 20 世纪初进行传播。在 1907 年至 1909 年间，开始出现专门的刊物——《新世纪》与《天义》，分别在法国巴黎和日本东京发行。

1909 年以后，《新世纪》与《天义》相继停刊，但薪火不灭。香山志士刘师复因读到《新世纪》，思想发生重大转折，毕生不遗余力宣传无政府主义思想并使之在中国本土落地生根，成为民初无政府主义的灵魂人物。

民国元年，刘师复在广州创立中国首个无政府主义团体——"晦鸣学社"，随后又发起"心社"，翻译了大量宣传读物。1914 年 7 月，

---

① 武洹宇提供。
② 刘师复胞弟刘石心先生后人提供。

他发起"无政府共产主义同志社",宣布全国无政府党成立之前,暂以"同志社"为机关,并于全国成立分社。① 基于刘师复在广州的活动和影响,广州及其周边地带形成了一个颇具规模的无政府主义网络,并以此辐射全国及东南亚等海外华人居住地区。

随着一战爆发,西方知识界兴起反思功利主义批判思潮,引起中国思想界对功利进化论的反思,《互助论》及无政府主义以其对功利竞争理论的批判、补充和修正而在这一时期得到极大推崇与广泛传播。紧接着,俄国十月革命成功,马克思主义开始传入中国,一度与无政府主义短暂合作。这股思潮的具体实践在一战结束后蓬勃于中国各地。

在当时,战后的法国意欲效仿美国,退还一部分"庚子赔款"以作中国学生的留法资助,一时兴起勤工俭学的留法热潮。一些无力远赴法兰西的学子亦效仿欧美,在北京、天津、上海、宁波、武汉、广州等各大城市办起"工读互助社"。在乡村,随着日本无政府主义者小武者路实的"新村主义"被周作人介绍回国,中国知识界刮起"新村运动"的风潮,大量知识分子和有识之士深入乡村,进行各种各样的共产改造实验。②

有学者指出,那个年代的"青年们努力寻找一个'根本的觉悟','社会'是他们的答案。'社会'才是解决一切问题的关键。而且在这个社会基本上不是继承自传统社会,而是用人的理性能力规划的新'社会'。"③ 下文所举黄花岗起义的另一幸存者——徐茂均在故乡所创"公益新村",便是新村风潮的实践之一,从中可窥见当时"公益"背后的无政府主义观念和新村运动的影响。

从五四运动前后到1927年"四一二"政变之前,无政府主义的

---

① 详见胡庆云、高军《无政府主义在中国》,《中国现代政治思想史资料丛书》委员会主编《无政府主义在中国》第一辑,湖南人民出版社1984年版,第1—3页。

② 参见梁心《"另辟新境"的社会改造:新村运动与民国早期读书人的乡村想象》,《社会科学研究》2016年第2期。

③ 王汎森:《思潮与社会条件——新文化运动中的两个例子》,王汎森:《中国近代思想与学术的谱系》,上海三联书店2018年版,第298页。

发展进入鼎盛时期。它的影响非常广泛,在广东、湖南、北京、四川、武汉、上海等地皆有各种活动,不仅出版刊物,而且联动工人和农民,尤以广东和湖南最为突出。① 事实上,当时种种思潮之间虽各有不同,但已开始交错融合,总体呈现一些相通的趋势,即以一种深入到普通平民日常世界的"社会革命"渐进地改变中国为默契共识。对此,有学者将其归结为一种"拜民主义":

五四时期是中国历史上少有的思想繁荣时期。……众多思潮中,各种形式的拜民主义思想曾经风行一时,影响了许多中国的知识分子。当然,这些思想并未明确自称是"拜民主义"或民粹主义,而是以提倡"国粹"、工读新村主义、反智论、平民教育等多种形态出现,但我们从其主张中可以看出明显的拜民主义倾向,所以分别谓之国粹拜民主义、工读新村拜民主义、反智论拜民主义、平民教育拜民主义。②

也就是说,有一种"'到民间去'的思想,随着无政府主义的宣扬,在五四运动时期变得非常流行,这一思想被其他社会实践者所接受,其影响超出了无政府主义的自身的实践范围"③。具体而言,当时无政府主义的思潮具有三个相互联系的实践内涵,对中国社会影响非常深远。

首先,是超越政治革命的全面变革,亦即社会革命。《新世纪》曾刊登系列文章,说明"革命"(revolution)实应理解为"一次次地"(英文前缀"re—")不断"进化"(evolution)——"无论政教、术艺,经一番革命必多改良,故革命即进行时之一种现象",并指出中文"革命"二字因"穿凿词义太过"而经常引发杀中国人凶

---

① 范天均:《范天均的回忆》,《中国现代政治思想史资料丛书》委员会主编《无政府主义在中国》第一辑,湖南人民出版社1984年版,第525页。
② 马宏:《五四时期拜民主义思潮评介》,《石油大学学报》(社会科学版)2000年第16卷第2期。
③ 王海侠:《无政府主义思想与乡村改造的实践回顾——从消去的无政府主义提取当代价值》,《中国乡村研究》2014年辑刊,第62页。

恶之象①，致使"昔之所谓革命，一时表面上更革而已，故其益不张，而弊仍旧，多番更改，结果如一"②。因此，在无政府主义者看来，政治革命不过是以一种权威取代另一种权威，无法从根本上消除矛盾与冲突，只有全方位地不断改良、化合。③换言之，革命与改良、进化不仅同义，且可以交替使用。

其次，是社会革命的对象，乃是对平民的日常生活进行文化更新和持续教育。克鲁泡特金对此曾提出"教育即革命"的主张。刘师复所办"晦鸣学社"与"心社"即从自身的日常更新开始做起，如"心社"便有不食肉、不饮酒、不吸烟、不用仆役、不坐人力车、不婚姻、不称族姓、不做官、不作议员、不入政党、不作海陆军人以及不奉宗教的十二条社规④，其目标是"创造一种新型的中国人，即在精神劳动和手工劳动方面都同样熟练的'完人'"⑤，寄望于以人的更新来根本地解决中国的问题。

最后，具体到中国的现实情况，指出最急需改变亦最具潜力的革命主体，是广大的乡村和农民。当时已有不少文章阐发这一观点，如刘师复的追随者梁冰弦曾在《乡村革命》中写道："一个宣统皇帝退让了权位，我们就认为革命成功，真是大谬特谬，千千万万的宣统皇帝在一乡、一镇、一邑、一省，作践平民，恣逞威福，我们始终没奈何他，这可算得成功了吗？所以要把中国扶到近代化的轨道上去，除非大举乡村革命！"⑥ 有趣的是，就在无政府主义的活动开始消隐的1927年⑦，

---

① 岁寒：《异哉革命竟有瓜分支那之能力》，《新世纪》1909年第89期。
② 《新世纪之革命》，《新世纪》1907年第1期。
③ 原文阐发革命应"譬诸，昔人但知取生物之汁或矿石之粉以为颜料，后来发明能以化学之方法配合数质而成即可"。岁寒：《异哉革命竟有瓜分支那之能力》，《新世纪》1909年第89期。
④ 《心社意趣书》，《中国现代政治思想史资料丛书》委员会主编《无政府主义在中国》第一辑，湖南人民出版社1984年版，第31—32页。
⑤ 阿里夫·德里克：《中国革命中的无政府主义》，孙学宜译，广西师范大学出版社2006年版，第22页。
⑥ 李帆主编：《民国思想文集——无政府主义派》，长春出版社2013年版，第358页。
⑦ 参见范天均《范天均的回忆》，《中国现代政治思想史资料丛书》委员会主编《无政府主义在中国》第一辑，湖南人民出版社1984年版，第529页。

梁冰弦所说的"乡村革命"成为了一股强劲的时代潮流。①

三 乡村建设运动

历经五四以降的种种铺垫,到了20世纪20年代后期,农村问题已经成为了中国知识界最为关心的问题之一。时至20世纪30年代,生发自各种不同源头、不同时期的涓滴细流汇聚成民国时代波澜壮阔的乡建高潮。据不完全统计,当时在全国从事乡建工作的团体、机构就有600多个,先后设立的各种试验区多达1000多处。②

它们做法不一,性质各异,诚如梁漱溟所言:"南北各地乡村运动者,各有各的来历,各有各的背景。有的是社会团体,有的是政府机关,有的是教育机关;其思想有的左倾,有的右倾,其主张有的如此,有的如彼。"③但关心乡村问题,认为从乡村深处的日常实践着手可以逐渐根本地解决中国的问题,是这些团体和机构所共享的理念。

在当时的中国农村,有超过百分之八十的人口是文盲,且经济凋敝,观念陈旧,医疗卫生的习惯与条件都非常落后。因此,各地从事乡村建设的核心内容也大体相近,具体可归结为六大方面:(1)扫盲和文化教育;(2)动植物良种的引进和推广;(3)建立农村医疗保障体系的尝试;(4)革除陋俗,涵养新风;(5)倡导合作组织;(6)加强农村自卫与地方自治④,亦即全方位的整体建设。其中,卢作孚的北碚实验、梁漱溟的邹县实验以及晏阳初的定县实验最为著名,卢、梁、晏三人亦被称为"乡建三杰",后文将对这三个案例进行专门介绍。

---

① 虞和平的研究梳理了20世纪20年代中期乡建的一些早期实践,并指出"这些都属于萌芽和理想的状态,到1927年以后逐渐形成一种潮流,进入30年代后形成高潮……"虞和平:《民国时期乡村建设运动的农村改造模式》,《近代史研究》2006年第4期。
② 徐秀丽:《民国时期的乡村建设运动》,《安徽史学》2006年第4期。
③ 《我们的两大难处》,《梁漱溟全集》(二),山东人民出版社1995年版,第582页。
④ 参见徐秀丽《民国时期的乡村建设运动》,《安徽史学》2006年第4期。虞和平:《民国时期乡村建设运动的农村改造模式》,《近代史研究》2006年第4期。

第三节 典型个案

一 潘达微的公益实践

潘达微，1880 年降生于番禺棠东村，号心微，字冷残、铁苍、影吾、景吾等，同盟会会员，兼画家、摄影师、广告人及公益人等多重身份。在近代史的一般认知中，涉及他的论述多与黄花岗七十二烈士有关。三·二九起义失败后，牺牲的百余名革命党人暴尸于咨议局前。当时尚未暴露党人身份的潘达微以记者身份联合善堂，冒死收殓其中 72 名烈士遗骸并合葬于广州黄花岗，此举名动海外。

图 7—4　潘达微①

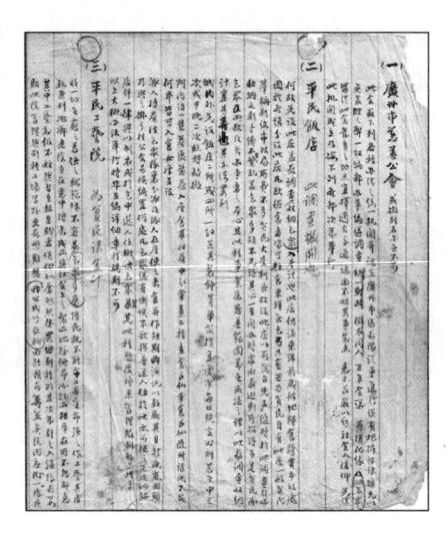

图 7—5　潘达微《广州公益慈善意见》手稿（局部）②

鲜为人知的是，他亦是岭南近代公益事业的一位枢纽人物，毕生投身与此，曾创办赞育善社、缤华女子习艺院、广州孤儿院、广东公立女

---

① 潘达微后人提供。
② 广州公益慈善书院，怀士档案中心藏。

子教养院等公益慈善机构,民国以后任广州首任公益局局长,并起草《广州公益慈善意见》手稿,为目前发现最早一份针对广州城市公益慈善事业整体规划的历史文献。辛亥革命以前,潘氏所有活动皆服务于革命事业和改造社会,主要依托于三种组织形式:学堂、报纸和善社。

（一）善社

赞育善社,又名赞育接生社[①]和赞育医社[②],顾名思义,主营赠医施药,擅长西医方法为产妇接生。当时有报道称,天源街小贩陈煊之妻难产,情况危急,送至赞育善社,女医"用钳取之"而保母子性命。画报评论感慨道：

诞育为生死关头,所关二命。何等郑重。西人知其原故,非有专门卒业文凭不能从事于斯……然广东之大,仅一赞育善社,诚鞭长莫及,甚愿善林诸君子有以推广之也。[③]

从中可知,赞育善社很可能为粤省最早倡导西医接生的华人慈善机构。该社发起人之一麦公敏（1883—1938）,世居广州河南。麦氏早年曾经营洋庄,擅绘花鸟、山水,兼通篆刻,后入医药学校就读研究,造诣精深,并通日语、英语及拉丁文。另一位发起人梁培基（1875—1947）,名缄,字慎馀,顺德人士,1897年毕业于博济医院南华医学堂,后任教于夏葛女医学校,同时挂牌行医,开厂制药,研发出专治疟疾的梁氏"发冷丸",非常畅销,成为广东近代著名民族工业家,长期资助潘氏的公益事业和社会活动。

博济医院（Canton Hospital）是中国最早的西医医院之一,夏葛女医学校（Hackeet Medical Collage for Women）亦是中国近代最早培养女子西医的教育机构,皆由美国传教士开办。因此,虽然善社的三位主要发起人皆为男性,但他们与基督教所办医学机构及其女医网络

[①] 详见《不作无益》,《时事画报》1906年第6期。
[②] 该社一直延续到民国时期,由麦公敏主理,不定期出版《赞育月刊》。据广东省立中山图书馆特藏部所藏1922年版的一本《赞育月刊》,当时该社亦更名"赞育医社"。
[③] 《赞育接生》,《时事画报》1905年第5期。

的资源连接使之能够专聘"女医生施赠西医法接生,不取分文"①,开办独立于教会之外的华人善社,有效解决妇女难产问题,与教会慈善平分秋色。

在这个意义上,赞育善社尽管继承了传统善会善堂赠医施药的业务,但实际是以救死扶伤为工具,推广西医、女学等新式技术和观念,从人种体格和精神智力两方面培育中国的现代国民,耕耘变革的土壤。围绕这一根本目的,善社同人不仅经常举办宣讲、演说等各种活动②,并且联合女界深度参与1905年的抗美拒约运动。此外,潘达微还曾以赞育善社名义为革命筹款,因此赞育"虽曰慈善团体,而实则革命机关也,麦公敏与潘达微暗中策动革命事业"③。

(二) 报纸

1905年,亦即赞育善社成立的第二年,抗美拒约运动爆发。潘达微是广东地区的运动领袖之一,并为此创办了《拒约画报》,后更名《时事画报》。拒约运动缘起于1894年3月清廷与美国签订的《限制来美华工保护寓美华人条约》,致使在美华人遭受严重的不公待遇和种族欺辱。条约期限至1904年12月,然美方却拒绝废约,而清廷对此态度屈从软弱,激起举国愤慨,掀起一场轰轰烈烈的抗美拒约运动。

首先发动抵制的是粤沪两地的商人团体。1905年5月19日,广州绅商以"八大善堂"及"七十二行"的名义联合社会各界举行集会,拟定本地拒约事宜,集会地点在广济医院。④ 广济医院为当时广州八大善堂之一,其余七家分别是爱育善堂、广仁善堂、述善善堂、崇正善堂、惠行善堂、明善善堂、润身善社,20世纪初开始彼此结盟,形成一股强大势力,广泛参与甚至主导地方社会事务。

---

① 《赞育善社接生广告》,《时事画报》1905年第3期。
② 例如,1907年第11期《时事画报》之《赞育善社演说》报道邀请多位嘉宾宣讲西医接生如何为"保产育婴"与"保国强种"之善法;又如,1908年第2期《时事画报》之《知所先务》再次报道7位女医在该社宣讲西医卫生的活动。
③ 郑春霆:《岭南近代画人传略》,香港广雅社1987年版,第135页。
④ 参见黄贤强《1905年抵制美货运动:中国城市抗争的研究》,高俊译,上海辞书出版社2010年版,第26—97页。

绅商牵头的抵制活动开始以后，粤沪两地的行业协会、同乡团体、学生团体、文艺团体，甚至女性社团等各界人士也纷纷加入，将整个运动推向高潮。7月16日，上海"人境学社"社员冯夏威在美国领事馆门前服毒自杀，引起轩然大波。很快，"抵制苛待华工不用美货总工会"在广州成立，由郑观应等八位总商会人士担任主席，集体决议禁用美货。

进入8月，两份以拒约为名的报纸在广州出世，一份为黄晦闻发起的《反美禁工拒约报》（简称《拒约报》）。另一份报纸便是潘达微所办《拒约画报》（正式出版时定名《时事画报》），这类报纸在当时皆是非营利运作，有的甚至免费供应。当时《时事画报》的主要发起人除潘氏以外，还有何剑士、高剑父、陈树人、赖亦陶（应钧）、毅伯等五位。[①]其中，能够明确其同盟会会员身份的即有潘达微、何剑士、高剑父与陈树人。到了1910年，该报即因革命旗帜过于鲜明而遭到停刊。

（三）学校

1901年，黄晦闻在龙溪首约与潘达微等人共同发起"群学书社"[②]。该地距离龙庆里、潘达微居所、赞育善社、《拒约报》总编辑部所在的海幢寺都非常近，一刻钟内即可步行整个区域。黄晦闻（1873—1935），又名黄节，岭南著名诗人、报人和教育家，亦即前述与潘达微同时期发起拒约报刊的另一人。

与庚子以后兴起的大部分阅报社一样，群学书社免费供应各种报刊给大众阅览，以"劝学励行，启迪民智"[③]。不久，书社改组学会，更名"南武公学会"，搬迁至海幢寺圆照堂，设编辑、辩论、体育三部，后又增设教育部门，筹备开办新式学堂。1905年正月，学堂于圆照堂正式开学，由公学会同仁担任教师。1906年夏，何剑吴出任

[①] 程存洁：《〈时事画报〉若干问题辨析（代序）》，广东省立中山图书馆、广州博物馆编《时事画报》第一册，广东人民出版社2014年版，第3—7页。

[②] 亦有资料称"群学书屋"。参见麦汉永《南武学堂之创办历程》，李齐念主编《广州文史资料存稿选编》第7辑，中国文史出版社2008年版，第26页。

[③] 黄节著，刘斯奋选注：《黄节诗选》，广东人民出版社1984年版，第289页。

南武校长后，大刀阔斧地实施改革，扩大招生、师资和校舍，大力发展体育、绘画等特色科目，聘请潘达微、高剑父等担任图画教员，同时开办女校，将南武带入全盛时期。

当时就读南武、洁芳的学生多为河南绅商大户及其姻亲家族的子女，其中一部分家长亦被吸纳入南武公学会。而公学会则发挥着类似校董会的功能，其成员既有学校教员，亦有地方豪族。学会所有同仁皆有扶持南武学堂的义务，有钱出钱，有力出力。两校场地及运营经费多来自学会支持，教员全部义务任教，学堂只提供膳食，不付薪资。[①] 这种非营利性质的办学实践将地方的绅商豪族与主张变革的青年志士紧密连接，不仅勾连着抗美拒约运动的省际网络，而且直通同盟会的跨国网络。洁芳、南武两校事实上也成为了辛亥革命的秘密据点之一[②]，部分师生亦参与了黄花岗起义前夕的弹药运送。

二 徐茂均与"公益新村"

辛亥革命成功以后，民国初年的境况并不如人所愿。于是，曾经投身暴力革命的很多辛亥人士开始反思和寻求其他的救国路径，黄花岗起义中另一名幸免于难的革命者徐茂均便是其中之一。徐氏1860年降生在广东三华村沙埗庄，即今新华镇公益村。

1905年，同盟会在东京成立，不少华侨归国参加革命。1909年，心怀建设故园的徐茂均自巴拿马回庄，很快购置了沙埗庄东边的大片土地，兴修水利，开发稻田，建设自动灌溉系统，并疏通圳渠，防治洪灾，同时不遗余力宣传革命思想。他倡导乡人剪掉长辫子，人称"剪辫大王"[③]，并与德国传教士共同出资修建基督教堂。随后，徐茂

[①] 参见朱英和、沈琼楼《清末广州河南两间私立学校——育才书社和南武公学》，《广州文史资料》第10辑，广州市政协文史资料研究委员会1963年编印，第87页；麦汉永：《南武学堂之创办历程》，李齐念主编：《广州文史资料存稿选编》第7辑，中国文史出版社2008年版，第27页。

[②] 朱英和、沈琼楼：《清末广州河南两间私立学校——育才书社和南武公学》，《广州文史资料》第10辑，广州市政协文史资料研究委员会1963年编印，第87页。

[③] 《剪辫大王徐茂均》，《经纬》1945年第3卷，第45页。

均加入乡人徐维扬组建的同盟会潘花分会，同年将教堂改作"日新学堂"，在花县率先实践启蒙教育，传播新学，同时令男孩剪辫，女孩弃缠足。①

1911年农历三月二十九日，徐茂均跟随徐维扬参加黄花岗起义，进攻两广总督，清兵围困之际，几人越檐逃脱而幸免于难。民国元年，新民埠开设。徐茂均联合三华、横潭、大唐边及华侨在新民埠组建大安公司，为一时盛事。从1912至1920年间，有关徐茂均的历史信息极其稀缺，仅有零星资料显示他在"日新学堂"基础上开办"日新男校"和"月新女校"②。

民初十年，随着暴力革命的结果受到质疑，各种新的思潮此起彼伏，徐茂均亦曾热衷于"社会主义"理念与建设"新村"风潮。1920年12月17日，周作人发表其最后一篇宣传新村的文章——《新村的讨论》，其中流露出失望的情绪，因为各种"新村运动"已表现得难以为继。然而就在12月的最后一天，香港《时报》披露"花县有共产党组织公益村"。这是目前所见最早有关公益村及其组织者是"共产党"的史料，可惜报道仅此一句。那么，其中所说"共产党"是徐茂均吗？

据《花都文史》的资料显示："1920年开始，共产主义小组在广州成立，徐茂均是花县第一位接触共产主义组织的成员，他接受和研究、宣传马克思主义，并成为广东省社会主义青年团③最早一届高层团委会委员。"④ 笔者亦在1921年的一本基督教刊物《兴华》中找到一则题为"花县基督徒组织公益新村"的报道，其中有一小段背景介绍，写道：

---

① 杨丽萍、杨尚龙：《探访第一个中共花县县委旧址——公益教堂》，《花都文史》第27辑（花都文物保护专辑下），第225—226页。广州市花都区新华镇公益村村委会编：《公益村志》，第20页。
② 广州市花都区新华镇公益村村委会编：《公益村志》，第93页。
③ 成立于1920年8月。
④ 杨丽萍、杨尚龙：《探访第一个中共花县县委旧址——公益教堂》，《花都文史》第27辑（花都文物保护专辑下），第226页。

220　华人慈善：历史与文化

图7—6　徐茂均①

图7—7　公益村教堂建筑旧照
（1927年摄）②

  自社会主义之学盛行于世，东西人士之为共同生活的实验者，实繁有徒，如某国之共产主义试验场，及日本之新农村即属此类。粤者花县人徐君茂均，基督徒也，二十年前提倡剪辫易服，身藏利剪，逢人必强剪其辫，伍汉持、马君武二人之辫发，即徐君所手剪。近年徐更醉心社会主义，拟牺牲其田产百余亩。先生在其花县故乡聚集乡人，实验其共同生活之主张，定名曰"公益新村"。虽其成绩未能预言，而其为吾国破天荒之共同生活试验场，则世人所识也。

  综合两则资料来看，组织"公益新村"之人应是徐茂均无疑。他既是共产党，亦兼有基督徒的身份，且很可能同时吸收了新村主义与马克思主义的思想资源。文中所言"共同生活试验场"，指的是徐茂均于1921年2月创办的"共产农团"。为此，徐茂均献出自己所有的30多亩稻田作为公产，组织集体耕作，经营起大片的荔枝园，于园内开展种桑养蚕等农副业，并且广为宣传，在周边各圩场公开张贴《注意花县共产农团》的告示。告知内容如下：

---

① 广州市花都区新华镇公益村村委会提供。
② 同上。

注意花县共产农团[1]

天生人类，均为平等。而世间之产业，亦系天人相胥而成，宜应归人人所享用，以为劳逸苦乐之均衡，不是过也，天理则然。今花县之建设实行共产农团主义，已联络贫富，集得同志，立为一团。耕田种禾，足以自食外，尚有余粟，以应别地之需求，种棉花桑麻，纺织自为，充衣服外，必有余市，可被苍生。种蔬菜薯芋，则作杂粮及畜牧饲料。农隙暇时，兼习手工，编制农歌，使乐而忘倦。如此改良耕种，或借用机力，则每亩可养二人。所谓能自养者，方能自治，岂虚语哉。刀兵盗贼不能侵，嫁娶凶葬皆有赡，各家老幼，均归公家担任教养，共享天和幸福，星期日停工，大家首聚一堂，研究道德如慧，或游戏，或歌曲，逍遥自得，不知老之将至，岂非雍熙景象。天人合一者乎！

民国十年二月

广东省花县共产农团启

从"兼习手工，编制农歌，使乐而忘倦"的农隙暇时到"或游戏，或歌曲，逍遥自得，不知老之将至"的周日时光，充满乌托邦的色彩。与此同时，徐茂均还征得庄人同意，将"沙埗庄"地名改为"公益新村"，取"大众同劳共福"之意。新村更名挂牌当日，举办庆祝大会，广东省政府派专人送来一面锦旗，以示庆贺，旗上大书"公益新村，共产新声"字样。[2] 那么，这样一个"逍遥自得"、"天人合一"的小世界究竟是如何组织运作的？笔者幸运地在前述基督教刊物《兴华》中找到了"公益新村组织章程"全文，弥足珍贵，兹录如下：

（1）名称。本村志在大众同劳共福，故名曰公益新村。

---

[1] 黄学增遗物，由黄天成寄花县档案馆藏。《注意花县共产农团》，《花县文史》第 2 辑，第 55 页。

[2] 杨丽萍、杨尚龙：《探访第一个中共花县县委旧址——公益教堂》，《花都文史》第 27 辑（花都文物保护专辑下），第 226—227 页。

（2）宗旨。本村联合贫富，以成公益新村。将所有私家及太公之田地屋舍物业收归本村公有，用作改良耕种、畜牧制造，以期衣食住之丰足，使家无游民，野无旷土，生有育，少有教，壮有工，老有养，病有医，死有葬，更求建设之文明，精神之安乐，而符在地若天之主旨。

（3）地址。本村在花县第三区。

（4）议会。公举代表十名，为本村议会，会长即系乡长。村中大事，均由代表公决执行。

（5）婚姻。男女念岁以上，两情相愿，又得父母同意，方准嫁娶，一夫一妻，终身偕老。中途或死亡，均可再续嫁娶，其嫁女者公家限用银一百元，娶妇者亦限用一百元。所生子女限十个月交入育婴所，由保母公育。

（6）教育。儿童三岁入幼稚园，六岁入小学，十三岁入中学至十六岁止，除聪明勤力挑送大学或专门外，皆需当工至四十九岁，即休息公养。每日做工八时，礼拜日一律停工，大会于公堂，讲求智识道德卫生。

（7）农工。组合十八为一团，有一团长，耕田廿亩。十团为一连，有一连长，共耕田地两百亩，多者照推。另组一团为畜牧，一团为制作。一律每天做工八时，星期日休息。每天每名支公银三毫，除出二毫充食住公用外，支回一毫，作身边小费，男女一律。

（8）粮食。组合一人管理粮食谷米及烹饪，每十人为一席，每日三餐。上午七点早餐，正午午餐，五点晚餐。

（9）衣服。组合十人，管理织造缝补，每人派寒暑帽个一件，衣服亦寒暑各一套，鞋两对，被铺蚊帐一应由公家置备。自种棉花，自行纺织，不事外求。

（10）住屋。组合十人，管理房屋装修，将现有屋舍略加修改。大屋一间住十人，日后款项充足，即将旧屋移往岗边，建筑新式层楼，悉合卫生，腾出可耕之地，改作种植。

可惜的是，正如周作人所感叹"新村不易普及"，农团运行半年之后也不得不停办①，仅"公益"作为村名沿用至今，供人追忆那"大众同劳共福"的短暂岁月。尽管昙花一现，但其中对自治的强调与议会的设立值得注意，它上承清末新政时期的自治风潮，下启后来的乡村建设运动。

三 乡村建设运动

就在徐茂均开始组织"公益新村"的这一年，一位名叫晏阳初的年轻人自美国留学归来，提出"乡村建设"的理念，并于1922年发起全国识字运动，号召"除文盲、做新民"。同年，同盟会会员、著名实业家卢作孚提出"微生物"的变革思想，指出变革与其如同炸弹，不如以微生物的形式，使人无法抵抗。② 时至20世纪20年代中期，乡村建设与民众教育已成为知识界广泛探讨的议题。到了1927年，乡村建设运动开始形成一股潮流。下文依时序就其中影响较大的三个乡建实验进行介绍。

（一）卢作孚的北碚实验

卢作孚，1893年生于四川合州县，曾加入同盟会，投身保路运动与辛亥革命。民国以后，转向"教育救国"，并结识著名教育家黄炎培，出任《川报》社长与主编。1921年，应川军第二军第九师师长杨森之邀，出任川南泸州永宁公署教育科长，开始进行针对普通民众的通俗教育实验，影响遍及整个四川。1924年赴成都创办通俗教育馆，亲自出任馆长，迅速将其建成当时宣传普及新科学、新文化的中心。1925年，内战在四川爆发，卢作孚辞去馆长职位，创办"民生股份实业有限公司"，走上"实业救国"之路。

1927年，卢作孚出任嘉陵江三峡特组峡防团务局局长，全面开

---

① 杨丽萍、杨尚龙：《探访第一个中共花县县委旧址——公益教堂》，《花都文史》第27辑（花都文物保护专辑下），第226页。
② 杜洁：《从"炸弹"到"微生物"——卢作孚乡村建设思想中的革命意涵》，《开放时代》2018年第3期。

始以北碚为中心的乡村建设运动,力图以此作为未来中国的模范缩影。对此,他说:

图7—8　卢作孚①　　　　图7—9　卢作孚所建北碚"花园城市"全景②

我们凭借了一个团务机关——江、巴、璧、合四县特组峡防团务营,在那里选了几个点……试作一种乡村运动。目的不只是乡村教育方面,也不只是在救济方面。中华民国的根本要求是要赶快将这一个国家现代化起来,所以我们的要求是要赶快将这一个乡村现代化起来。我们依着这样的程序在这一个乡村里为中华民国做小小的试验,供中华民国里小至乡村大至于国家的参考。③

为此,卢作孚致力于将北碚建设成为"一个公共享受的城市",并规划了三个建设板块,分别是生产的区域、文化的区域以及游览的区域,并于其中分门别类地营建了大量新式机构(详见图7—9),力

---

① 武洹宇提供。
② 广州公益慈善书院,怀士档案馆藏。
③ 卢作孚:《四川嘉陵江三峡的乡村运动》,凌耀伦、熊甫编:《卢作孚文集增订本》,北京大学出版社2012年版,第278页。

图"以经济建设为中心,以乡村城市化为带动,以文化教育为重点"①,从而使变革像微生物一样无孔不入,这其中蕴含了他对革命与建设关系的深刻理解:

> 如果认为革命是一桩完整的事业,便不能把破坏与建设截成两段!必须且建设且破坏;而且必须以建设的力量作破坏的前锋,建设到何处,才破坏到何处。再进一步说:先要有好的建设,然后有快的破坏……大家应该知道:破坏的实力是建设,绝不是枪炮,亦不是军队。……建设应从心理起,从建设公共理想起。②

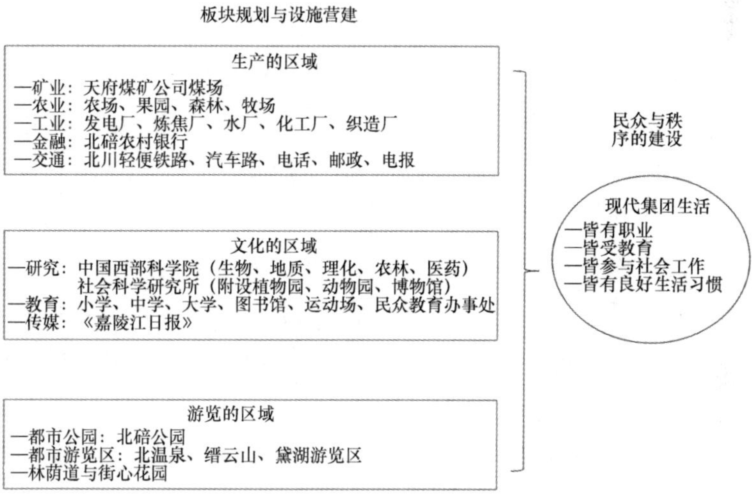

板块规划与设施营建

生产的区域
—矿业:天府煤矿公司煤场
—农业:农场、果园、森林、牧场
—工业:发电厂、炼焦厂、水厂、化工厂、织造厂
—金融:北碚农村银行
—交通:北川轻便铁路、汽车路、电话、邮政、电报

文化的区域
—研究:中国西部科学院(生物、地质、理化、农林、医药)社会科学研究所(附设植物园、动物园、博物馆)
—教育:小学、中学、大学、图书馆、运动场、民众教育办事处
—传媒:《嘉陵江日报》

游览的区域
—都市公园:北碚公园
—都市游览区:北温泉、缙云山、黛湖游览区
—林荫道与街心花园

民众与秩序的建设

现代集团生活
—皆有职业
—皆受教育
—皆参与社会工作
—皆有良好生活习惯

图 7—10　卢作孚北碚建设规划(武洹宇整理绘制)

对于与潘达微、徐茂均一样曾投身暴力革命,以希政治变革能迅速改变中国命运的卢作孚来说,这样的反思超越了"暴力"与"非暴力"的二元对立。细观其乡建的具体操作,武装力量被巧妙地用于

---

① 卢作孚:《四川人的大梦初醒》,凌耀伦、熊甫编:《卢作孚文集增订本》,北京大学出版社2012年版,第56—72页。
② 同上。

变革地方的治理结构，其实发挥着至关重要的作用。与此同时，他以民众教育潜移默化地培育新民，带领当地人脚踏实地开展文化休闲建设、发展工商业改善民生、提高生活品质，创造性地用"微生物"式的手法进行整体渐进的革新，润物细无声。恰如他自己所言，"看得见的不是力量，看不见的才是力量"。

（二）梁漱溟的邹县实验

梁漱溟是卢作孚的同龄人，生于北京的一个欠着债务的"世宦之家"。6岁那年，父亲将他送入北京首个洋学堂——中西小学堂，后入顺天中学就读。1911年，还是中学生的他加入同盟会京津支部，参加了一些秘密活动。中学毕业后就任京津同盟会《民国报》编辑兼记者。然辛亥鼎革仅一年，他便深陷痛苦和幻灭。

1917年，因其《究元决疑论》一文被蔡元培所激赏，受聘来到北京大学任教，年仅24岁。次年，父亲梁济因"痛心固有文化之澌灭"投湖自尽。梁漱溟深受父亲影响，遂将"立国之国性"看作毕生使命。三年以后，《东西文化及其哲学》出版，梁漱溟在书中阐发了世界文化三个体系：人对物的西方文化、人对人的中国文化以及人对自身的印度文化，意在指出一个落后国家在争取进步的过程中，绝不应完全摒弃自己的民族文化，并得出未来世界文化乃是中国文化之复兴的结论，引起了强烈而广泛的反响。

1924年，有感于当时学校教育的局限，他离辞任教七年的北京大学，来到山东主持曹州中学高中部，意欲聚拢一帮同道好友同处共学——"不独造就学生，也自己造就自己"，诚如其在《办学意见疏略》中所写，这是"为自己求友，与青年为友"，试图用非暴力的改良道路解决中国问题。然而半年不到，即因地方政局变化而告终，但他并不放弃，继而在山东、河北等地不断尝试办学，同时进行乡村改造，试图把科学引入乡村的同时，保留乡村的东方特质，不与传统割裂。

与卢作孚在"一个乡村里为中华民国做小小的试验，供中华民国里小至乡村大至于国家的参考"的想法类似，梁漱溟亦认为其"所主张之乡村建设，乃是解决中国的整个问题，非是仅止于乡村问题而已"。1927年，蒋介石在上海发动"四一二"政变，包括梁漱溟挚友李大钊在内的19人遇害，使得很多人对国家前途感到茫然。梁漱溟开始彻底放弃都市生活，投身乡村建设。他说：

我同样是被大的问题所牵动、所激发，离开了朋友，抛弃了亲属，像和尚到庙里去般的到此地来。因为此事太大，整个占据了我的生命，我一切都无有了，只有这件事。

1930年夏，梁漱溟受邀到北京大学、燕京大学等地演讲，在答学生问"中国问题之解决的主动力何在"时，他答："在于其社会中的知识分子和乡村平民打成一片，结合在一起所构成之伟大力量。"同年，他在办河南村治学院，5月爆发中原大战，10月蒋军占领河南，村治学院被关闭。

此后经过半年筹备，梁漱溟创办山东乡村建设研究院。1931年11月，邹平已办起了91所乡农学校，每所乡农学校是按200至500户自然村为一区域而成立的，化社会为学校，组织农民学习文化，启发农民有组织地自救，当时学生总计近4000人。这些学校分乡学和村学，其治理架构由学董（及其所组成的学董会）、学长、教员和学众组成，具体操作情况如图7—12所示。

图7—11　梁漱溟①

图7—12　河南村治学院旅行纪念章②

---

① 武洹宇提供。
② 不到一年即夭折的河南村治学院所留不多的物品之一，该纪念章为私人藏品。

梁漱溟实际上将乡学与村学设计成乡村自治的核心,亦即政治教育合二为一的自治实验,在他看来,"所谓地方自治,必须地方本身是一个组织"①,因此"村学乡学应处处着眼为地方自治团体之完成——原所为设立村学乡学之意,即在促成自治"②。从1931年直至抗战爆发,梁氏就这样扎根乡村,与农民同吃同住,其间夫人因医疗条件局限难产去世,生活可谓艰难异常,但他始终坚毅执着。时人评价他说:"这是一个充满了生命力的人,他有深刻独到的见解,他有远大周详的眼光,他有深厚强劲的魄力,他有通达明澈的智慧,他有柔嫩易感的心肠,他有悲天悯人的怀抱,他有深心大愿。"③

村学学童:试验区县政府遴选,经村民开会同意,县政府正式聘任

学童会:管理村、乡公共事务(设常务学童1名)

乡学学童:
- 当然学童:由县政府聘任
- 聘任学童:程序同村学学童

推荐 → 学长:村中或乡中品德最高、年龄较长者1名

学众:全村或全乡的男女老幼

聘任 → 教员:多为山东乡村建设研究院毕业生

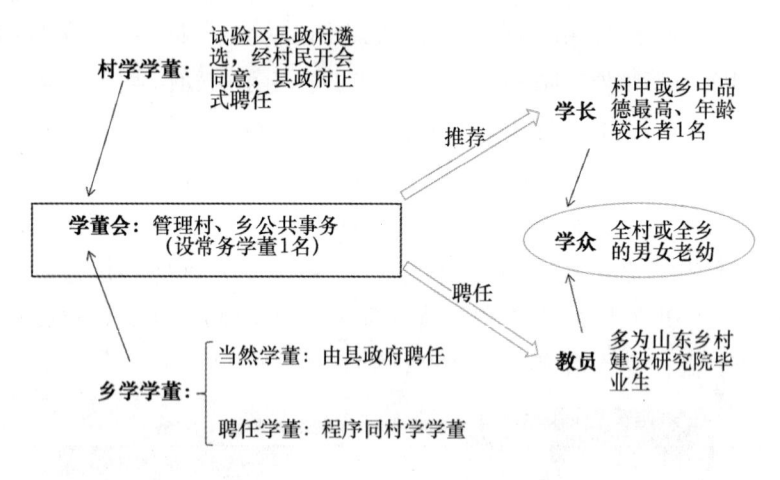

图7—13 村学、乡学管理与自治架构(武洹宇整理绘制)

(三)晏阳初的定县实验

晏阳初,1890年生于四川巴中的书香门第,亦与卢作孚、梁漱溟是同代人,其父为当地牧师兼教师。1913年赴香港圣士提反书院(St. Stephen's College)补习,同年秋考入香港大学。1916年赴美国耶

---

① 梁漱溟:《中国之地方自治问题》,梁漱溟:《乡村建设论文集》,山东乡村建设研究院1934年版,第109—110页。
② 梁漱溟:《村学乡学需知》,梁漱溟:《乡村建设论文集》,山东乡村建设研究院1934年版,第75页。
③ 语出著名教育家唐现之。

鲁大学深造，主修政治经济学，1918年6月毕业。在毕业典礼次日，他踏上去往欧洲战场帮助旅法劳工的旅途。

旅法期间，走出书斋的晏阳初与最底层的苦力世界发生了密切而充分的接触，于是发现当时20万左右的中国劳工几乎都是文盲，他们身居异地，生活艰难，无法写信，亦无从阅读新闻，了解战事。华工们反观法国下层社会，却能"手披报纸，琅琅成诵，口道天下事，又深复美艳"，于是"好学之心，油然而生"[1]。晏阳初遂与十几个留学生为华工开办识字班，华工们亦表现出极高的学习热情，仅一年的识字教育，便取得36000名华工脱盲的好成绩，以致有一位华工来信写道：

自从您编的报纸出版后，我开始知道天下大事。但是，您的报纸很便宜，一生丁就能买一份。我怕您的钱赔完了会被迫停刊，因此，我把自己在法国劳动三年节省下来的365个法郎随信附上。[2]

这封信所产生的影响不可估量，它在晏阳初后来的人生中被多次提到，亦促使其立定了毕生所向：不从政、不经商，要为"解除苦力的苦，开发苦力的力"而奋斗。旅法归来后，晏阳初入普林斯顿大学攻读历史学硕士，1920年回到祖国，将自己所见所思而得出的"一大发现"，即开发中国最大的富矿——苦力贫民之脑矿付诸实践。具体手法即为他的"两大发明"：平民教育与乡村建设。

他首先在长沙开展针对平民扫盲的教育实验，声势如火如荼，青年毛泽东亦为当时的义工教员之一，深受其影响。1923年夏，以"除文盲、做新民"的宗旨的"中华平民教育促进总会"（简称"平教会"）由晏阳初发起在北京成立，随后在18个省与32个市相继成立分会，识字运动盛极一时。

1926年末，平教会受河北定县翟城村地方人士邀请，开始入手

---

[1] 晏阳初：《关于平民教育精神的讲话》（1926年11月），《晏阳初全集》第1卷，湖南教育出版社1992年版，第82页。

[2] 晏阳初：《中国的新民》（1929年），《晏阳初全集》第1卷，湖南教育出版社1992年版，第163页。

农民扫盲。1929 年，晏阳初及平教会绝大多数骨干举家迁至定县，开展以县为单位的乡村建设实验，直至抗战爆发。在此期间，平教会不仅取得了可观的扫盲成绩，并且从中发觉了中国农村"愚、贫、弱、私"的症结还需整体改造，故而将工作范围逐渐扩大，形成"以文艺教育攻愚，以生计教育治穷，以卫生教育扶弱，以公民教育克私"——四大教育连环并进的整体方法，并以学校教育、社会活动与家庭训练三管齐下的路径实施，同时强调教育与农民生活、乡村建设相结合、理论与实际相结合、科学与农村实际相结合、物质文明与精神文明相结合以及个人与集体相结合的思维（详见图7—13）。从扫盲运动发展为全方位的乡村改造建设运动。

图 7—14　晏阳初①

图 7—15　晏阳初在定县给农民扫盲上课②

值得注意的是，在这多种多样的实践之中，乡村的自治化与民主化是其中最早提出同时也是最为明确的一个目标。梁漱溟、王鸿一等人1929年在河南创办村治学院，即是为"研究乡村自治及一切乡村

---

① 武洹宇提供。
② 同上。

愚、贫、弱、私

```
      攻↗        治↗        扶↗        克↗
              四大教育
   ┌────────┐ ┌────────┐ ┌────────┐ ┌────────┐
   │文艺教育│ │生计教育│ │卫生教育│ │公民教育│
   └────────┘ └────────┘ └────────┘ └────────┘
       ↓培养     ↓培养      ↓培养      ↓培养
      知识力     生产力     强健力     团结力
```

三种方式

学校式、　社会式、　家庭式
平民学校　各种活动　家庭训练

| 教育与农民生活、乡村建设相结合 | 理论与实际相结合 | 科学与农村实际相结合 | 物质文明与精神文明建设相结合 | 个人与集体相结合 |

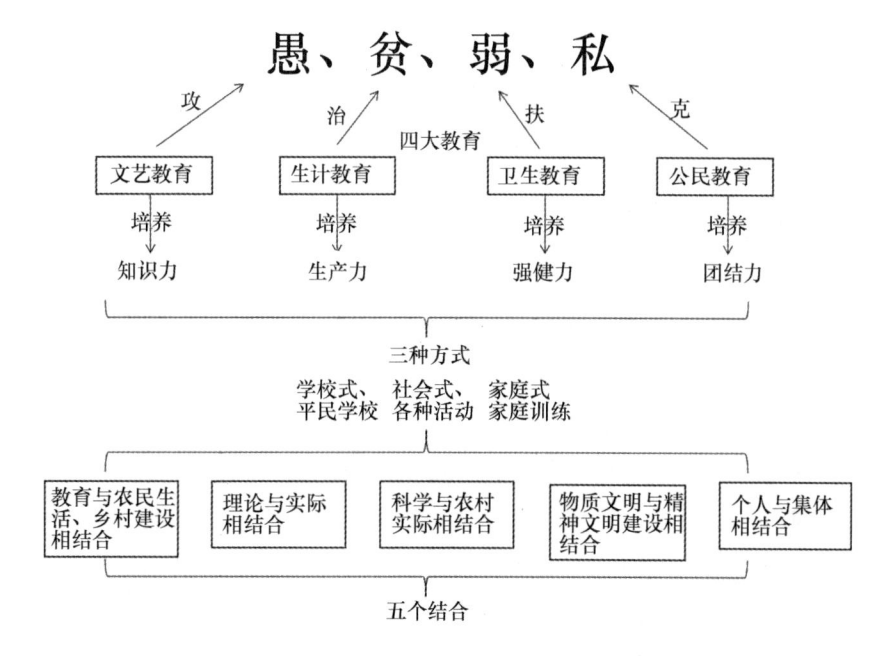

五个结合

图7—16　定县实验方法体系（武洹宇整理绘制）

问题，并培养乡村自治及其他服务人才，以期指导本省乡村自治之完成"①，进而提出"村本政治"②的主张，认为农村民主政治建设是国家民主政治建设的基础。在江苏徐公桥带领中华职业教育社进行实验的黄炎培亦明确指出乡村组织建设的目标在于"使人人能自治，能合群，视公事如己事，扩大爱国爱乡之心以爱国"③。这种由小及大地扩展自治范围，从中提炼公民身份的思路与朱友渔、潘达微等更早一批清末有识之士的观念手法遥相呼应，提示着中国大地上的有识之士从未间断在基层启迪民智，培育民主基础的努力，而这正是中国"公益"最为核心的一种近代意涵。

---

① 《河南村治学院组织大纲》，《河南政府公报》第852号。
② 王鸿一：《建设村本政治》，村治月刊主编：《村治之理论与实践》，村治月刊社1930年版，第7—9页。
③ 江恒源：《中华职业教育社之农村工作》，章元善、许士廉编：《乡村建设实验》第1集，上海中华书局1934年版，第40页。

本章小结

　　由上可见，公民慈善在中国已经走过百余年的道路。我们看到开启民智、城市自治、村社实验、培育国民作为近代公民慈善的主要形式，实为整个中国从帝制走向共和的全面现代化进程之一面。今天中国公民慈善的发展当然与百余年前并不完全一样，但无论是乡村助学还是社区营造，我们都能看到过往"先锋"的种种实验已沉淀为今天实践与思想的某种底色。

　　在最近的二十年间，具有民间背景、基于公民认同而自发成立的公益组织和社会服务机构大量涌现并逐渐成为主流。从渐渐崛起的以互联网为基础的微公益，到地震救灾的公民行动，这股民间自发的公益热流日益显现其针对性、有序性与策略性的特点。由此，现代公益慈善组织的发展成为今天公民公益最核心的议题。

　　2013年党的十八届三中全会通过了《中共中央关于全面深化改革若干重大问题的决定》，明确指出建立政社分离、依法自治和权责明确的现代社会组织制度是十八届三中全会改革的重要内容。这句意味深长的话说明"激活社会组织的活力"成为改革的方向本身。换言之，社会组织不再被当作对手，而是政府的伙伴和实施改革的关键动力。2016年《中华人民共和国慈善法》的颁布具有里程碑的意义。它标志着公民慈善一定程度的合法性。虽然实现的道路起起伏伏，未来还有很长的道路要走，但中国社会的转型正是在这样的起伏中点滴前进。

　　中国正在崛起，但高度的不确定仍是今天社会的重要特征。不确定同时也意味着诸多积极的可能性。绝大多数人所期待的一个更加"民主法治、公平正义、诚信友爱、充满活力、安定有序、人与自然和谐相处"的社会，其实也是公民公益最真实朴素的意义所在。它将成为一种重要的力量，成就中国真正和平地复兴。虽如前所述，有什么样的国家就有什么样的公民，但从另一面看，有什么样的公民，就会有什么样的国家。这便是近代以来无数的志士仁人所践行的公益信念——未来中国的转型正蕴藏于每个普通人的转变之中。

【延伸阅读及视频】

1. 朱友渔：《中国慈善事业的精神——一项关于互助的研究》，中山大学中国公益慈善研究院翻译组译，商务印书馆2016年版，第五章"改善民生"，第81—98页。

2. 武洹宇：《中国近代"公益"的观念生成：概念谱系与结构过程》，《社会》2018年第6期。

3. 夫马进：《中国善会善堂史》，伍跃等译，商务印书馆2005年版，第十章"上海善堂与近代地方自治"，第533—616页。

4. 邓军：《从"良心"到"主义"：恽代英与五四时期知识分子的社团组织困境》，《中共党史研究》2016年第4期。

5. 黄大德：《魂系黄花——潘达微评传》，广东政协文史委员会、广东美术馆编《魂系黄花：纪念潘达微诞辰一百二十周年》，广东人民出版社2001年版，第6—53页。

6. 虞和平：《民国时期乡村建设运动的农村改造模式》，《近代史研究》2006年第4期。

7. 杜洁：《从"炸弹"到"微生物"——卢作孚乡村建设思想中的革命意涵》，《开放时代》2018年第3期。

8. 宣朝庆：《地方精英与农村社会重建——定县实验中的士绅与平教会冲突》，《社会学研究》2011年。

9. 纪录片《记忆：晏阳初1930年》，中央电视台官网。

10. 纪录片《记忆：大师梁漱溟》（上、下），中央电视台官网。

后 记

　　这本教材历时三年，终于可以付梓出版，起初的激情似乎已经转化为平静。内心涌起的是一种感恩。首先要感谢所有参与写作的作者，本书的撰写人员如下，第一章导语：朱健刚、武洹宇；第二章宗族与慈善：曾桂林；第三章信仰与慈善：陈晓平、朱健刚；第四章族群与慈善：赵杰翔；第五章地方社会与慈善：郭淑荣；第六章移民与慈善：景燕春；第七章公民与慈善：武洹宇、朱健刚。感谢他们能够忍受我们编辑的屡屡催稿，不厌其烦地修改，每一节都凝聚着他们的汗水和智慧。

　　感谢浙江敦和慈善基金会对课题的资助和支持，没有他们的催促，这本教材也不可能出版，尤其感谢浙江敦和慈善基金会的理事长陈越光先生欣然作序，他的序提出了我们关心的问题，也为我们进一步的华人慈善研究拓展了新的视野。

　　也感谢广州公益慈善书院的诸位同仁，并慨然应允我们的教材在MPS班上运用，我们也感谢MPS班的学员们，他们的反馈和意见对我们修改这本书有着莫大帮助。

　　最后感谢中国社会科学出版社的田文编辑，她的认真细心和责任感使得我们这本书能够顺利出版。我们的这本教材只是开始，希望未来还能出版系列的公益慈善教材，为公益慈善的学科建设继续尽我们微薄的努力！